Ed Tervooren
Musikalischer Reiseführer Österreich

Ed Tervooren

Musikalischer Reiseführer
Österreich

Atlantis Musikbuch-Verlag

Bestellnummer ATL 6201
© 1997 Atlantis Musikbuch-Verlag, Zürich und Mainz
Umschlaggestaltung: Günter Stiller, Taunusstein
Foto vordere Umschlagseite: Verlag Bauer, Wien
Satz und Layout: Digital-Publishing Katja Peteratzinger, Hünstetten
Printed in Germany · BSS 48422
ISBN 3-254-00201-6

Inhalt

0

1

2

3

4

5

6

7

8

9

Inhalt

Vorbemerkung

E in Volk von Tänzern und Geigern, so nannte der Wiener Dichter Anton Wildgans (1881–1932) seine Landsleute. Wollte er sie damit als Künstler oder als Leichtfüße charakterisieren? Ich vermute beides. Zu den „Geigern" seines Volkes gehörten nicht nur Walzerkönige, sondern auch Haydn, Mozart und Schubert – nicht nur Operettenfürsten, sondern auch Bruckner, Wolf, Mahler und Schönberg. Daß Frohsinn und Tiefsinn häufig zusammenfanden, nimmt nicht wunder, begegneten sich doch hier, im Herzen Europas, der westliche Verstandsmensch und der östliche Gefühlsmensch, der besinnliche Nordländer und der spontane Südländer. Und gerade hier kam eine einzigartige Versöhnung solcher Gegensätze zustande, die zu einem Gipfel der abendländischen Kultur führte: die musikalische Universalsprache der Wiener Klassik. In wenigen Jahrzehnten wurde Wien zur *unbestrittenen Hauptstadt der musikalischen Welt* (Louis Spohr, 1812). Und sie hörte nicht auf, immer wieder zu überraschen: bald mit Wiener Walzern, bald mit der Zweiten Wiener Schule, oder mit den Wiener Philharmonikern und dem Concentus Musicus Wien. Obgleich nicht „unbestrittene Hauptstadt", so ist die Donaustadt doch noch immer das Mekka der musikalischen Welt und, umgekehrt, die Musik ihr auffälligstes Wahrzeichen. Wo sonst veranstaltet man regelmäßige „Musik-Touren", die an den Häusern berühmter Tonkünstler und den Stätten des früheren oder heutigen Musiklebens entlangführen?

Derartige Orte, die die musikalische Vergangenheit greifbar machen und den Musikliebhaber belehren, berühren und inspirieren, bleiben keineswegs auf Wien beschränkt. Man findet sie gleichermaßen in den übrigen Kulturstädten Österreichs, in den ländlichen Ortschaften, aus denen viele der Meister stammen oder die Sommersaison verbrachten, sowie in den abgelegenen Winkeln, in denen sich die schönsten Orgeln verstecken. Allgemeine Reiseführer erwähnen sie nur vereinzelt, und Musikwissenschaftler und -biographen bemühen sich kaum, ihren Lesern den Weg dorthin zu zeigen. Ziel des vorliegenden Buches ist es daher, diese Aufgabe zu erfüllen.

Zu den beachtenswerten Objekten gehören zunächst die Wohnungen, Aufenthaltsorte, Grabstätten und Denkmäler bedeutender Personen der Musikgeschichte, besonders von Komponisten. Des weiteren richten wir unsere Aufmerksamkeit auf traditionsreiche Aufführungs- und Pflegestätten der Musik, Gedenkräume, Instrumentensammlungen und wertvolle Orgeln.

Während in den Kapiteln 2–9 die Angaben meist in überschaubare Abschnitte geteilt und dann in ziemlich lockerer Folge dargestellt werden, erfordern die große Anzahl und Verflechtung der Daten zur Wiener Innenstadt eine andersartige Anordnung. Im ersten Kapitel werden sie daher in einem ungeteilten Rundgang zusammengenommen, der in beliebigen Etappen zurückgelegt werden kann. Dieses erste Kapitel ist zur Einführung in die gesamte Materie geeignet.

Hinweise zum Gebrauch des Buches

Historische Objekte werden nur dann genau lokalisiert, wenn sie erhalten sind oder irgendeine greifbare Spur (z. B. Gedenktafel) hinterlassen haben. Auf die vollständige Darstellung der Orgellandschaft wurde begreiflicherweise verzichtet, ebenso auf eine schematische Aufzählung aktueller und dem ständigen Wandel unterworfener Daten (Veranstaltungsorte, Öffnungszeiten, Preise usw.), worüber die Verkehrsämter in ausreichendem Maße Auskunft erteilen. In diesem Zusammenhang möchte ich darauf hinweisen, daß entsprechende Daten, die ich dennoch angegeben habe, ohne Gewähr sind, da sie auf langfristiger Nachforschungsarbeit beruhen und nicht allesamt in der letzten Zeit nachgeprüft werden konnten und zudem ständigen Änderungen unterliegen.

Das Buch ist als Reiseführer gestaltet worden, was zur Konsequenz hatte, daß das Material nicht in thematischer, sondern in topographischer Ordnung zusammengestellt wurde. Soweit möglich, werden aber dennoch thematische Zusammenhänge berücksichtigt. Der Leser hat die Wahl: Entweder kann er eine Gegend bzw. Stadt in ihrer musikalischen Vielfalt auf sich wirken lassen, oder er kann sich mit Hilfe des Registers ein einzelnes Thema herausgreifen und z. B. eine Pilgerfahrt zu den Spuren eines geliebten Meisters zusammenstellen. Daß manchmal von den ausgetretenen Pfaden abgewichen wird, soll eine solche Reise um so attraktiver machen. Da dieses Buch aber hauptsächlich spezifisch-musikalische Aspekte berücksichtigt, macht es keinen allgemeinen Reiseführer nicht überflüssig. Vergleichbares gilt für die Kartographie und den Kommentar. Die **Karten** und Pläne dienen zur allgemeinen Lokalisierung der erwähnten Orte, nicht zum Ersatz vollwertiger Reisekarten oder -atlanten. Der **Kommentar** macht auf so manches aufmerksam und gibt veranschaulichende Hintergrundinformationen, muß aber dennoch vieles unerwähnt lassen. Zusätzliche musikhistorische Angaben und biographische Einzelheiten sind der zahlreich vorhandenen – teils populärwissenschaftlichen – Fachliteratur zu entnehmen. Wie bereits erwähnt, versteht sich dieses Buches ja nicht als Musik- oder Reiseliteratur, sondern als ein Reiseführer, der ein bisher überwiegend brachliegendes Gebiet zwischen Musikkunde und Touristik erschließt. Hierzu dienen an erster Stelle die **Adressenlisten**, die neben dem Text abgedruckt sind. Die Adressen sind numeriert, und diese Nummern sind in die Karten und Pläne eingetragen, zudem werden sie in den Verweisen verwendet: → 5.9 bedeutet: siehe Kap. 5 Nr. 9; → 59 = Nr. 59 des entsprechenden Kapitels. In der Liste kommen folgende Zeichen vor:

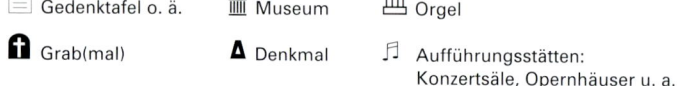

Wie bereits angeregt, würde es dem reisefertigen Musikfreund zum Vorteil gereichen, neben diesem Buch entweder einen allgemeinen Führer und Karten oder einen Auto-Atlas mit ins Gepäck zu nehmen. Wer nicht über gewisse Grundkenntnisse in der Musikgeschichte verfügt, jenem wird empfohlen, einführende Musikliteratur bereit zu halten. Hinweise zur „musiktopographischen" Spezial-Literatur finden sich im Nachwort.

Gleichgültig, ob der Leser mit diesem Buch tatsächlich verreist oder hiermit das musikalische Österreich lediglich an seinem geistigen Auge vorüberziehen läßt, er wird einiges von der gegenständlichen Musikwelt Österreichs entdecken, von der Vielfalt und Beschaffenheit des heutigen Musiklebens des Landes und von der Art und Weise, wie man der musikalischen Vergangenheit ein ehrenvolles Gedächtnis bewahrt.

ÖSTERREICH. Übersichtskarte

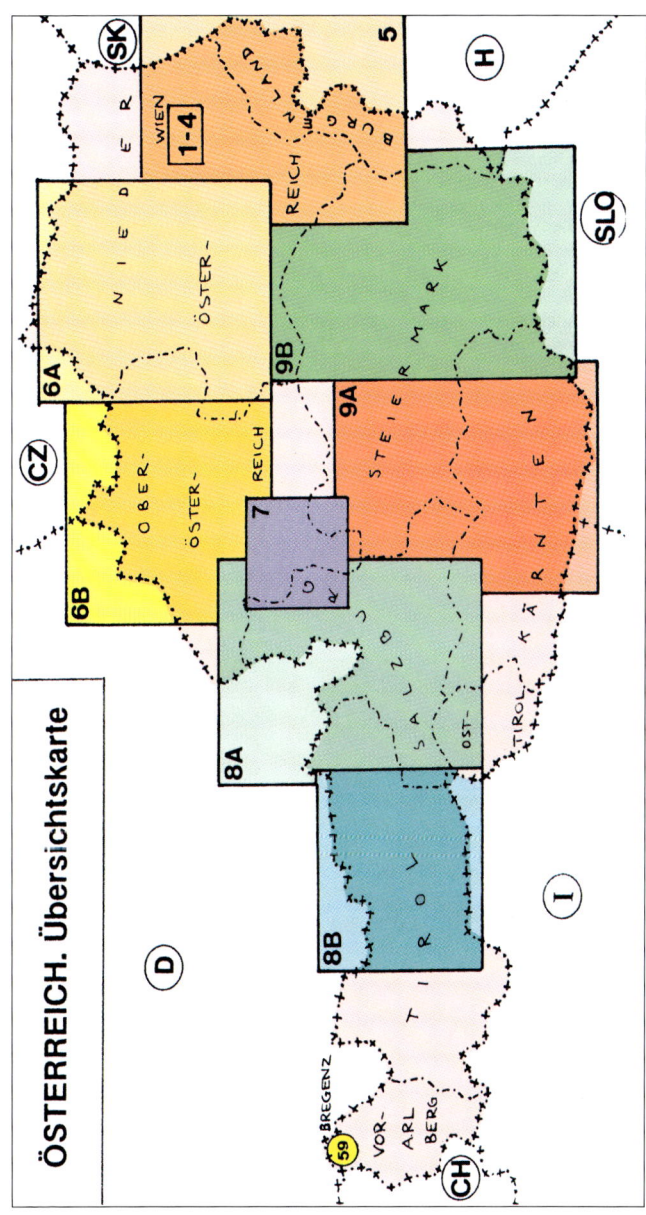

1 – Wien, Innere Stadt (I. Bezirk)

Übersichtskarten S. 12/13

Wie in der Einleitung bereits erwähnt, hatte sich Wien am Ende des 18. Jahrhunderts zur Hauptstadt der musikalischen Welt entwickelt. Anhand der vielen noch vorhandenen Überreste aus den vorangegangenen zwei Jahrhunderten läßt sich diese Entwicklung mühelos nachvollziehen. Das Fehlen greifbarer Spuren aus früherer Zeit darf aber nicht zu der Folgerung verleiten, daß die musikalische Frühgeschichte Wiens unbedeutend gewesen sei.

Ab 1200 blühten hier Minnesang, Kirchenmusik und unterschiedliche Formen des musikalischen Dramas. Die Spielleute, die hier nicht wie in anderen Städten als asoziales Gesindel verachtet wurden, gründeten 1288 die „Nicolai-Bruderschaft", das spätere „Spielgrafenamt", das erst 1782 – also bereits im klassischen Zeitalter – im Rahmen der Auflösung des Zunftwesens aufgehoben wurde. Zu wichtigen Vertretern der polyphonen Kompositionsweise jener Zeit, deren Talente im Wiener Musikleben der Renaissance zum Tragen kamen, rechnet man u. a. den Deutschen Finck, den Schweizer Senfl, die Flamen Isaac, Buus, Vaet und Monte, den Salzburger Organisten Hofhaimer und den ungarischen Lautenisten Bakfark. Meister wie Draghi und Schmelzer erhöhten den Glanz der barocken Epoche, so auch Antonio Cesti mit der außerordentlich prunkvollen Aufführung seiner Oper *Il pomo d'oro*, für die 1668 sogar ein hölzernes Theater für 5 000 Zuschauer aufgerichtet worden war. Mit Antonio Caldara und J. J. Fux ging das barocke Zeitalter der Wiener Musik zu Ende. Insgesamt ist also auf fast ein halbes Millennium Musik zurückzublicken, dessen Spuren in der Stadt fast völlig verwischt sind.

Zeitgenössischer Bühnenbild-Entwurf zu Cestis „Il pomo d'oro"

STEPHANSDOM

Eine Ausnahme bildet der Dom zu St. Stephan, vertritt er doch alle Epochen der Stadtgeschichte von seiner Errichtung 1263 bis zur Behebung der beträchtlichen Kriegsschäden um 1950.

Links vom Chor ist eines der schönen Grabmäler dem slowenischen Prälaten Georg Slatkonja gewidmet. Er war nicht nur „Singmaister" am Dom, sondern gründete im Auftrag Kaiser Maximilians 1498 auch die Wiener Hofkapelle; 1513 wurde er außerdem erster Bischof von Wien; doch neben diesem hohen Amt ging er weiterhin seinen musikalischen Beschäftigungen nach. Seine Bedeutung für das Wiener Musikleben ist unumstritten; als fortschrittlicher und aufgeschlossener Kirchenfürst scheint er vom damaligen Klerus jedoch weniger geschätzt worden zu sein.

Aus noch älterer Zeit stammt die verschlissene rosa Steinplatte an der südlichen Außenmauer beim Singertor. Sie stammt vom Grabmal des Minnesängers Neidhart von Reuental (um 1200), dessen unkomplizierte und manchmal herbe „Sommer- und Winterlieder" sehr beliebt waren und daher lange tradiert wurden. Bis 1788 lag an dieser Seite der Kirche der Stephansfriedhof, auf welchem noch 1741 Kapellmeister Johann Joseph Fux, der Verfasser des berühmten Kontrapunktlehrbuches *Gradus ad Parnassum* (→ 9.39) beerdigt wurde. Dieser Friedhof wurde längst aufgelassen, und Fux' Grab ist nicht erhalten.

❶
Stephansdom
Neidhart, Slatkonja; Haydn, Mozart, Strauß

1

Stephansdom: Grabmal Slatkonja

Johann Joseph Fux

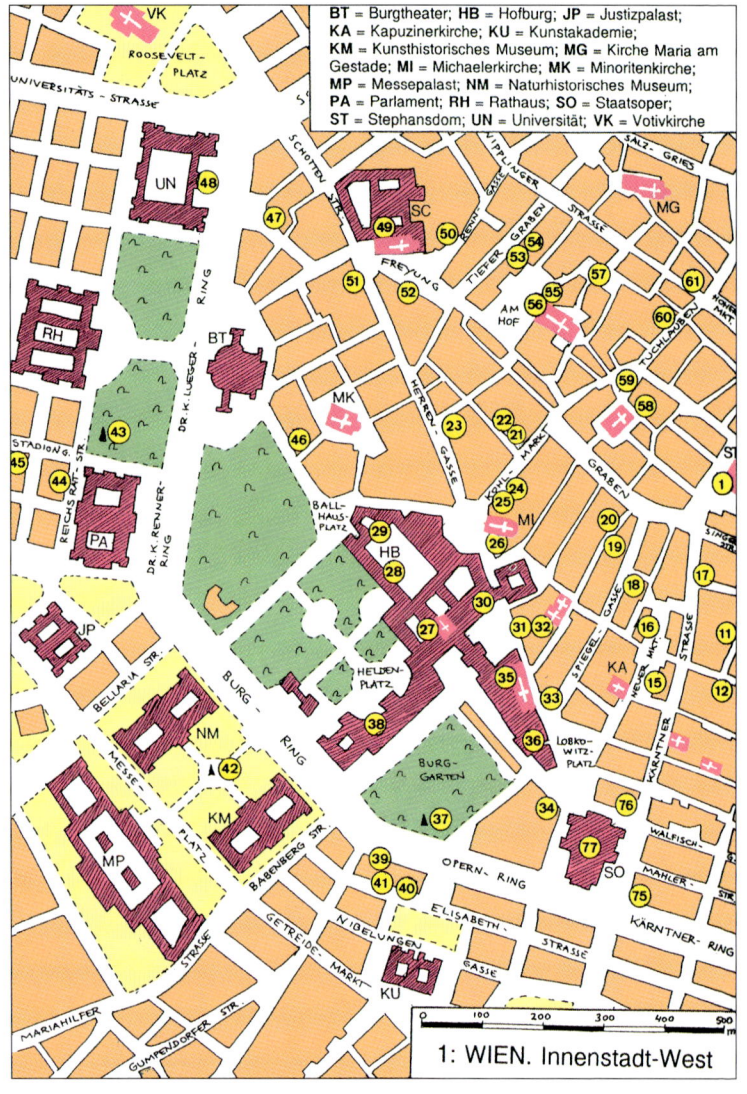

BT = Burgtheater; HB = Hofburg; JP = Justizpalast;
KA = Kapuzinerkirche; KU = Kunstakademie;
KM = Kunsthistorisches Museum; MG = Kirche Maria am
Gestade; MI = Michaelerkirche; MK = Minoritenkirche;
MP = Messepalast; NM = Naturhistorisches Museum;
PA = Parlament; RH = Rathaus; SO = Staatsoper;
ST = Stephansdom; UN = Universität; VK = Votivkirche

1: WIEN. Innenstadt-West

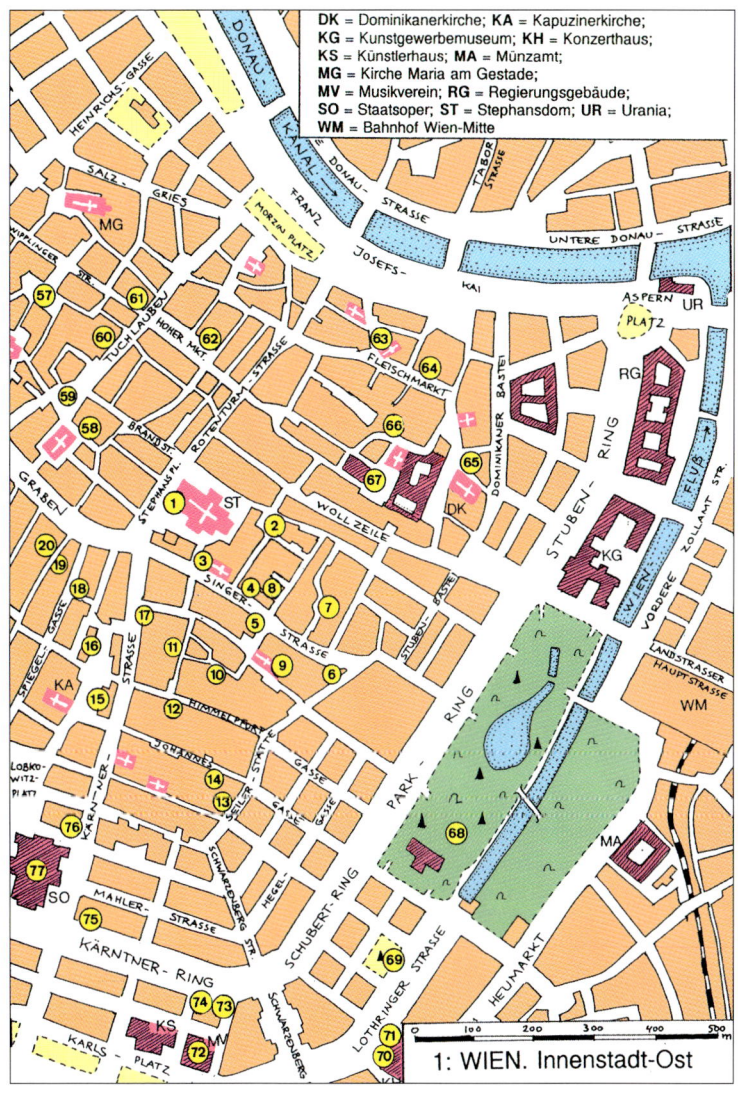

DK = Dominikanerkirche; **KA** = Kapuzinerkirche;
KG = Kunstgewerbemuseum; **KH** = Konzerthaus;
KS = Künstlerhaus; **MA** = Münzamt;
MG = Kirche Maria am Gestade;
MV = Musikverein; **RG** = Regierungsgebäude;
SO = Staatsoper; **ST** = Stephansdom; **UR** = Urania;
WM = Bahnhof Wien-Mitte

1

1: WIEN. Innenstadt-Ost

Stephansplatz 3 a
Churhaus

Schräg gegenüber Neidharts Grabstein steht das Churhaus, der heutige Sitz des Domchores. Mit dem Churhaus war früher das Kapellhaus verbunden, in dem die Chorknaben lebten; es steht leider nicht mehr. Hier trafen 1740 Joseph Haydn und fünf Jahre später sein Bruder Michael ein, um dem Knabenchor beizutreten. Während seine Mitschüler sich vergnügten, benutzte Joseph seine Freizeit für Studien in Klavierspiel und Komposition. Kapellmeister Reutter war begeistert, aber nur solange der Knabe ihm nützen konnte. Als sich 1749 Josephs Stimmbruch ankündigte und er den „kleinen chirurgischen Eingriff" zur Rettung der herrlichen Sopranstimme ablehnte, wurde er sofort entlassen.

Haydn kehrte mindestens noch einmal in den Stephansdom zurück: am 16. November 1760 heiratete er Maria Aloysia Keller. Die Ehe mit der unsensiblen, gebieterischen Frau war jedoch unglücklich; denn eigentlich hatte er ihre Schwester heiraten wollen. Ähnliches ergab sich später bei Mozart. Er hatte sich in Aloysia Weber verliebt, wurde aber am 4. August 1782 – ebenfalls im Stephansdom – mit Constanze vermählt. Diesmal, trotz der Mißbilligung des Vaters Leopold, eine „zweite Wahl" mit weit glücklicherem Verlauf. Da Beethoven, Schubert, Bruckner, Wolf und Brahms alle ledig blieben, ist vorläufig nur noch eine Heirat zu erwähnen: 1862 wurden Johann Strauß jr. und die um sieben Jahre ältere, aber schöne und reiche Jetty Treffz getraut.

Dreizehn Jahre zuvor hatte der Walzerkönig am selben Ort das Mozartsche *Requiem* anläßlich der Trauerfeier seines Vaters dirigiert. Am 6. oder 7. Dezember 1791 hatte die Einsegnung Mozarts ohne aufwendige Feierlichkeiten stattgefunden. Eine Mozarttafel ziert die Kruzifixkapelle an der nördlichen Außenmauer. Dort, halb im Freien, sollen die Gebete heruntergesprochen worden sein, und auch die einfache Beerdigung auf dem St. Marxer Friedhof (→ 2.29) soll schändlich pietätslos verlaufen sein. Alles Mythos! Man hielt sich leidiglich an die strengen josephinischen Vorschriften jener Tage.

SÜDLICHE INNERE STADT

Links neben dem Churhaus erhebt sich die Rückseite des Deutschordenshauses, das wir bald besuchen werden.

Am Ende des Platzes führt die Schulerstraße zum Camesinahaus, in welchem Mozart von 1784 bis 1787 Wohnung nahm. Daß er hier, und gerade in der teuersten „bel-étage" des Hauses, so lange leben und sich Dienstpersonal sowie ein Reitpferd leisten konnte, weist darauf hin, daß ihm Erfolge nicht immer versagt geblieben sind (obwohl er die Wohnung wegen Geldmangels wieder verlassen mußte). Hier entstand, neben Kammermusikwerken und Klavierkonzerten, die Oper *Le nozze di Figaro*, weshalb das Haus auch „Figarohaus" genannt wird.

❷
Domgasse 5
Mozart

Stephansdom: Kruzifixkapelle ▶

Anfang 1786 wurde der siebenjährige Johann Nepomuk Hummel Schüler Mozarts und Mitglied der Familie. Zu den Besuchern des Hauses zählten Vater Leopold und Haydn (Frühjahr 1785) sowie vielleicht der junge Beethoven (März–April 1787). Als später der Pianist Julius Epstein das Haus bewohnte, kam Brahms einmal vorbei; es ist anzunehmen, daß auch dieser Besuch eher Mozart gegolten hat.

Heute ist hier das Mozartmuseum der Stadt untergebracht. Es lohnt, sich die schöne Räume und die mehr als hundert Exponate – meist Bilder – anzusehen. Die ursprüngliche Vorderseite ist der Schulerstraße zugewandt, wo auch eine Gedenktafel angebracht wurde; der Eingang befindet sich aber in der Domgasse.

❸
Singerstraße 7
Mozart
Brahms

Am Ende der Blutgasse steht auf der rechten Seite das mächtige Haus des Deutschen Ritterordens. Gemäß Anordnung des Salzburger Fürst-Erzbischofes Colloredo, der hier März–April 1781 weilte, um dem neuen Kaiser Joseph II. einen Höflichkeitsbesuch abzustatten und seine Hofkapelle vorzustellen, nahm auch sein Hoforganist, Wolfgang Amadeus Mozart, Wohnung im Deutschordenshaus. Er soll ein Zimmer im ersten Stock des linken Traktes (auf der Churhausgassenseite) bewohnt haben. Sogleich nutzte er die Gelegenheit, sich im Wiener Musikleben Geltung zu verschaffen, wurde dabei aber ständig von seinem Brotherrn behindert und wollte sich daher von ihm losreißen. Das Ende der Geschichte war die berüchtigte Auseinandersetzung mit Colloredos Kämmerer d'Arco und dessen Fußtritt am 8. Juni. Der Komponist war tief gekränkt, doch endlich frei und in der Lage, seine Geschicke in Wien selbst in die Hand zu nehmen.

An Mozart erinnern die Gedenktafel im Eingangsflur sowie zwei Tafeln mit den Namen aller Ehrenmitglieder der Wiener Mozartgemeinde und Träger der Mozartmedaille, darunter befindet sich, neben vielen Interpreten, auch der Komponist Schostakowitsch. Einmal im Jahr hält die Mozartgemeinde hier eine Gedenkstunde.

Abermals ging Brahms den Spuren Mozarts nach. Während seiner ersten Wiener Jahre lebte er vorübergehend im Deutschordenshaus, und zwar *7. Stiege, 4. Stock*, wie er im Oktober 1864 seinem Vater mitteilte.

❹
Singerstraße 11
Wenzel Müller

Es sind nur wenige Schritte zum Fähnrichshof, in dem Theaterkapellmeister Wenzel Müller mehr als 200 seinerzeit beliebte Possen und Zauberopern schrieb. Seinen *Schwestern von Prag* (1794) entnahm Beethoven das Thema der Variationen op. 121a für Klaviertrio (*Ich bin der Schneider Kakadu*).

❺
Singerstraße 22
Albrechtsberger †

Er ist noch lange kein Albrechtsberger, so lautete einmal Mozarts Urteil über einen deutschen Orgelvirtuosen, den er in Dresden gehört hatte. Johann Georg Albrechtsberger galt für Mozart und seine Zeitgenossen als Inbegriff eines soliden Organisten. Solide sind auch seine 655 Kompositionen, von denen nur das Posaunenkonzert – „Pflichtstück" für Posaunisten – und ein Maultrommelkonzert häufig aufgeführt wird. Seine soliden Kenntnisse bewährten sich am meisten bei seinen Tätigkeiten als Theoretiker und Lehrer. Auf Haydns Anregung hin erteilte er auch dem jungen Beethoven 1793–94 Kompositionsunterricht. Er starb 1809 im ehemaligen Dompropsteihaus.

Eines der letzten typischen Alt-Wiener Lokale – und schon deshalb sehenswert – trägt den Namen „Zu den drei Hacken". Eine Tafel weist auf seine „illustren Stammgäste" hin, unter denen sich auch der Freundeskreis Schuberts befindet. Ein Beleg hierfür war nicht zu finden. Rudolf Klein, der unübertroffene Schubert-„Topograph" (→ Nachwort), erwähnt diese Adresse nicht.

Auch in den Seitengassen der Singerstraße hat die Musikgeschichte so manche Spur hinterlassen.

An der Kumpfgasse stand einmal der Kleine Ramhof, wo Vater Strauß 1848 bei Emilie Trampusch einzog und, von ihren Kindern mit Scharlach angesteckt, im nächsten Jahr verstarb. Das Nebenhaus, der 1824 erbaute Bechlerhof, war 1884 die Wohnung des scharfzüngigen Musikkritikers des *Wiener Salonblatts*, Hugo Wolf.

An der Ecke Singerstraße/Grünangergasse lebte 1844–49 Franz Grillparzer, einer der wenigen österreichischen Dichter, die in der Musikgeschichte eine bedeutende Rolle spielten. Er stand in freundschaftlicher Beziehung zu Beethoven und Schubert, verfaßte die Rede am Grabe des ersteren und den Epitaph für letzteren; er hat sich mitunter sogar selbst ans Komponieren herangewagt.

Im Nebenhaus wohnte Grillparzer 1800–12. Dieser Gasthof „Zum Grünen Anker" – eine Verballhornung des Straßennamens – diente wahrscheinlich Weber während seines Wiener Aufenthalts im Jahr 1822 (anläßlich einer *Freischütz*-Aufführung) als Wohnung. Gewiß war hier 1826–27 ein beliebter Treffpunkt der Schubertianer; auch Brahms war später ein regelmäßiger Gast.

Eine Gedenktafel hat es nie gegeben. Das gut erhaltene Haus beherbergte lange Zeit eine italienische Gaststätte namens „All'Ancora Verde", vor einigen Jahren stellte man sich jedoch auf den französischen Geschmack um und löschte mit dem neuen Namen „La Crêperie" die letzte Erinnerung an die Vergangenheit aus. Der Geschäftsführer ist allerdings nicht abgeneigt, die reiche Tradition des Hauses in irgendeiner Form hervorzuheben, sobald sich eine Gelegenheit dazu ergäbe.

An einem Plätzchen westlich der Singerstraße steht die Franziskanerkirche St. Hieronymus. In dem interessanten Bau aus dem 16. Jahrhundert befindet sich die älteste unversehrt gebliebene Orgel Wiens. Das frühbarocke Instrument mit seinem prächtigen Prospekt wurde 1642 von Johann Wöckherl erbaut und ist mit zwei Manualen, Pedal und 20 Registern ausgestattet.

Ein kleines Tor führt in die Ballgasse hinein. Das dort befindliche „Blumenstöckl" war Treffpunkt einer Gesellschaft fortschrittlich gesinnter Künstler, die sich „Ludlamshöhle" nannte und zu der u. a. Beethoven, Grillparzer und Weber gehörten. Es soll sich sogar um etwas „Subversives" gehandelt haben! Zudem hat diese ominöse Adresse Beethoven im Winter 1820–21 einige Monate als Quartier gedient. Zu unserer Ernüchterung sei hinzu-

6
Singerstraße 28
Schubert

7
Kumpfgasse 9
Strauß senior †
Kumpfgasse 7
Wolf

8
Grünangerstraße 12
Grillparzer

Grünangerstraße 10
Weber, Schubert,
Brahms

9
Franziskanerplatz
St. Hieronymus:

10
Ballgasse 3 + 6
Beethoven

gefügt, daß das heutige „Blumenstöckl" lediglich der Nachfolger des alten Lokals ist und erst seit 1850 die Nr. 6 besetzt. Dort, wo einst Beethoven komponiert und komplottiert haben soll, steht heute der Neubau Nr. 3.

⑪

Rauhensteingasse 8
Mozart † 🗒 🏛

Wer die Ballgasse entlanggeht, dem steht eine noch größere Ernüchterung bevor. An jener Stelle, wo ein klobiges Kaufhaus beinahe alle Banalitäten unseres Jahrhunderts zur Schau trägt, stand das Kleine Kaiserhaus, in dem Mozart unter bitteren Umständen die *Zauberflöte* und das *Requiem* schuf und schließlich starb. Die Anbringung einer Gedenktafel wirkt hier nahezu skurril.

Der Gebäudekomplex war nicht der direkte Nachfolger des Mozarthauses. Letzteres wurde 1874 abgerissen und durch den Mozarthof ersetzt, den eine Büste des Meisters zierte; das Kaufhaus wurde erst 1964 errichtet. Der Geschäftsinhaber hat sich sogar bemüht, die schändliche Tat irgendwie rückgängig zu machen und im obersten Stock eine Gedenkstätte hergerichtet, die den geweihten Boden ein wenig zur Geltung kommen läßt. Ein schlauer Fuchs! Der Musikfreund hat zuerst die CD-Abteilung zu durchqueren ...

In derselben Rauhensteinstraße starb 1712 der Bildhauer Johann Michael Mozart, ein Urgroßonkel des Komponisten.

Das banale Ambiente des Sterbehauses Mozarts

⑫

Himmelspfortgasse 6
Mozart + Beethoven
🗒

Mozarts *Requiem* erklang zum ersten Male, unter Ausschluß der Öffentlichkeit (vgl. → 5.30), am 2. Januar 1793 im Saal des „Hof-Traiteurs" Ignaz Jahn. Auch Mozart selbst hatte hier 1788 den Taktstock gehoben, und zwar für die Aufführung seiner Bearbeitung der Oper *Acis and Galathea* von Händel. Des weiteren ist das Mitwirken Beethovens an zwei Konzerten in den Jahren 1797 und 1798 zu erwähnen. Im ersten, einem Benefizkonzert für den befreundeten Geiger Ignaz Schuppanzigh, wurde sein Quintett op.16 uraufgeführt; das zweite war eine Akademie der böhmischen Sängerin Josepha Dušek, einst Mozarts Gastgeberin während seines letzten Prager Aufenthaltes.

Das Haus hat eine prachtvolle barocke Fassade; die Himmelpfortgasse wird überhaupt ihrem Namen vollauf gerecht, denn so viel Schönes ist hier erhalten. Aber weiter südlich hat die Abrißbirne zerstörerisch zugeschlagen. Alle im folgenden aufgelisteten Musikstätten sind spurlos verschwunden:

Johannesgasse 1:	Haydn unterrichtete hier um 1772 Beethoven; Beethoven 1824–25.
Annagasse 3a:	Präparandie im Annakloster: Schubert 1813–14.

Krugergasse 10:	Beethoven (zwei Aufenthalte), Carl Czerny, Witwe Constanze Mozart.
Walfischgasse:	„Schwabenberg" (Weber und Wagner); Beethoven.
Seilerstätte 18:	Süßmayr †, Weber.
Seilerstätte 12:	Beethoven 1801–02
„Sattlergasse":	eine nicht mehr existierende Seitenstraße der Kärntner Straße. Hier starb 1741 Vivaldi.

1

Auch Berlioz, Paganini u.v.a. haben in diesem Stadtteil logiert. Nur wenig zeugt von dieser musikalischen Vergangenheit:

So etwa das Haus des „Aspernsiegers" Erzherzog Karl (erste Niederlage Napoleons, 1809). Hier lebte auch Otto Nicolai; doch die Gedenktafel ehrt nicht den Komponisten der komischen Oper *Die lustigen Weiber von Windsor*, sondern den Hofkapellmeister, der 1842 die „Wiener Philharmonischen Konzerte" des Opernorchesters und damit die „Wiener Philharmoniker" gründete.

Seilerstätte 30
Nicolai
Sechter †

Im selben Haus soll 1867 Simon Sechter gestorben sein. Ihn hatte Schubert noch kurz vor seinem Tod um die Erteilung von Kontrapunktunterricht gebeten; 1855–61 war Sechter der Lehrer Bruckners. In der Musikgeschichtsschreibung geht ihm der Ruf nach, ein trockener Langweiler gewesen zu sein, nichtsdestotrotz komponierte er aber die burleske Oper *Ali Hitsch-Hatsch*.

In der Johannesgasse ist die Musik keineswegs verstummt. Im ehemaligen Ursulinenkloster (Nr. 8) sind Abteilungen der Musikhochschule, im ehemaligen Gebäude des ORF (Nr. 4a) das Konservatorium der Stadt Wien untergebracht.

14
Johannesgasse
Musikunterrichtsanstalten

WESTLICHE INNERE STADT

Im Hotel „Ambassador" wurde der Operettenkomponist Franz Lehár als Leitbild auserwählt. Sein Bildnis sowie vergrößerte Faksimiles so mancher seiner Melodien zieren die Wände.

15
Neuer Markt 5
Hotel: Lehar

Das Hotel verbindet die Kärntnerstraße mit dem Neuen Markt, der früher Mehlmarkt hieß. An seiner Stelle stand einst das Ballhaus „Mehlgrube", Aufführungsort mancher Akademien Mozarts. Im Nebenhaus vertonte Haydn die Kaiserhymne *Gott erhalte …*, aber weder der Kaiser noch Haydns Wohnung blieben erhalten; lediglich die Melodie lebt in der heutigen deutschen Nationalhymne fort. Ebenso sind das Palais Schwarzenberg, in dem *Die Jahreszeiten* und *Die Schöpfung* uraufgeführt wurden, sowie das „Rote Dachl", in dem die Volksmusik der Brüder Schrammel (→ 4.21) blühte, nicht mehr erhalten. Während Bautätigkeiten am Neuen Markt wurde allerdings die älteste Musikspur Wiens aufgedeckt: die bronzene Figur einer Flötenspielerin aus der Römerzeit; damals hieß Wien noch „Vindobona".

An diesem Platz hat nur eine Musikstätte die Zeiten überstanden: der Barockbau „Zum Pfennig". Hier wohnte der zweite Geiger des famosen Schuppanzigh-Quartetts, Josef Mayseder, des-

Neuer Markt 15
Köchert: Wolf

sen Tochter den Hof- und Kammerjuwelier Alexander Köchert heiratete. Auf diese Weise geriet das Haus in die Hände der heutigen
Inhaber. Alexander und seine Söhne Heinrich und Theodor luden
gerne Musiker wie Bruckner, Brahms und Mahler zu sich ein. Einmal war sogar Ravel ihr Gast; nach Frankreich heimgekehrt,
schrieb er seine „Apotheose der Wiener Walzer", *La Valse*. Theodor war Mitgründer und späterer Präsident der Wiener Konzerthausgesellschaft. Sein Sohn Erich unterstützte den fortschrittlichen Musiktheoretiker und Komponisten Josef Matthias Hauer
(→ 3.20).

Haydns Kaiserhymne, Faksimile

Der Name Köchert ist uns vor allem durch seine Verbindung mit
Hugo Wolf bekannt. Melanie Köchert, die Gattin Heinrichs, und
Wolf pflegten eine innige Freundschaft, die über lange Zeit Bestand hatte und durchaus mit dem Verhältnis zwischen Wagner
und Mathilde Wesendonck zu vergleichen ist. Die verständnis-
volle und sorgsame Frau war zeitlebens ein ruhender Pol im
turbulenten Dasein Wolfs und blieb für ihn als Komponisten
gleichzeitig eine Muse. Er widmete ihr ein Konvolut Liedmanu-
skripte mit den Worten: *Von allen, die der Tonkunst Zauber tief
empfanden, hat niemand mich so ganz wie du verstanden.*

Wolf hat mehrfach am Neuen Markt sowie in der Döblinger
Villa (→ 4.39) und in den Ferienhäusern der Familie (→ Kap. 7)
gewohnt.

⓱

Weihburggasse 2
Strauß
Weihburggasse 3
Hotel: Wagner +
Liszt + Grieg

Zurück in Richtung St. Stephan findet man eine Strauß-
Gedenktafel. Sie hängt dort, wo sich die erste Wohnung des jungen Paares Johann und Jetty (1862) befand.

Gegenüber steht das Hotel „Königin Elisabeth", das in der
Eingangshalle einige berühmte Gäste aufzeigt: Wagner (1861),
Liszt (1871) und Grieg (1896). In einem früheren Gasthaus an
dieser Stelle ist schon 1767 die Familie Mozart bewirtet worden.

Hinter dem Köchertschen Geschäft, links-rechts-links gehend, erreicht man die Spiegelgasse. Zur rechten Hand steht der Göttweiherhof. Alle großen Klöster der Provinz besaßen ein eigenes Haus in Wien, um die notwendigen Kontakte mit der Hauptstadt ständig pflegen zu können. Der Göttweiherhof ist, auch heute noch, ein Besitz des Stiftes Göttweig. Seine Fundamente sind mehr als 400 Jahre alt, doch im vorigen Jahrhundert wurde er beträchtlich vergrößert und umgestaltet. Auch die Familie Schober wohnte hier. Franz von Schober war wohl einer der engsten Freunde Schuberts, der 1822 und 1823 selbst ebenso hier gewohnt hat. Zu dieser Zeit entstanden u. a. die Musik zu *Rosamunde* sowie die *Unvollendete*, zwei seiner populärsten Orchesterkompositionen.

Zur linken Hand steht das Nachfolgegebäude des Hauses von Antonio Salieri. Dieser Hofkapellmeister, gebürtiger Italiener, ist vor allem als der eifersüchtige Konkurrent Mozarts bekannt. Er war aber auch jener gewissenhafte und großmütige Lehrer, der Schubert 1812–16 kostenlos unterrichtete und mit Notenmaterial versorgte. Auch Liszt war Schüler Salieris, der ihm in musiktheoretischen Fächern unterrichtete.

Die nächste Seitenstraße des Grabens ist die Dorotheerstraße.

Dem badischen Komponisten Conradin Kreutzer war Wien eine zweite Heimat. Er traf hier erstmals 1804 ein, um von Albrechtsberger unterrichtet zu werden. Von 1822 bis kurz vor seinem Tode (1849) wirkte er immer wieder als Dirigent an den Wiener Theatern am Kärntnertor und in der Josephstadt; 1846 trat er die Nachfolge Nicolais als Hofkapellmeister an. Von seinen Kompositionen ist nur *Das Nachtlager von Granada* im Repertoire geblieben. Den Text seiner Oper *Melusine* hatte Grillparzer verfaßt, der ihn zuvor vergebens Beethoven zur Vertonung vorgelegt hatte. Kreutzers Wohnung von 1840 steht noch.

Das führende Musikaliengeschäft Wiens heißt Doblinger. Seine Geschichte ist bis ins Jahr 1817 zurückzuverfolgen, in dem Friedrich Mainzer eine Musikalienleihanstalt gründete und bald ein Notengeschäft und Antiquariat hinzufügte. Dieses Geschäft übernahm 1857 Ludwig Doblinger, und 1876, nachdem ein

⑱
Spiegelgasse 9
Schubert

1

Spiegelgasse 11
Salieri

⑲
Dorotheergasse 9
C. Kreutzer

⑳
Dorotheergasse 10
Doblinger
Musikgeschäft

Ludwig Doblinger
(Bernhard Herzmansky)

≡ Musikalienhandlung ≡
Antiquariat u. Leihanstalt
═══ WIEN ═══
I. Bezirk, Dorotheergasse Nr. 10.

Telephon Nr. 3708.

Briefkopf um die Jahrhundertwende

eigener Verlag angegliedert worden war, wurde Bernhard Herzmansky der neue Inhaber. Manche Werke Bruckners sowie Mahlers Vierte Sinfonie wurden hier erstmals verlegt, bevor sie 1906 bei der Universal Edition erschienen. Dohnányi, Franz Schmidt und Joseph Marx sind auch mit einigen Werken vertreten, dennoch wurde die leichte Muse Schwerpunkt des Verlags. Erfolgsstücke sind die Operetten *Lustige Witwe*, *Walzertraum*, *Polenblut* und *Dreimäderlhaus*. Heute bemüht man sich besonders um die zeitgenössische österreichische Musik sowie um musikpädagogische Notenausgaben. Auch das Gebäude des Verlages ist bemerkenswert. Während Ludwig Doblinger nur über einen kleinen Teil des schönen barocken Palastes verfügte, wurden von den Herzmanskys allmählich alle übrigen Teile erworben, so daß heute der ganze Gebäudekomplex, von den uralten Kellergewölben bis hinauf zum Dachboden, von Musik erfüllt ist. Ein schöner Barocksaal wird gelegentlich für Hauskonzerte genutzt.

Wir kehren in den Graben zurück. Da der Trattnerhof (Nr. 29), in dem Mozart, Wolf und der Dirigent Herbeck wohnten und Mozart mit Subskriptionskonzerten große Erfolge feierte, 1911 abgerissen wurde, richten wir unsere Schritte sofort zum Kohlmarkt und dann nach rechts.

Im Palais Esterházy, dem Stadtschloß der ungekrönten Herrscher Westungarns, hat auch deren berühmtester Diener, Joseph Haydn, öfters geweilt, gewirkt und im Jahre 1767 gewohnt (→ Kap. 5, Burgenland).

Das nahe Palais Geymüller war 1821 Schauplatz einer Schubertiade. Hier lebte 1798 bis 1809 der französische Botschafter Graf Bernadotte, der Beethoven ideelle Anregungen zur *Eroica* gab.

Nun führt unser Weg zweimal nach links in die Herrengasse. Hier befindet sich eine Liszt-Gedenktafel; und zwar an der Stelle des berühmten Bösendorfersaals der 1872 von Bülow eingeweiht wurde und in dem bis zu seinem Abriß 1913 unzählige Größen konzertierten, darunter Liszt. Letzterer wurde zwar in Österreich geboren (→ 5.43), gehört aber kaum in die österreichische Musiklandschaft. Nach seinen Wanderjahren als Klaviervirtuose lebte er abwechselnd in Weimar, Budapest und Rom, zudem blieb er auch der französischen Kultur verbunden, für welche man im Wien des 19. Jahrhunderts eher wenig übrig gehabt hat.

Auch Chopin war hier nicht besonders erfolgreich. Trotz zweier aufsehenerregender Auftritte 1829 und eines längeren Aufenthaltes im Winter und Frühjahr 1830 konnte er in Wien nicht Fuß fassen. Seine Wohnung am Kohlmarkt existiert nicht mehr, lediglich ein reizloses Portraitrelief weist auf den ehemaligen Wohnort hin. Im selben Haus hat Diabelli sein Verlagsgeschäft geführt (→ 8.36).

Das 1724 erbaute Große Michaelerhaus hat mehreren bemerkenswerten Persönlichkeiten als Wohnung gedient. Da ist zunächst der Hofdichter und Opernlibrettist Pietro Metastasio. Dieser führende Vertreter der späten Opera seria war noch für das Opernschaffen Mozarts von einiger Bedeutung. Metastasio lebte

Kohlmarkt um die Jahrhundertwende

Michaelerhaus, Innenhof

Pietro Metastasio

von 1730 bis seinem Tod 1782 in Wien; er wurde in der Kirche nebenan begraben. Außer Metastasio wohnte hier sein Liebling und seine Erbin, die kleine Marianne de Martines. Die spätere Komponistin wurde von einem dritten Mitbewohner, Nicola Porpora, in Gesang und von einem vierten in Klavierspiel unterrichtet. Dieser vierte war der junge Haydn, der nach seiner Entlassung aus dem Knabenchor von St. Stephan schließlich in einer zugigen Dachkammer des Michaelerhauses Unterkunft gefunden hatte. Daraufhin wurde Porpora auch sein Lehrer (vgl. → 5.51). Im selben Haus lebte zudem eine Fürstin Esterházy, die Mutter des späteren Brotherrn Haydns, Paul Anton. Als sechster Bewohner sei der Klavier- und Flügelbauer Ludwig Bösendorfer (→ 2.50) erwähnt, der hier 1919 starb.

1848 wurde der Dachboden durch ein Stockwerk ersetzt, so daß gerade Haydns Unterkunft nicht mehr existiert. Aber er würde diesen Räumen sicherlich keine Träne nachgeweint haben.

㉖
Michaelerplatz
Kirche:
Metastasio 🛈 ,
Mozart 📄
⛪

Die Michaelerkirche – einst Hofkirche der Babenberger Her-
zöge – beherbergt die größte Barockorgel Wiens. Sie wurde
1714 von Johann Daniel Sieber erbaut und verfügt über drei
Manuale, Pedal und insgesamt 40 Register. Sie ist in ihrem
ursprünglichen Zustand erhalten geblieben.

Vom Grabe Metastasios war bereits die Rede. Die am Eingang
hängende moderne Bronzetafel erwähnt die hiesige Aufführung
einiger Teile von Mozarts *Requiem*, die bereits fünf Tage nach
seinem Tod in dieser Kirche stattfand.

RUND UM DIE HOFBURG

Jenseits des Michaelerplatzes erstreckt sich das riesige Areal
der Hofburg mit ihren 19 Innenhöfen, 54 Treppen und mehr als
2500 Gemächern.

㉗
Hofburg,
Schweizerhof
Hofkapelle 🎵

Zu Beginn ihrer 700jährigen Baugeschichte war sie eine ein-
fache viertürmige Burg um den „Schweizerhof". Hier wurde eine
Kapelle errichtet, die um etwa 1450 ihre heutige Gestalt bekam.
Später eingebaut wurden lediglich die barocken Galerien, dane-
ben stammt ein Teil der Einrichtung aus der Zeit Maria Theresias.
Die neue Orgel mit mechanischer Spieltraktur wurde 1962 von der
Orgelbaufirma Walcker gebaut.

Michaelerplatz von der Hofburg

Seit 1498 gestalten die Sänger und Instrumentalisten der Hofmusikkapelle die
Kirchenmusik; nach dem Untergang der
Monarchie im Jahre 1918 wurde das
rühmliche Institut von der Republik übernommen, ohne jedoch seines höfischen
Namens beraubt zu werden. Nach wie
vor singen und musizieren nur Personen
männlichen Geschlechts in dieser Kirche.
Das Instrumentalensemble wird aus dem
(bis heute nur aus Männern bestehen-
den) Staatsopernorchester rekrutiert, dessen Geschichte auf die Instrumentalisten
des Renaissancehofes zurückgeht. Die
Sopran- und Altstimmen liefern die „Wiener Sängerknaben", einer der wenigen
kontinentalen Knabenchöre, die ebenso
„englisch" singen wie die Kathedralchöre
Englands. Der berühmteste Sängerknabe
war Franz Schubert (1809–12); als Organisten wirkten hier u. a. Albrechtsberger
und Bruckner. Die Messen an Sonnta-
gen und kirchlichen Feiertagen (außer in
den Sommermonaten jeweils um 9.15
Uhr) sind bei den Touristen besonders
beliebt.

Der Leopoldinische Trakt wurde den bereits stehenden Bauten 1660 hinzugefügt und nach dem damaligen Kaiser Leopold I. benannt. Dieser Fürst war in der Musik auch schöpferisch tätig, obwohl man niemals mit Sicherheit sagen kann, inwieweit sich komponierende Fürsten der Hilfe namenloser Fachleute bedienten. Wie dem auch sei, seine Kompositionen umfassen 12 Opern, 9 Oratorien und zahlreiche kleinere Werke; besonders die geistlichen Werke im venetianischen Stil können jeder Kritik standhalten; einige haben sogar den Weg in die Tonträgerkataloge gefunden. Leopold I. regierte von 1658 bis 1705. Seine Frömmigkeit und Prachtliebe, seine konservative Haltung und Musikbeflissenheit repräsentieren den gemeinhin als typisch geltenden Österreicher.

Auch sein Vater, Ferdinand III. (1637–57), war mehr als ein musikalischer Dilettant. Als Schüler Valentinis hat er sich dessen Stil angeeignet, daneben ist er der Widmungsträger des 8. Madrigalbuches Monteverdis. Leopolds Sohn, Joseph I. (1705–11), hat in seinem kurzen Leben – er wurde nur 33 Jahre alt – zwar nicht viel komponiert, aber das Niveau seiner an Scarlatti erinnernden Arien ist beachtlich. Die Existenz solch hochmusikalischer Fürsten hat die bevorzugte Stellung der Musik in ihrem Land selbstverständlich sehr gestärkt. Es hat sogar den Anschein, daß alle Sprößlinge des Habsburger Fürstengeschlechts gewandte Musikdilettanten waren. Als begabter Komponist und Pianist ist auch Erzherzog Rudolph, gleichermaßen Schüler wie Gönner Beethovens, berühmt. Auch er wohnte, bevor er zum Erzbischof von Olmütz (Olomouc) ernannt wurde, in der Hofburg.

Auf Grundlage einer Sondergenehmigung konnte sich in der Hofburg ein bedeutender zeitgenössischer Komponist wohnhaft niederlassen: Gottfried von Einem, 1918 in der Schweiz als Kind österreichischer Eltern geboren und am 12. Juli 1996 hier gestorben. Er erregte 1947 mit seiner Oper *Dantons Tod* (nach Büchner) Aufsehen, später folgten *Der Prozeß* (Kafka) u. a. Opern. Weder Neutöner noch Reaktionär, hat er mit Hilfe eingängiger kompositorischer Elemente der Musik unseres Jahrhunderts einen wirkungsvollen Beitrag zum Repertoire des Musiktheaters geschaffen. Das österreichische Musikleben hatte zudem weitreichenden Nutzen von seiner organisatorischen Begabung.

An der Stelle des Michaelertores stand 1760–1888 das alte Burgtheater, in dem Haydns *Kaiserhymne* 1797 erstmals erklang und in dem Uraufführungen von Opern Gluck und Mozart (*Entführung*, *Figaro*, *Così fan tutte*) stattfanden. Beethoven gab hier 1795 sein Wiener Debüt als Komponist, Improvisator und Interpret.

Die Winter- oder Spanische Reitschule war während des Wiener Kongresses (1814–15) Schauplatz vieler Bälle, was die Redewendung *Der Kongreß tanzt* provozierte. Als Raum für rein musikalische Veranstaltungen wurde sie ebenso öfters genutzt sowie für die jährlichen Benefizkonzerte zur Unterstützung des Konservatoriums, die von der Gesellschaft der Musikfreunde initiiert wurden. Berlioz beschreibt in seinen Memoiren ein solches Konzert, das um 1850 mit über tausend Mitwirkenden veranstaltet wurde, die fast alle Dilettanten waren. Er weist sowohl auf das

1

Hofburg, Leopoldinischer Trakt
Haus Habsburg

Hofburg, Kapuzinergang 86
G. von Einem

Josefsplatz
Reitschule;
🎵 **Redoutensäle**

Programmzettel: Gründungskonzert der Wiener Philharmoniker

konventionelle Programm als auch auf Präzision und Verve der Aufführungen hin.

Der Eingang zur Reitschule befindet sich auf der an den Josefsplatz angrenzenden Seite. In den daneben liegenden Redoutensälen fanden die meisten Bälle statt, und auch hier fühlte sich die Musik zuhause. Haydn, Mozart, Schubert, Paganini, Liszt, Mahler und natürlich Lanner und die Mitglieder der Strauß-Dynastie musizierten hier. Zu Ehren der fürstlichen und anderer angesehener Kongreßteilnehmer führte Beethoven am 17. November 1814 seine Kantate *Der glorreiche Augenblick*, die siebte Sinfonie und *Wellingtons Sieg* auf – oder war es nicht eher so, daß die Mächtigen der Politik zusammengekommen waren, um dem schon berühmten Meister zu huldigen? Auch die ersten Philharmonischen Konzerte Nicolais fanden hier statt, und in den Nachkriegsjahren richtete man am gleichen Ort eine Art „Kleines Haus" der Staatsoper ein.

Die Redoutensäle wurden 1992 von einem verheerenden Feuer zerstört; die Wiederherstellung wurde unverzüglich in Angriff genommen.

Die von Baron van Swieten gegründete Hof-, jetzt Nationalbibliothek, nebenan konnte nur mit großer Mühe gerettet werden. Die Musikalienbestände waren zudem glücklicherweise schon lange vorher andernorts untergebracht worden (→ 36).

An der gegenüberliegenden Seite des Josefsplatzes stehen zwei bedeutende Adelspaläste. Im Palais Pallavicini lebte Graf von Fries, der Widmungsträger der siebten Sinfonie Beethovens sowie von Schuberts Lied *Gretchen am Spinnrade*. Hier fand auch ein kurioses musikalisches Duell statt, und zwar zwischen Beethoven und dem eingebildeten Pinsel Steibelt, das ersterer beleidigt abbrach.

Im noch heute als Konzertraum verwendeten Figarosaal des Palais Palffy spielte Mozart am 1. Mai 1781 – einige Stunden vor der Uraufführung – einer ausgewählten Gesellschaft den gesamten *Nozze di Figaro* vor. Schon als Kind war er 1762 mit seiner Schwester in diesem Palais aufgetreten.

Um die Ecke erhebt sich die älteste evangelische Kirche Wiens, eine spätgotische Klosterkirche, die 1783 infolge des josephinischen „Toleranzpatents" den Protestanten zur Verfügung gestellt wurde. An der 1808 von Deutschmann erbauten Orgel spielte 1823 der bayerische Komponist und Freund Schuberts, Franz Lachner; diesem folgte im Jahre 1824 sein Bruder Ignaz.

Josefsplatz 5
Palais Pallavicini:
Beethoven

Josefsplatz 6
Palais Palffy:
Mozart

Dorotheerstraße 18
Ev. Kirche: Brahms,
Strauß, Schönberg,
Berg
Orgel

> Uiberzeugt eines Theils von der Schädlichkeit alles Gewissens-
> zwanges, und anderer Seits von dem grossen Nutzen, der für die Re-
> ligion, und dem Staat, aus einer wahren christlichen Tolleranz ent-
> springet, haben Wir Uns bewogen gefunden den augspurgischen, und
> helvetischen Religions-Verwandten, dann denen nicht unirten Griechen
> ein ihrer Religion gemäßes Privat-Exercitium allenthalben zu gestat-
> ten, ohne Rucksicht, ob selbes jemal gebräuchig, oder eingeführt gewe-
> sen seye, oder nicht. Der katholischen Religion allein soll der Vorzug
> des öffentlichen Religions-Exercitii verbleiben, denen beeden protestan-
> tischen Religionen aber so, wie der schon bestehenden nicht unirt Grie-
> chischen aller Orten, wo es nach der hierunten bemerkten Anzahl der
> Menschen, und nach den Facultäten der Innwohner thunlich fällt, und
> sie Accatholici nicht schon bereits im Besitz des öffentlichen Religions-
> Exercitii stehen, das Privat-Exercitium auszuüben erlaubet seyn.

Fragment aus dem „Toleranz-Edikt" Kaiser Josephs II., 13. Oktober 1781

Auch Abbé Vogler, Meyerbeer und Bruckner haben auf dieser Orgel gespielt. Sie wurde 1907 – gleichzeitig mit dem Umbau der Kirche – baulich verändert, aber neuerdings in ihrem ursprünglichen Zustand wiederhergestellt. In dieser Kirche fanden die Toten-feiern für Brahms (1897) und Strauß (1899) sowie die Taufe Schönbergs (1898) statt. (Schönberg kehrte übrigens 1933 in einer Pariser Synagoge zum Glauben sei-ner Vorfahren zurück.) Schließlich heirate-ten hier 1911 Alban Berg und Helene Nahowski, nach Wunsch des Vaters der Braut evangelisch, um die Möglichkeit einer Scheidung zu wahren. Doch zu einer Scheidung kam es nicht, im Gegenteil: 1915 heirateten sie ein zweites Mal, dies-mal jedoch nach katholischem Ritus! (→ 4.16)

Palais Lobkowitz

Etwas weiter südlich steht der Palast, in dem im Herbst 1804 Beethovens *Eroica* ihre Uraufführung erlebte. Beethoven dirigier-te das Privatkonzert. Ferdinand Ries berichtet, daß der bereits schwerhörige Meister zu Beginn *das ganze Orchester so heraus-warf, daß wieder von vorne angefangen werden mußte.* Wegen des überwältigenden Eindrucks, den die Sinfonie auf die Zuhörer machte, mußte sie gänzlich wiederholt werden. Auch Beethovens „Vierte" wurde hier aus der Taufe gehoben, sowie – von Pierre Rode und Erzherzog Rudolph vorgetragen – die Violinsonate op. 96. *Die wahre Residenz und Akademie der Musik,* so nannte Reichardt das Haus des Fürsten Lobkowitz, des begeisterten Musi-kliebhabers, der Beethoven zeitlebens unterstützte, obwohl Beethoven ihn einmal als *fürstlichen Lumpenkerl* beschimpft hatte. Im selben Palais ist jetzt das österreichische Theater-museum untergebracht.

33
Lobkowitzplatz 2
Palais Lobkowitz:
Beethoven;
Österr. Theater-
🏛 **museum**

**Hanuschgasse 3
Theatermuseum II;
Bundestheater-
verband**

**Augustinerstraße
Augustinerkirche:
Schubert, Bruckner;
Musikmessen** ♩

**Augustinerbastei
Albertina:
Nationalbibliothek**

**Burggarten
Mozart** △

**Heldenplatz
Neue Burg:
Sammlung Musik-
instrumente** 🏛

Im nahegelegenen Hanusch-Hof befindet sich eine Dependance des Theatermuseums, die einige Gedenkräume (u. a. für
Ziehrer) beherbergt. Außerdem ist hier die Bundestheater-Ver-
waltung untergebracht, der Burgtheater, Staats- und Volksoper
unterstellt sind.

In der Augustinerkirche, lange Zeit die Pfarrkirche des
Hofes, leitete Bruckner 1872 die Uraufführung seiner Messe in
f-Moll. Statt ein eigenes Honorar zu empfangen, mußte der Komponist die Orchestermusiker mit 300 Gulden bezahlen! Auch
Schubert wirkte in dieser Kirche. Als Sängerknabe hatte er hier
gesungen und in Folge dessen 1815 seine F-Dur-Messe hier dirigieren können. Nach seinem Tod und zu seinem Andenken
erklang am selben Ort das *Requiem* seines Freundes Anselm
Hüttenbrenner (→ 9.30). Die Tradition der Musikmessen wird bis
heute fortgeführt (Aufführungen finden an Sonn- und Feiertagen
jeweils um 11 Uhr statt).

Die Musikabteilung der Nationalbibliothek ist in der Albertina
untergebracht und zählt mit ihren mehr als 100 000 Bänden zu den
bedeutendsten Musikbibliotheken der Welt. Zu ihrem Bestand
gehören der Nachlaß Bergs, die Originalhandschriften sämtlicher
Sinfonien Bruckners, die wichtigsten Lieder von Wolf, aber auch
die Partitur des *Rosenkavaliers* sowie viele Handschriften von
Kompositionen der Klassiker. Die in der Nationalbibliothek auf-
bewahrten Autographe von Mahler, Schönberg und Webern sind
Leihgaben der Universal Edition.

Hinter der Albertina liegt der Burggarten mit dem 1896 fertig-
gestellten Mozart-Denkmal des Bildhauers Victor Tilgner. Dieses
Denkmal stand früher auf dem Albertinaplatz und wurde im Zweiten Krieg schwer beschädigt.

Die Neue Burg wird größtenteils als Museum genutzt. Im
Museum für Völkerkunde, nahe der Ringstraße, findet man nur
wenige außereuropäische Musikinstrumente. Die übrigen Teile
des neobarocken Gebäudes beherbergen Abteilungen des Kunsthistorischen Museums.

Dazu gehört die eindrucksvolle Sammlung historischer
Musikinstrumente. Die chronologische Anordnung, die 1993 eingeführt wurde, bietet den Besuchern ein anschauliches Panorama der Musikgeschichte, und zwar nicht nur visuell, sondern
dank Kopfhörer auch akustisch. Die rechte Seitengalerie zeigt die
Frühgeschichte. Über den Sälen IX und X (Renaissance; prächtige
Stücke aus der Tiroler Kunstkammer (→ 8.50)) und XI (Barock;
komponierende Kaiser) erreicht man die sieben Säle, die der
klassischen und romantischen Musik gewidmet sind. Unserem
Jahrhundert begegnen wir in der linken Seitengalerie. Zu den
Exponaten gehören Hammerflügel von Walter und Stein, das
durch Brahms nach Wien gekommene Klavier Robert Schu-
manns, Instrumente anderer Komponisten wie Lanner, Strauß
und Wolf, aber auch Bilder und Kuriosa. Ein Klangspiel, das über
den einer Zither beigelegten Kopfhörer ertönt, gibt das berühmte Thema Anton Karas' aus dem Film *The Third Man* (Der dritte
Mann) wieder und läßt so das Wien der dunklen Nachkriegszeit
wiedererstehen.

JENSEITS DER RINGSTRAßE

Am Ring, dem Burggarten gegenüber, starb der Operettenkomponist Franz von Suppè. Ab 1860 hatte er sich den Stil Offenbachs zu eigen gemacht und das Wiener Publikum erstmals 1865 zu seiner *Schönen Galathé* eingeladen. Dies Ereignis kann man als den eigentlichen Beginn der Wiener Operettentradition werten. (Wir werden noch weiteren Spuren von Suppè begegnen → 6.10.)

Auf der anderen Seite desselben Blocks wohnte 1935–38 und 1946–75 der letzte bedeutende Vertreter dieser Gattung, Robert Stolz.

Ein silberbeschlagener Dirigierstab aus Ebenholz wurde zum Sinnbild der Wiener Operetten-Geschichte: Er gehörte einst Suppè, wurde von ihm an Johann Strauß weitergereicht und kam hernach in die Hände Lehárs; dieser gab ihn schließlich Robert Stolz. Das Zepter der Operettenfürsten soll sich noch im Besitz der Familie befinden, da sich bislang kein würdiger Nachfolger gemeldet hat.

Drei Türen weiter findet sich die Wohnung Alma Mahlers, der Witwe des Komponisten. Diese eigenwillige Frau ist abwechselnd als Göttin, Luder, Muse, Vamp und Opfer beschrieben worden. Wie die auch sei, sie war schön, hochgebildet und künstlerisch begabt; sie nahm bei Zemlinsky Kompositionsunterricht, wurde aber von Mahler abgehalten, sich als Tondichterin Geltung zu verschaffen. Übrigens vergötterte Mahler seine „Almschili", blieb ihr jedoch im Grunde ein Fremder. Über ihr Leben mit Mahler und anderen Männern (Gropius, Kokoschka, Werfel) sowie über das Kulturleben ihrer Zeit berichtet sie aus persönlicher Sicht in ihren Memoiren.

In den Jahren 1914–31, als Alma das Haus in der Elisabethstraße bewohnte, war es ein Künstlertreffpunkt. Zu den Gästen zählten Pfitzner, Alban und Helene Berg, Ravel und Casella. Die Gedenktafel erwähnt aber lediglich den späteren Gatton Franz Werfel. Als Sitz des „Tonkünstlerorchesters" ist das Haus der Musik bis heute verbunden geblieben.

Kehren wir zur Ringstraße zurück. Von musikhistorischer Bedeutung ist das Maria-Theresien-Denkmal (Zumbusch, 1887). Zu Füßen der Kaiserin stehen Gluck, Haydn und auch Mozart, wie ihn die Kaiserin gekannt hatte: als Kind. Sie war ebenso musikalisch veranlagt wie ihre Vorfahren und führte während ihrer langen Regierung (1740–80) mehrere Umgestaltungen des Musiklebens durch, die auch der Wiener Klassik den Weg ebneten. Das Denkmal zeigt auch Baron Gottfried van Swieten. Der gebürtige Holländer und Sohn des Leibarztes der Kaiserin war selbst ein einflußreicher Diplomat. Als Präfekt der Hofbibliothek unter Joseph II. und als Präsident der Studien- und Bücherzensurkommission förderte er aufgeklärtes Gedankengut, als gebildeter Musikdilettant unterstützte er die besten Komponisten. Er machte Mozart mit der Musik Bachs bekannt, was einen nicht unwesentlichen Einfluß auf die späten Werke Mozarts hatte; in seinem

39
Opernring 23
F. von Suppè †

1

40
Elisabethstraße 16
R. Stolz

41
Elisabethstraße 22
Alma Mahler

42
Maria-Theresien-Platz
Δ Maria Theresia:
Gluck, Haydn, Mozart, van Swieten

Maria-Theresia-Denkmal

Ein Jahr vor seinem Tode ließ Mahler einige Lieder seiner Frau herausgeben

Auftrag bearbeitete Mozart einige Werke Händels. Van Swieten schrieb die deutschen Textbücher der Oratorien Haydns und protegierte den jungen Beethoven, der ihm seine 1. Sinfonie widmete.

43
Rathauspark
Lanner + Strauß ▲

Geht man die Ringstraße weiter nordwärts entlang, erreicht man den Rathauspark, wo sich der „Flachskopf" Josef Lanner und der „Mohrenschädel" Johann Strauß Vater für ewig freundschaftlich unterhalten. Es wäre nicht angebracht gewesen, die bittere Rivalität der beiden Schöpfer der Wiener Walzer öffentlich zu betonen.

44
Reichsratstraße 9
Eduard Strauß 🗐

Schräg gegenüber diesem Denkmal (Oehrly/Seifert, 1905) wohnte der jüngste Strauß-Sohn, Eduard, der 1870–1902 die Hofbälle leitete. Mit seinen *Erinnerungen* (1906) hat er die Strauß-Forschung wesentlich bereichert, mit der bewußten Verbrennung seines ganzen Musikalienarchivs im darauffolgenden Jahr hat er derselben jedoch unermeßlich geschadet. Der „schöne Edi" war nicht der letzte Sproß der Walzer-Dynastie, auch sein Sohn Johann und sein Enkel Eduard waren Musiker.

45
Bartensteingasse 9
Musiksammlung
Stadtbibliothek

In einer Dependance des Rathauses befindet sich die Musikabteilung der Stadtbibliothek, die in Konkurrenz zur Nationalbibliothek wertvolle Autographe Wiener Komponisten erworben hat. Vieles gehört zum Bereich der leichten Muse, wie etwa Kompositionen von Strauß (*Zigeunerbaron*), Millöcker, fast sämtliche Werke von Suppè und Schrammelmusik (→ 4.21). Aber auch Kompositionen von Beethoven und Brahms fehlen nicht, und besonders die Schubert-Sammlung ist einzigartig. Zu den musikalischen Sammelgegenständen gehören außerdem viele Briefe, Programme und Plakate.

NÖRDLICHE INNERE STADT

1

Gegenüber dem Rathaus gehen wir an ihm rechts vorbei wieder in die Altstadt hinein. Das Burgtheater am Ring beherbergt – ungleich dem früheren Burgtheater am Michaelertrakt – nur die Sprechbühne; es kann für uns also außer Betracht bleiben.

Löwelstraße 6
Palais Montenuovo
(Beethoven)

Fürst Alfred Montenuovo war Obersthofmeister des Kaisers, und ihm unterstand auch die Hofoper. Immer hatte er sich für den anspruchsvollen Operndirektor Mahler eingesetzt, bevor er ihn 1907 plötzlich fallen ließ, worauf Mahler zurücktrat. Montenuovo lebte in dem 1829 in klassizistischem Stil umgebauten sog. Ogilvischen Haus, in welches Beethoven um 1795 eingezogen ist und worin er vielleicht bis 1800 gelebt hat. Möglicherweise sind einige der Streichquartette op. 18 und die Sonate *Pathétique* hier entstanden?

47
Mölkerbastei 8
Beethoven

Im Juli 1804 bat Beethoven seinen Freund Ries, für ihn ein neues Quartier zu suchen: … *Ich wünsche sehr, eines auf einem grossen stillen Platze oder auf der Bastei zu haben.* Einige Monate später konnte er die gewünschte Wohnung beziehen. Sie wurde die bedeutendste seines wechselhaften Mieterdaseins. In den 35 Wiener Jahren siedelte er – Reisen und Ferien außerhalb Wiens nicht mitgezählt – 28 Mal um; auf der Bastei hat er 1804–08 und 1810–14, also insgesamt acht Jahre, gelebt und u. a. an fünf seiner neun Sinfonien (IV–VIII) gearbeitet. Baron Johann Baptist Pasqualati, der Hausverwalter und Sohn des Hausbesitzers, war ein Musikfreund und – was hoch geschätzt werden muß – verstand sich durchaus gut mit dem launischen Meister.

Pasqualatihaus Beethoven, vom Universitätsring

Das Haus ist gut erhalten und heute die bedeutendste Beethoven-Gedenkstätte der Stadt. Es lohnt sich, in den vierten Stock hinaufzuklettern und sich die Ausstellung anzusehen, die besonders die letzten Lebensjahre des Komponisten berücksichtigt. Aufgrund der nunmehr dichten Bebauung der Umgebung blieb die wunderbare Aussicht über das Glacis, die Vorstädte und den Wienerwald nicht erhalten.

Um die Ecke, in der Schreyvogelgasse 10, steht ein bildhübsches Alt-Wiener Haus, das „Dreimäderlhaus" getauft wurde, aber nichts mit Bertés Schubert-Pasticcio oder mit Schubert selbst zu tun hat.

48

**Dr.-K.-Lueger-Ring 1
Universität
Universitätsstraße 7
Institut für
Musikwissenschaft**

Gegenüber am Ring sieht man die Universität, die mit mindestens drei Persönlichkeiten an der Welt der Musik verbunden ist. Anton Bruckner war hier 1868–90 Lektor für Musiktheorie und wurde 1891 zum Ehrendoktor ernannt. Sein wohl schärfster Gegner, Eduard Hanslick, *il Bismarck della critica musicale* (Verdi), wurde 1861 außerordentlicher Professor für Musikgeschichte und -ästhetik, nachdem er bereits 1856 mit seinen Vorlesungen Furore gemacht hatte. Schließlich sei Guido Adler erwähnt, der Begründer der modernen Musikwissenschaft und Herausgeber der seit 1893 erscheinenden Editionsreihe *Denkmäler der Tonkunst in Österreich*.

Das Institut für Musikwissenschaft und dessen Bibliothek befinden sich heute in einem modernen Nebenbau.

Über die Teinfaltstraße – der „Klepperstall", Schauplatz einer Schubertiade und auch eine Wohnung Beethovens, ist dort verschwunden – erreicht man die Freyung.

49

**Freyung 6
Schottenhof:
Liszt**
**Schottenkirche
Dittersdorf**

Das Schottenstift (mit Schotten sind scoti = irische Mönche gemeint) ist eines der ältesten Kulturzentren der Stadt und weist auch Berührungspunkte mit der Musikgeschichte auf. In dem nicht erhaltenen mittelalterlichen Bau starb 1527 der Komponist Heinrich Finck und lebte um 1700 Johann Josef Fux. Am Ende des 18. Jahrhunderts wohnte hier die *Hoch und wohl Edl geborene Sonders Hochschätzbahrste Allerbeste Frau v. Genzinger*, wie Haydn seine teure Freundin, Marianne von Genzinger, in seinen zahlreichen Briefen nannte.

Im Nachfolgegebäude fand ab 1869 Franz Liszt während seiner Wiener Aufenthalte Unterkunft. Das hiesige Gymnasium zählte die Brüder Strauß zu seinen Schülern. Als Violinist im Orchester der Schottenkirche zeichnete sich der elfjährige Carl Ditters so sehr aus, daß er von einer adligen Familie aufgenommen wurde (→ 3.23).

50

**Renngasse 1
(Beethoven)
Schubert**

Neben der Kirche, wo die Renngasse beginnt, stand die Gaststätte „Zum römischen Kaiser", wo Beethoven im Winter 1816–17 wohnte und Schubert 1818 mit der Aufführung einer *Ouvertüre im italienischen Stil* erstmals vor die Öffentlichkeit trat. Im darauffolgenden Jahr erklang dort Schuberts *Schäfers Klagelied*, angeblich die erste öffentliche Aufführung eines seiner Lieder. An der Stelle des Nebenhauses, Renngasse 3, befand sich einmal die Wohnung Gottfrieds van Swietens (→ 42).

Auch die schönen Adelspaläste auf der anderen Seite der Freyung sollte man nicht übersehen:

Palais Harrach war das Stadtpalais dieser mächtigen Familie, der Herren von Rohrau, Haydns Geburtsort (→ 5.49).

Im Palais Kinsky konzertierte einst der kleine Mozart. Fürst Ferdinand Kinsky war ein wichtiger Gönner Beethovens, der gelegentlich in dessen Hause weilte. Und Fürstin Charlotte Kinsky war als Gastgeberin des letzten Hauskonzerts Schuberts am 7. Juli 1828 die einzige Anwesende, die nicht nur dem Sänger, sondern auch dem Komponisten am Klavier ihre feurige Anerkennung bezeugte, worauf Schubert errötete; er war es nicht gewohnt, von den hohen Kreisen gelobt zu werden.

Wenn man sich am Ende der Freyung nach links wendet, stößt man an der Stelle des „Greinerschen Hauses" auf ein Beethoven-Mosaik, auf dem mehrere seiner hier komponierten Werke genannt werden. Beethoven soll hier 1815–17 gelebt haben. Die Daten sind jedoch alle falsch; vielmehr hat Beethoven hier um 1800 gewohnt. Auch die Nr. 2 in derselben Straße erinnert an Beethoven ähnlich wie die Nr. 16 an Mozart (1762).

51
Freyung 3
Palais Harrach
(Haydn)

52
Freyung 4
Palais Kinsky:
Mozart, Beethoven,
Schubert

1

53
Tiefer Graben 8
Beethoven

Tiefer Graben

Nur das Nachbarhaus blieb erhalten, in dem Vater und Sohn Mozart im Sommer 1773 beim Kupferschmied Gottlieb Fischer wohnten. Dieser Wiener Aufenthalt war nicht erfolgreich, war Wolfgang doch nicht mehr das aufsehenerregende Wunderkind der 60er Jahre. Erst 1781 kam er wieder nach Wien, aber diesmal für immer.

Eine Sensation war gewiß sein erster Auftritt in Wien bei Thomas Graf Vincinguerra Collalto im Oktober 1762 gewesen. Auch Antonio Vivaldi hatte 21 Jahre zuvor dieses Palais betreten.

54
Tiefer Graben 18
Mozart

55 Am Hof 13
Palais Collalto:
Vivaldi, Mozart

Palais Collalto, Am Hof

Am Hof
Kirche: Strauß

Judenplatz 3
Mozart

Milchgasse 1
Mozart

Tuchlauben 8
A. Berg *
Musikgeschichte

Es befindet sich in vorzüglichem Zustand und ziert den wunderschönen Platz, an dem einst der Babenberger Hof residiert hatte.

In der Kirche „Zu den neun Engelschören" debütierte 1844 Johann Strauß jr., Schüler des Chormeisters Joseph Drechsler, mit dem selbst komponierten Graduale *Tu, qui regis*.

Auf die Wohnung Mozarts, in der 1783 sein erstes Kind, Raimond Leopold, geboren wurde und nur zwei Monate lebte, weist lediglich eine Tafel hin, da das Haus nicht erhalten ist. Im Nachbarhaus Nr. 4 – heute auch ein Neubau – wohnte die Familie 1789–90.

Am Ende der Kurrentgasse, die Tuchlauben überquerend, erreicht man die Milchgasse. Hier an der Ecke des Petersplatzes stand das Haus, in dem 1781 Mozarts *Entführung aus dem Serail* entstand. Am Petersplatz wohnten auch Beethoven (Nr. 11), Czerny (Nr. 10) und die Familie Weber – Mutter Cäcilie und die Töchter Josepha, Constanze und Sophie. In dem Hause „zum Auge Gottes" lebte im Sommer 1781 auch Constanzes künftiger Bräutigam. Von diesen alten Gebäuden ist jedoch keines erhalten geblieben.

Kehren wir zurück in die Tuchlauben, so sehen wir, daß auch diese musikhistorisch bedeutende Straße nahezu vollständig dem Modernisierungsbestreben sowie wohl auch der Profitgier der Gründerzeit zum Opfer gefallen ist. Die Häuser Mozarts (Nr. 6) und Schuberts (Nr. 20), das „Schönbrunner Haus", in dem 1885 Alban Berg geboren wurde (Nr. 8) und die Schubertstätten „Zum roten Igel" und „Zum blauen Igel" (Nr. 12 und 14) sind alle abgerissen worden. Nur Bergs Geburtsstätte wird ausgewiesen.

1

Dennoch ist es angebracht, die Geschichte der Gaststätte „Zum roten Igel" etwas näher zu betrachten. Dieses Haus, in dem 1812 die Gesellschaft der Musikfreunde gegründet wurde, war bis zur Errichtung des Musikvereinsgebäudes (→ 77) im Jahre 1870 ein bedeutender Ort für Konzerte und außerdem Sitz des Konservatoriums. Fast unbemerkt vom großen Publikum und von der Presse waren hier bereits mehrere Lieder und Kammermusikwerke Schuberts erklungen, bevor am 26. März 1828 ein ausschließlich Schubertschen Kompositionen gewidmetes Konzert veranstaltet wurde. Neben acht Liedern erklangen ein Satz des G-Dur-Streichquartetts und das Klaviertrio Es-Dur op. 100. Dieses Konzert ermutigte den Komponisten zwar und brachte ihm auch etwas ein, doch von einem Durchbruch konnte keine Rede sein. *Die zahlreich versammelten Freunde*

Gesellschaft der
Musikfreunde,
Tuchlauben

und Protektoren ließen es an rauschendem Beifall bei jeder Nummer nicht fehlen und mehrere derselben wiederholen, so meldete ein Rezensent, der offensichtlich selber nicht beeindruckt war. Schubert hatte das Pech, daß in jenen Tagen Paganini in der Stadt Furore machte; und leider *erbleichen die kleineren Sterne vor dem Glanze dieses Kometen am musikalischen Himmel*, so liest man in einer anderen Zeitung.

„Zum roten Igel", nach 1830 weitgehend umgestaltet, wurde das von Johannes Brahms am meisten geliebte und besuchte Gasthaus, so daß er, bei jedem Verlassen der Stadt dem *stachlichten Liebling … einen Seufzer zärtlicher Sehnsucht zuhaucht.* Der Igel wurde sogar eine Art Maskottchen des Meisters (vgl. → 9.43).

Völlig unerwartet tat sich vor einigen Jahren ein Fund zur Musikgeschichte auf. Während Bautätigkeiten wurde 1979 eine Reihe gotischer Fresken aufgedeckt, die Szenen aus Liedern des Minnesängers Neidhart (→ 1) darstellen. Sie sind der Öffentlichkeit zugänglich.

⑥⓪
Tuchlauben 19
Neidhart-Fresken

Überquert man am Ende der Tuchlauben die Wipplingerstraße, so findet man eine Tafel, die auf Schuberts Wohnung hindeutet, in der er gemeinsam mit seinem Freund Mayrhofer lebte. Er wohnte hier 1818–20 und schrieb zwei unsterbliche Kammermusikwerke: den *Quartettsatz* und das *Forellenquintett.* In dieser Straße gab es einstmals noch weitere Wohnungen Schuberts und Mozarts. In der Salvatorkapelle im alten Rathaus haben die Sängerknaben Joseph und Michael Haydn öfters ihre Stimmen ertönen lassen.

⑥①
Wipplingerstraße 2
Schubert

Wipplingerstraße 6
Salvatorkapelle:
Haydn

Am Hohen Markt befindet sich eine eigenartige Sehenswürdigkeit Wiens: die 1914 fertiggestellte, aber erst 1927 in Betrieb genommene „Kunstuhr" des Ankergebäudes. An diesem spät-

⑥② **Hoher Markt 11**
Kunstuhr (Haydn,
W. v. d. Vogelweide)

sezessionistisch gestalteten Riesenspielzeug ist die Geschichte Wiens abzulesen. Zu jeder Stunde erscheint eine prominente Persönlichkeit, beginnend mit dem römischen Kaiser Marcus Aurelius, der gerade hier gestorben sein soll. Die Musik wird durch den Minnesänger Walther von der Vogelweide (4 Uhr) und Joseph Haydn (12 Uhr) repräsentiert. Um 12 Uhr kommt die ganze Schar einmal vorbei, von passender Musik begleitet. Wenn schon nicht aufschlußreich, so doch amüsant!

Schuberts Zimmer in der Wipplingerstr. 15

ÖSTLICHE INNERE STADT

63
Fleischmarkt 11
Griechenbeisl:
Augustin,
Autogramme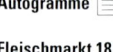

Fleischmarkt 18
Dittersdorf *

Unterhalb der Anker-Uhr weitergehend erreicht man nach 100 Metern den Fleischmarkt, wo man rechts abbiegt. Das pittoreske „Griechenbeisl" rühmt sich seiner Vergangenheit. Bereits 1447 wurde eine Gaststätte in der Nähe des alten Turms (auf römischem Fundament!) erwähnt, der vom Hof des ebenso uralten Hauses Griechengasse 7 sichtbar ist. Der heutige Name soll aus der Zeit um 1700 stammen und zeugt, wie die benachbarte Kirche, von den griechischen Einwanderern jener Epoche. Der Volkssänger und Dudelsackspieler Max Augustin, der 1679 benebelt in eine Pestgrube hineinfiel, um dort seinen Rausch auszuschlafen, war hier guter Kunde gewesen. Das Lied *Oh, du lieber Augustin, alles is' hin* machte ihn unsterblich.

Stolz zeigt man an einer Wand Unterschriften prominenter Gäste wie Haydn, Beethoven, Schubert, Wagner, Strauß und Brahms. Ob es sich um authentische Schriftzüge handelt, war nicht festzustellen.

Das Haus, in dem Johann Joseph Fux 1741 starb (Nr.14), steht nicht mehr, dafür aber das „Toleranzhaus", in dem 1739 der Komponist Ditters von Dittersdorf als Carl Ditters geboren wurde. Die Front des Hauses ist jedoch jüngeren Datums. Von der Aufschrift: *Vergänglich ist dies Haus, doch Josephs Nachruhm nie. Er gab uns Tole-*

„Toleranzhaus" mit Aushängeschild Griechenbeisl

ranz, Unsterblichkeit gab sie! leitet das Haus seinen Namen her. Gemeint ist natürlich der aufgeklärte Kaiser Joseph II., der auch Mozart tolerierte und gelegentlich zahlte, aber kaum verstand (... *zuviel Noten, Herr Mozart* ...).

Zur Bekämpfung unaufgeklärten Gedankenguts, also zur Förderung der Mündigkeit seines Volkes, hatte Joseph II. die Zensur eingeführt, ohne zu ahnen, wie sehr sie später zur Entmündigung der Bürger dienen würde. Vor allem in der Ära Metternich hat sie das Leben tief geprägt. Eine indirekte Folge war das Drama, das sich 1836 an der Ecke Fleischmarkt/Laurenzerberg zutrug. Vom obersten Stock des ehemaligen Zensuramtes, seiner verhaßten Arbeitsstelle, stürzte sich der lebensüberdrüssige Dichter und Schubertgefährte Johann Mayrhofer auf die Straße (→ 6.52).

Im 1718 erbauten Haus Fleischmarkt 15 wurde 1804 der Maler Moritz von Schwind geboren. Mit seinen Zeichnungen des Schubertkreises, zu dem er gehörte, mit der berühmten *Lachner-Rolle* und mit den Fresken in der Wiener Oper und im Sängersaal der Wartburg hat er auch einen Platz in der Musikgeschichte eingenommen.

An der gegenüberliegenden Seite spielt die Wiener Kammeroper, eine 1953 von dem ungarischen Dirigenten Hans Gabor gegründete Theatergesellschaft, die sich mit bescheidenen Räumlichkeiten und kleiner Besetzung begnügt, dadurch aber in der Lage ist, unkonventionellere Programme zu bieten als die großen Theater. Man ist stolz darauf, noch nie ein Defizit erlitten zu haben. Schwerpunkte des Repertoires sind die Bereiche Opera buffa, Alt-Wiener Singspiel und zeitgenössisches Musiktheater; Aufsehen erregten Rock-Versionen populärer Opern (*Bohème '86, Carmen Negra*). Gespielt wird im eigenen Haus, in Schönbrunn (Schloßtheater und Park) und auf Tourneen außerhalb Österreichs.

Am Ende des Fleischmarkts, wo heute das Hotel Post steht, befand sich der Gasthof „Zum weißen Ochsen", das erste Wiener Quartier der Mozartfamilie (1762).

In den 60er Jahren des vorigen Jahrhunderts soll Brahms vorübergehend in der Postgasse gewohnt haben, und zwar neben der Kirche. Leider fehlen weitere Einzelheiten. Das Haus könnte allerdings aus jener Zeit stammen.

Biegt man abermals rechts ab, so steht man bald vor der Tür des Hauses, in dem Robert Schumann im Winter 1838/39 lebte und seine *Humoreske* op. 20 komponierte. Wien *mit all seinen Erinnerungen an die größten deutschen Meister muß der Phantasie des Musikers ein fruchtbares Erdreich sein,* so schrieb er einmal in seiner *Neuen Zeitschrift für Musik.* Ein Umzug nach Wien schien außerdem die Heirat mit Clara näherbringen zu können. Doch die repressive Atmosphäre der Ära Metternich war ihm so sehr zuwider, daß er bereits nach fünfmonatigem Aufenthalt wieder nach Leipzig zurückkehrte. Dort schrieb er seinen *Faschingsschwank aus Wien.* Schumann entdeckte während seiner Zeit in Wien aber auch die bis dahin unbekannt gebliebene Große C-Dur-Sinfonie Schuberts. Sie konnte daraufhin Ende 1839 im Leipziger Gewandhaus unter Mendelssohns Leitung uraufgeführt werden.

64
Fleischmarkt 19
Mayrhofer †
(Schubert)

1

Fleischmarkt 15
M. von Schwind *

Fleischmarkt 24
Wiener
♫ Kammeroper

65
Postgasse 6
Brahms

66
Schönlaterngasse 7a
Schumann

Schönlaterngasse   *Beethoven-Denkmal*   *Stadtkonvikt*

Gegenüber dem Schumannhaus wohnten die geigenden Brüder Hacker, die im Januar 1826 gemeinsam mit zwei Kollegen die Uraufführung des d-Moll-Quartetts *Der Tod und das Mädchen* von Schubert spielten.

67

**Dr.-Ignaz-Seipel-Platz 2
Alte Universität:
Haydn, Beethoven**

Wie der Schönlaterngasse, ist auch dem ehemaligen Universitätsplatz jede Modernisierung erspart geblieben. In der 1755 errichteten Aula der Alten Universität, heute Akademie der Wissenschaften, wurden 1813 Beethovens siebte Sinfonie und *Wellingtons Sieg* uraufgeführt. Am 27. März 1808 fand hier ein bemerkenswertes „Kavalierkonzert" statt: In Anwesenheit vieler Aristokraten und Musiker wie Beethoven, Hummel und Gyrowetz, wurde dem greisen und zerbrechlich wirkenden Haydn eine feierliche Aufführung seiner *Schöpfung* – in italienischer Sprache! – geboten. Hierbei dirigierte Salieri. Es war wohl eine rührende Begebenheit, da der einstige Lakai in einer Kutsche abgeholt und von der erhobenen Gesellschaft äußerst würdevoll empfangen wurde. Fürstin Esterházy hatte fürsorglich einen Schal um Haydns Schultern gelegt.

**Dr.-Ignaz-Seipel-Platz 1
(ehem. Stadtkonvikt)
Schubert**

Im Stadtkonvikt auf der anderen Seite des Platzes wurden neben unterschiedlichen Stipendiaten die Sängerknaben der Hofkapelle beherbergt und ausgebildet. Zu ihnen zählten auch Schubert und einige seiner späteren Busenfreunde. Salieri und Hoforganist Ruzicka erteilten den Musikunterricht, für die anderen Fächer waren die Patres Piaristen des Akademischen Gymnasiums zuständig, das auf der anderen Seite der Bäckerstraße stand. Die beiden Gebäude waren miteinander verbunden. Als Gymnasiast war Schubert weniger erfolgreich als in Gesang und Instrumentalspiel, er scheiterte in Mathematik. Auch Beethovens Neffe und Pflegesohn Karl sowie – viele Jahre später – Eduard Strauß besuchten dieses Gymnasium.

**Bäckerstraße 20
(ehem. Gymnasium)
Schubert**

In der Bäckerstraße hat Schubert 1826 noch einmal gewohnt (Neubau). Das Palais Latour (Nr. 10) diente um 1900 als Domkapellhaus.

Alte Universität

Das schöne, verhältnismäßig unversehrte Altstadtgebiet um den Fleischmarkt werden Sie vielleicht nur ungern verlassen.

Ein Stadtpark ist ein hervorragender Ort, um dort berühmten Bürgern Denkmäler zu setzen; in Wien sind sie hauptsächlich Musikern gewidmet. Schubert (Kundmann, 1872) scheint etwas zu weltmännisch portraitiert zu sein, Bruckner hingegen wirkt sehr wirklichkeitsgetreu (Tilgner, 1899). Dieses Denkmal hinter dem Teich sah früher anders aus: Der Meister wurde bejubelt von schwärmerischen Mädchen, auf die er in seinem ganzen Leben verzichten mußte. Im Jahre 1984 waren die Marmordamen von Vandalen unsanft ins Gebet genommen worden; das heute schlichte Postament – etwas südlicher aufgestellt – wirkt ehrlich gesagt sogar besser. Des weiteren stehen hier Denkmäler der Operettenkomponisten Lehár und Stolz. Die größte Attraktion des Parks ist allerdings Hellmers millionenfach geknipstes, flittergold-pompöses Strauß Denkmal von 1923. In dem Musikpavillon beim Kursalon soll der Walzerkönig manchmal selbst musiziert haben.

Beethoven, bekanntlich ein unbequemer Zeitgenosse, hat man ein separates Gelände zugedacht. Auf dem Sockel seines Denkmals (1880) hat Bildhauer Zumbusch Prometheus abgebildet. Das Akademische Gymnasium gedenkt am selben Platz seines einstigen Alumnus Schubert mit einer Tafel, obwohl dieser natürlich nur den Altbau in der Bäckerstraße (→ 67) gekannt hat.

68
Stadtpark
▲ ▲ Schubert,
Bruckner, Strauß,
Stolz, Lehár;
Musikpavillon:
Strauß

69
Beethovenplatz
▲ Beethoven;

Bruckner-Denkmal

Ursprüngliches Bruckner-Denkmal, von
Vandalen zerstört. Aufnahme 1985

Bruckner-Denkmal vor der Zerstörung

Johann-Strauß-Denkmal

DIE HOCHBURGEN DES MUSIKLEBENS

Gegenüber dem Beethovenplatz, eigentlich im III. Bezirk, steht der große Gebäudekomplex, der nach Plänen der Architekten Baumann, Fellner und Helmer erbaut und 1913 vollendet wurde. Also glücklicherweise rechtzeitig, bevor Krieg und Zusammenbruch dieses kostspielige Projekt hätten vereiteln können. Unter den Dächern des Gebäudekomplexes befinden sich der Hauptsitz der Musikhochschule und das Konzerthaus.

Lothringer Straße 18
Hochschule

1

Die Gründung der „Hochschule für Musik und darstellende Kunst", einer der führenden Musikausbildungsstätten der Welt – wie von Wien zu erwarten! –, geht auf die klassische Epoche zurück. Aus einer kleinen Singschule, die 1817 von Hofkapellmeister Salieri geleitet wurde, erwuchs das Conservatorium der Gesellschaft der Musikfreunde, das zuerst im „Roten Igel" und ab 1869 im Musikvereinsgebäude untergebracht war. Zu den damaligen Lehrern gehörten Bruckner, Fuchs, Goldmark, Hellmesberger, Ševčík und Godowsky. Berühmt gewordene Schüler waren u. a. Nikisch, Mahler, Wolf, Sibelius, Zemlinsky, Berg oder Kreisler. Nach einer Umbenennung in „Akademie für Musik und darstellende Kunst" (1909; die Bezeichnung „Hochschule" gilt erst seit 1970) folgte 1913 die Übersiedlung in die Lothringerstraße; doch auch das neue Haus wurde bald zu klein, und die meisten Abteilungen mußten in anderen, über die ganze Stadt verstreuten Gebäuden untergebracht werden. Die Anzahl der Professoren und Dozenten ist inzwischen (Wintersemester 1996/97) auf etwa 800 angewachsen, Studenten – aus aller Welt – sind es an die 2 300.

Mahler als Dirigent (nach Otto Böhler)

Das Konzerthaus wurde am 19. Oktober 1913 mit einem von Richard Strauss für diesen Anlaß komponierten *Festlichen Präludium* (op. 60) eröffnet. Von Anfang an wurde hier gerade jenes Repertoire gepflegt, das der Musikverein gemeinhin vernachlässigte: barocke und zeitgenössische Musik. Zeichen der fortschrittlichen Gesinnung der Konzerthausgesellschaft waren auch die damaligen „Symphoniekonzerte für die Arbeiterschaft Wiens", die von Anton Webern geleitet wurden. Im großen Konzerthaussaal spielen meistens die Wiener Symphoniker. Dieses größte selbständige Orchester Wiens entstand 1921 aus dem Zusammenschluß zweier älterer Orchestervereine und bekam 1933 den heutigen Namen. Im Konzerthaus befinden sich drei weitere Konzerträume: Mozart-, Schubert- und Schönbergsaal.

Lothringer Straße 20
Konzerthaus
Mahler

72
Bösendorferstr. 12
Musikvereins-
gebäude ♪,
Universal, usw.

Auf der rechten Seite des Eingangs sieht man eine Gedenktafel zu Ehren Gustav Mahlers; sie trägt den vielsagenden Text:
*Am 3. Juni 1945 wurde die Kunst des großen Musikers dem öster-
reichischen Kulturleben zurückgegeben.* Man beeilte sich wahrlich, den „jüdischen Effekthascher", oder wie sonst er in den vorangegangenen Jahren auch genannt worden war, zu rehabili-
tieren.

Daß eine solche Tafel sich gerade am Konzerthaus befindet,
das erst nach Mahlers Tod errichtet wurde, und nicht an dem
Musikvereinsgebäude, das er doch als Student und Dirigent häufig besucht hatte, verwundert kaum. In dieser Hochburg der Tradition reagiert man nun einmal deutlich langsamer auf das Zeit-
geschehen. Wer das hinnimmt, dem bleiben nur die Superlative.

Das Haus ist Sitz der schon mehrfach erwähnten, 1812 ge-
gründeten „Gesellschaft der Musikfreunde", die die *Emporbrin-
gung der Musik in allen ihren Zweigen* anstrebte. Dieses Ziel
sollte durch die Veranstaltung von Konzerten, den Aufbau einer
Sammlung musikalischer Quellen, Dokumente und sonstiger
Gegenstände sowie die Gründung eines Konservatoriums ver-
wirklicht werden. Bis 1869 fanden die Veranstaltungen im ersten
eigenen Gebäude in den Tuchlauben (→ 59) statt, nur für die
größeren mietete man die Redoutensäle (→ 30). Der gewaltige
Neubau am Karlsplatz wurde von Theophil Hansen entworfen
und 1869–70 fertiggestellt.

Herzstück dieses Baus ist der „Goldene Saal", ein üppig mit
Plastiken, Stukkatur und Malerei geschmückter Konzertraum mit
vorbildlicher Akustik. Hier musizieren auch, neben den soeben
erwähnten Wiener Symphonikern, die Wiener Philharmoniker – so nennen sich die Musiker des Staatsopernorchesters,
sobald sie dieses Podium besteigen.

Es handelt sich eigentlich um eine Personalunion zweier von
den Statuten her getrennter Organisationen: Während die Bun-
desverwaltung für das Opernorchester zuständig ist, sind die Philharmoniker als solche autonom. Über die Aufnahme neuer
Kollegen, die Wahl neuer Dirigenten und die Programme der Konzerte wird mittels Abstimmung entschieden. Von einem Chefdiri-
genten ist niemals die Rede gewesen.

Der individuelle Klang dieses Spitzenensembles wird durch
die exklusive Verwendung bestimmter nach Wiener Bauart her-
gestellter Instrumente (vgl. → 2.49) erzeugt und ist über jedes
Lob erhaben. Schallplatten und CD-Einspielungen und nicht zuletzt die Fernsehübertragungen der Silvester- bzw. Neujahrs-
konzerte haben seinen Ruhm über die ganze Welt verbreitet.
Neben dem Großen bzw. Goldenen Saal verfügt das Haus über
den kleineren, ästhetisch und akustisch gleich makellosen
Brahmssaal sowie über den Wagnersaal für Kammermusik.

Durch Schenkungen und Ankäufe seit den ersten Jahren ihres
Bestehens bis zum heutigen Tag hat die Gesellschaft eine Musik-

Musikverein ▶
Goldener Saal

sammlung erworben, die weltberühmt ist. Sie enthält Musiker-autographe, Bücher und Notendrucke, Portraits, Erinnerungs-stücke, Instrumente usw. Wichtig sind die teilweise vollständigen Nachlässe bedeutender Persönlichkeiten der Musikgeschichte wie Gerber, Erzherzog Rudolph, Haslinger, Czerny, Köchel, Brahms und von Einem. Das 1930 eröffnete Museum, eine permanente Ausstellung spektakulärer Stücke, existiert leider nicht mehr. Einen Teil der Instrumente findet man im Kunsthistorischen Museum (→ 38), die Archiv- und Bibliothekbestände können zu Studienzwecken im Lesesaal eingesehen werden.

Auch das dritte Anliegen der Gesellschaft, die Gründung eines Konservatoriums, wurde erfolgreich realisiert. Der Unterricht fand zunächst im „Igel" und 1869–1913 im Haus des Musik-vereins statt und wurde später in der Lothringerstraße fort-gesetzt. An Stelle des Konservatoriums sind einige interessante Mieter in das Gebäude des Musikvereins gezogen. So richtete das Klavierbauunternehmen Bösendorfer hier seine Schauräume ein. Nebenan befindet sich das Geschäft des Geigenmachers der Philharmoniker, Othmar Lang. Der Wiener Männergesangverein stellt in einem kleinen Museum seine Schätze zur Schau: Bil-der, Dokumente und geschichts- und symbolträchtige Vereinsrequisiten. Auch der Musikverlag Universal Edition hat hier seinen Sitz.

Wieviel Konservativismus dem Musikvereinsgebäude auch anhaftet, für die UE (Universal Edition) gilt das nicht. Während das 1901 von Josef Simon und den Wiener Verlegern Herzmansky (→ 20) und Weinberger gegründete Verlagshaus zunächst anstrebte, die *erste österreichische große musikalische Collectiv-Ausgabe der Classiker* hinauszubringen, verlagerte der neue Geschäftsführer Emil Hertzka seit 1907 den Schwer-punkt auf die zeitgenössische Musik. Ihm gelang es in kurzer Zeit, die bedeutendsten Komponisten der da-maligen Monarchie vertraglich zu binden: Mahler, Schreker, Janáček, Bartók, Kodály und die Komponisten der zweiten Wiener Schule. Dazu kamen Ausländer wie Weill, Casella und Szymanowski. Hertzka starb 1932, und somit blieb es ihm erspart mitzuerleben, wie die Nazis bald einen großen Teil seines Verlagspro-gramms als „entartet" verschrien und daraufhin verboten; wie sie 1938 in das Unternehmen einbrachen und es völlig zu zerstören drohten. Der

Nazistische Hetzkampagne anläßlich einer Aufführung der Oper „Jonny spielt auf" von Ernst Krenek. Januar 1928 (zehn Jahre vor dem „Anschluß" …)

damalige Chef Alfred Schlee konnte wertvolle Bestände in Sicherheit bringen und von 1945 an mit dem Neuaufbau beginnen. Wiederum konnten prominente zeitgenössische Komponisten an den Verlag gebunden werden: Martin, Berio, Ligeti, Boulez, Schnittke u.v.a. Bei einem Blick in den Gesamtkatalog entfaltet sich ein Panorama der neuen Musikgeschichte, wie es kaum ein anderer Verlag bietet. UE verlegt außerdem die weltbekannten „Philharmonia" Taschenpartituren und zusammen mit Schott in Mainz die „Wiener Urtextausgaben".

1

*Logo der
Universal-Edition*

Das Hotel „Imperial", das 1873 im erst vier Jahre alten Palast des württembergischen Herzogs gegründet wurde, gilt als eines der hervorragendsten Luxus-Hotels der Welt. Der anspruchsvolle Richard Wagner, dem nur das Beste gut genug war, bewohnte mit seiner Familie und seinen Bediensteten sieben Zimmer dieses Hotels, als der fünfzehnjährige Hugo Wolf im November 1875 mit einigen seiner Kompositionen an ihn herantrat. Ausführlich schrieb er nachher seinen Eltern, daß Wagner natürlich *zu wenig Zeit* gehabt hatte und *gar kein Urteil abgeben* konnte, usw. Er dagegen *schied tief bewegt und ergriffen vom Meister.* Die direkte Nähe zum Musikverein macht das Imperial auch heute zur bevorzugten Unterkunft mancher Weltstars. Der Generalsekretär der Gesellschaft der Musikfreunde soll über eigene Schlüssel zum Hotel verfügen.

**Kärtner Ring 16
Hotel: Wagner**

Beinahe nebenan wohnte der k.k. Ministerialkonzipist und Hofrat Carl Zeller, eben jener, den wir als Komponisten der Operette *Der Vogelhändler* kennen (→ 6.18).

Auch andere Luxus-Hotels sind erwähnenswert. Im Gästebuch des „Bristol" liest man die Namen Puccini, Anton Rubinstein und Caruso. Hier hat die Beziehung zwischen Alma (damals Gropius) und Franz Werfel begonnen.

Beim „Sacher" (1876) logierten Maria Callas, Leo Slezak und Hans Knappertsbusch, um nur einige zu nennen. Sie befanden sich auf musikhistorischem Boden:

Seit 1763 stand hier, mit dem Eingang auf der Seite des Albertinaplatzes, das erste öffentliche Opernhaus Wiens, das „Theater nächst dem Kärntnerthore", in dem Mozart 1781 erstmals als Klaviervirtuose auftrat. Zu den wichtigen Begebenheiten im Kärntnertortheater rechnet man u. a. die Uraufführung der dritten Fassung des *Fidelio* (1814) und die 9. Sinfonie (1824) von Beethoven. Schuberts Freund Vogl war Inspizient des Hauses, was dazu beigetragen hat, daß Schubert hier eine seiner Opern aufführen lassen konnte, die einaktige „Posse mit Gesang" *Die Zwillingsbrüder*. Als Opernkomponist hat Schubert sich jedoch trotz aller Bemühungen nicht durchsetzen können. Weitere Uraufführungen waren: Webers *Euryanthe* (1822) und Flotows *Martha* (1847). Auch Rossini, Donizetti und Verdi (*Nabucco*, 1843) präsentierten sich dem Wiener Publikum in diesem Theater, das eine Schöpfung des Hofarchitekten Pacassi war. Als das schöne Gebäude 1868 endgültig seine Tore schloß, hatte man mit dem Bau seines Nachfolge-Theaters schon lange begonnen.

**Kärtner Ring 12
Zeller**

**Kärtner Ring 1
Hotel: Puccini,
Rubinstein, Caruso**

**Philharmonikerstr. 2
Hotel; Musik-
geschichte**

GESELLSCHAFT DER MUSIKFREUNDE

Musikverein, vom Karlsplatz aus gesehen

77
Opernring 2
Staatsoper ♪

Seit 1861 wurde an einem größeren Musentempel gebaut. Das „k.u.k. Hofoperntheater" konnte am 25. Mai 1869 eröffnet werden, aber nicht in Anwesentheit der beiden Baumeister, van der Nüll und Siccardsburg, denn der Erstgenannte hatte aufgrund feindseliger Kommentare der Bevölkerung Selbstmord begangen, worauf sein Kollege vom Schlag getroffen wurde. Doch welch tragische Ironie des Schicksals: Mit Fertigstellung des Gebäudes war jede Kritik verstummt. Das Haus wurde 1945 bombardiert, da amerikanische Flieger es für einen Bahnhof (!) hielten. Seine Wiedereröffnung konnte zehn Jahre später erfolgen (Kosten: 260 Millionen Schilling) und löste ein dreiwöchiges Freudenfest aus, wie sie die Wiener lieben.

Eine traditionell-prunkvolle Ausstattung steht denkbar modernster Bühnentechnik gegenüber. Von den 2 200 Plätzen für Zuschauer ist ein Viertel Stehplätze; diese Plätze können nicht reserviert werden, man muß sich – eine Stunde oder einen Tag – vorher anstellen. Bösartige Zungen behaupten, hier fände man die wahren Kenner und Liebhaber, während die übrigen Gäste die Pausen bevorzugten. Ihnen stehen allerdings schöne Foyers zur Verfügung, die mit Komponistenportraits sowie mit Wandteppichen und -gemälden von Opernszenen geschmückt sind. Aufgrund ihrer kunsthistorischen Bedeutung sind die 16 Fresken von Moritz von Schwind erwähnenswert. Die dargestellten Opernszenen sind dem Repertoire entnommen, das bei der Fertigstellung 1867 mehr als dreißig Jahre alt war, offensichtlich bevorzugte man schon damals die Rückschau. Verdi und Wagner fehlen, Meyerbeers *Les Huguenots* (1836) ist das jüngste der dargebotenen Werke. Bei Haydn hat man das Opernschaffen ignoriert und dafür *Die Schöpfung* ausgewählt. Der kaum als erfolgreicher Dramatiker geltende Schubert ist trotzdem vertreten (*Der Häusliche Krieg*). Aufgrund der zeitlichen Grenze fehlt natürlich auch das Paradepferd des Hauses, Richard Strauss' *Rosenkavalier*, aber eine Büste ehrt den Komponisten und einstigen Direktor. Eine andere Büste, ein hervorragendes Kunstwerk Rodins, stellt Gustav Mahler dar. Die zehnjährige Direktion dieses Titanen (1897–1907) hatte das Beste und das Schlechteste des Instituts ans Tageslicht gebracht. Mahlers kompromißloses Streben nach Präzision und seine revolutionären dramaturgischen Auffassungen haben das Aufführungsniveau auf großartige Weise gesteigert, aber sein *ganz einziger Versuch, einmal ein Theater rein künstlerisch zu leiten* (H. Bahr) führte zu so vielen Kontroversen und Intrigen, daß er schließlich zurücktrat. Mahler war nicht nur ein Genie, sondern auch ein unbequemer Despot. Jedoch werden die Einsprüche seiner Gegner erheblich dadurch entkräftet, daß seinerzeit in Wien ein anscheinend unausrottbarer Antisemitismus mitspielte, der sogar bis in unsere Tage hinein erkennbar geblieben ist. Die Mahlerbüste ist ein Geschenk Alma Mahlers, hätte aber in Amsterdam stehen sollen (→ 4.49).

Außer Strauss und Mahler ist eine Vielzahl weiterer Operndirektoren und Gastdirigenten erwähnenswert, z. B. Weingartner, Richter (Wagner-Pflege), Schalk (Verdi-Libretti, nachgedichtet von Franz Werfel), Toscanini, Karajan und Bernstein. Im Orchester-

1

Staatsoper

raum spielen dieselben Musiker, die wir schon als Wiener Philharmoniker kennengelernt haben. Auf der Bühne agieren die besten Solisten der Welt, ein eigener Chor
und das im Hause ausgebildete Ballett. Nur während des aufwendigen Opernballs im
Februar ist von Bühne oder Orchesterraum nichts zu bemerken, da es in allen Ecken des
riesigen Saales schwingt und klingt.

2 – Wien, Innere Bezirke Ost und Süd

Übersichtsplan S. 52

II. BEZIRK (LEOPOLDSTADT)

Der Donaukanal („kleine Donau") – ein Seitenarm des mächtigen Flusses – trennt den ersten Bezirk vom zweiten. Unter der Herrschaft des musikalischen Kaisers Leopold I. wurde die jüdische Bevölkerung, die hier schon Jahrhunderte angesiedelt war, vertrieben und die Judenstadt „Leopoldstadt" getauft. Während der Regierungszeit Josefs II. kehrten viele Juden zurück, und die Leopoldstadt wurde nach und nach zum bedeutendsten Judenviertel Wiens. Die Mehrzahl der hier geborenen oder wohnhaften Musiker war denn auch jüdischer Herkunft.

Im vorigen Jahrhundert lockten Augarten und Prater viele Wiener in die Leopoldstadt, die sich zum beliebten Ausgeh- und Bummelviertel entwickelte. Besonders gern besuchte man das Theater in der Leopoldstadt und seine Nachfolger, das Carltheater (1847–1951) sowie die Tanzlokale Sperl, Odeon, Kettenbrückensaal u. a. Von diesen durchaus stilvollen Stätten der leichten Muse ist keine erhalten, aber ihre Erinnerung lebt in einigen Straßennamen fort.

Es wird Zeit, uns mit greifbaren Spuren der musikalischen Vergangenheit zu befassen. Wir beginnen unseren Gang auf der Schwedenbrücke. Die rege Geschäftsstraße, die von hier Richtung Norden führt, war einst die Ausfallstraße nach Böhmen.

Taborstraße 16
Kirche: Haydn

In der Barockkirche der Barmherzigen Brüder spielte der junge Haydn, der unter ärmlichen Verhältnissen auf dem Dachboden des Michaelerhauses (→ 1.25) lebte, in den Jahren 1755–58 an Sonn- und Feiertagen die Orgel. Das brachte ihm ein Jahresgehalt von 60 Gulden ein.

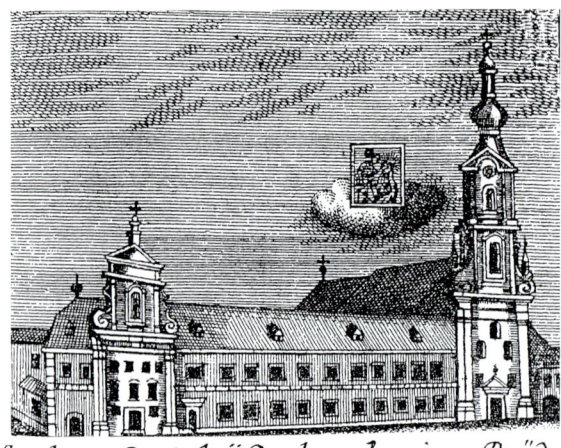

Die Haydn-Kirche in der Taborstraße

S. Iohann Bapt. bey den barmherzigen Brüd.

Auf der gegenüberliegenden Seite steht noch das ehemalige Hirschenhaus, in dem Johann Strauß Vater lebte. Dort wurde 1835 auch sein Sohn Eduard geboren. Während Johann bald darauf seine Familie verließ, blieb seine Gattin Anna hier bis zu ihrem Tod, 1870. Ob ein anderer Sohn des Paares, Josef, 1870 ebenfalls im Hirschenhaus verstarb, wie Dieman behauptet, ist unklar, da in diesem Zusammenhang auch das Haus Taborstraße 11 genannt wird. Daß der älteste und berühmteste Sprößling der Dynastie auch in der Nähe wohnte, werden wir bald erfahren (→ 12).

An Johann Strauß Vater erinnert auch die Gedenktafel in der Floßgasse. Hier stand sein Geburtshaus, die einfache Bierschenke „Zum heiligen Florian", die jedoch 1906 abgerissen wurde. Es war kein Zufall, daß Strauß 1804 gerade in der Leopoldstadt geboren wurde, da auch er jüdischer Abstammung war. Für die Nazis war dies ein Greuel. Durch die Verfälschung der Passage über Großvater Johann Michael (*getauffter Jud*) im Trauungsbuch des Stephansdomes wurde die Familie jedoch vor schlimmen Folgen bewahrt. Nach dem Krieg tauchte das Originalblatt wieder auf.

In den engen Gassen westlich der Taborstraße wandeln wir auf den Spuren weiterer Komponisten.

Das Haus, in dem 1875 einer der größten Geiger unseres Jahrhunderts, Fritz Kreisler, geboren wurde, ist erhalten. Der beliebte Virtuose und meisterhafte Interpret komponierte auch; hinter seinen charmanten „Bearbeitungen" klassischer Vortragsstücke verbergen sich manchmal eigene Kompositionen. Dies beichtete er erst 1935, nachdem er über Jahrzehnte hinweg die Experten hinters Licht geführt hatte. Seine Kadenzen zu den Konzerten Beethovens und Brahms' werden noch immer gespielt. Kreisler starb 1962 in New York.

In einem 1824 erbauten Bürgerhaus – nur wenige Schritte vom berühmten Tanzsaal Sperl entfernt – wohnte einige Jahre der bereits erwähnte Musiktheorielehrer Simon Sechter (→ 1.13).

Von 1921 bis zu seinem Tod 1941 wohnte im II. Bezirk auch Wilhelm Kienzl, dessen Popularität allein auf der Oper *Der Evangelimann* beruht. Kienzls Frau veranstaltete in ihrem Salon regelmäßig Sonntags-Matineen, die von der Wiener Gesellschaft sehr geschätzt wurden. (Mehr über Kienzl: → 6.46)

Auf dem Wege zum Augarten kommt man auch an der Wohnung des Operettenkomponisten Oscar Straus vorbei, dessen *Walzertraum* (1907) noch häufig aufgeführt wird.

Mit der Anlage eines kaiserlichen Lustgartens zwischen den Donauarmen, welche vor der Donauregulierung (1868–75) die heutigen Bezirke 2 und 20 durchzogen und regelmäßig überschwemmten, begann 1649 die Geschichte des Augartens. Am Ende des Jahrhunderts kamen einige prächtige Bauten hinzu, 1712 wurde der Park im französischen Stil umgestaltet und erweitert und 1775 für das Volk freigegeben, eine großzügige Geste Josephs II. Das Eingangstor schmückten die Worte *Allen Menschen gewidmeter Erlustigungsort von Ihrem Schätzer.* Der Park

Taborstraße 17
Strauß-Familie

❷
Floßgasse 7
Strauß senior *

2

❸
Große Schiff-
gasse 21
F. Kreisler *

❹
Kleine Sperlgasse
Sechter

❺
Schreygasse 6
Kienzl

❻
Untere Augarten-
straße 27
O. Straus

❼
Augartenpalais 1
Mozart, Beethoven,
Schubert

BT = Burgtheater;
HB = Hofburg;
RH = Rathaus;
RR = Riesenrad (Prater);
SB = Südbahnhof

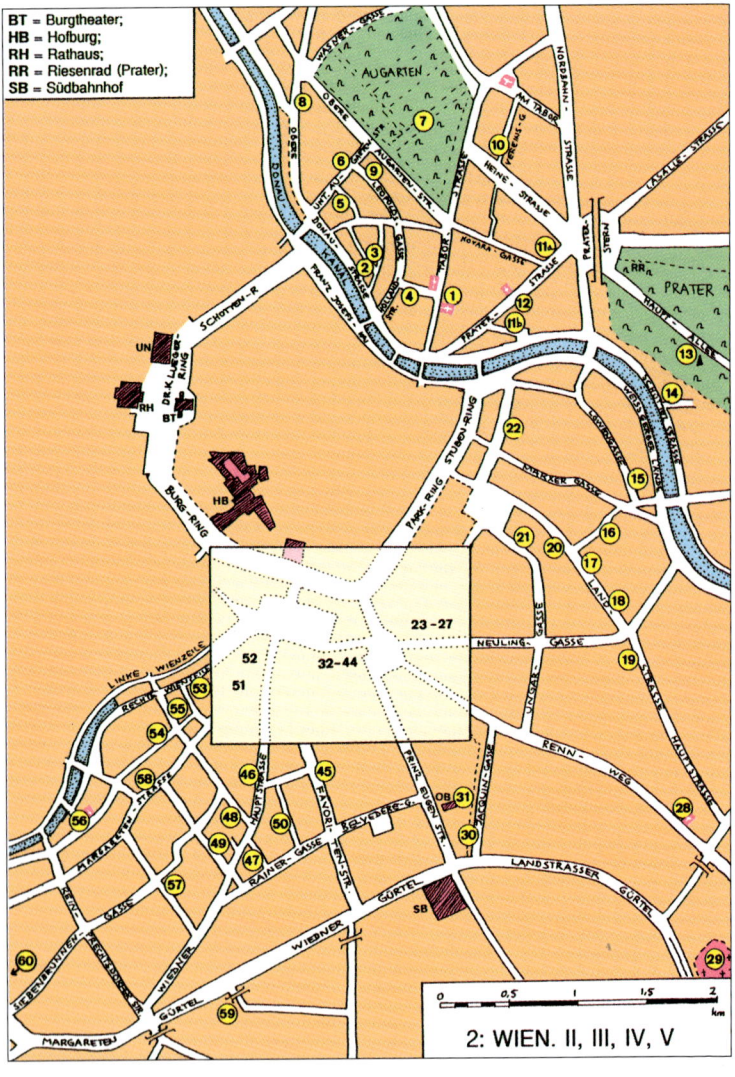

2: WIEN. II, III, IV, V

wurde sofort zum überaus beliebten Ausflugsziel. Joseph ließ sich hier Wohnräume und ein Musikzimmer einrichten, um ganz ungezwungen Wiener unter Wienern zu sein. Den breiten linken Trakt des Palais pachtete der Hoftraiteur Ignaz Jahn (→ 1.12). Er veranstaltete populäre Matineen, an denen Mozart und Beethoven mitwirkten und die lange Zeit von Schuppanzigh geleitet wurden. Beethovens *Tripelkonzert* und die *Kreutzersonate* erlebten hier ihre Uraufführung, und auch Schubertsche Klänge fehlten nicht. Später musizierten hier noch Liszt, Wagner und natürlich Lanner und Strauß. Eine Gedenktafel an der Nordwand des ehemaligen Jahnschen Etablissements, seit 1923 Porzellanmanufaktur, erwähnt die Anwesenheit Mozarts, Beethovens und Schuberts.

Augartenpalais

Das Augarten-Palais umfaßt mehrere Bauten. Durch eine Gartenmauer vom öffentlichen Park getrennt und nur von der Straßenseite her zu erreichen ist der Wohnsitz der berühmten Wiener Sängerknaben. Der stattliche Barockbau mit seiner luxuriösen, makellosen Eingangshalle ist kaum als Knabeninternat zu erkennen, nur einige Sportgeräte hinter dem Gebäude weisen darauf hin. Zu den Beschäftigungen des ausgezeichneten Knabenchors gehören, neben dem regelmäßigen Mitwirken an den Gottesdiensten der Hofkapelle (→ 1.27), Konzerte, Tonträgeraufnahmen und Tourneen. Die Uniform der jungen Sänger ist ein Matrosenanzug, ein Hauch frischer Meeresluft im binnenländischen Österreich.

Augartenpalais 2
Wiener Sänger-
knaben

Glücklich ist, wer vergißt, was doch nicht zu ändern ist. Dieser Satz aus der *Fledermaus* gilt als die Lebensphilosophie der Wiener und wurde 1874 vertont, im Entstehungsjahr der *Bilder einer Ausstellung*, des *Danse Macabre* oder Verdis *Requiem*. Im selben Jahr erblickte in Wien derjenige das Lebenslicht, der vom besungenen Glück und vom Publikumserfolg absehen und unaufhaltsam forschend an den Grundfesten der abendländischen Musik rütteln würde: Arnold Schönberg. Sein Geburtshaus steht ein wenig abseits und ist nur mit einer schlichten Gedenktafel kennt-

8
Obere Donaustr. 5
Schönberg *

Leopoldgasse 9
Schönberg

Vereinsgasse 21–23
Realschule:
Schönberg

Vereinsgasse 26
Zemlinsky

Novaragasse 55 + 39
Brahms

Czerningasse 7
Brahms

Praterstraße 54
Strauß *Donauwalzer*

Geburtshaus Schönberg

lich gemacht – der einzigen in ganz Wien, wo doch mehrere seiner Wohnungen und Wirkungsstätten erhalten sind.

Um 1898, dem Jahr, in dem er sich zum evangelischen Glauben bekannte, wohnte er unweit seines Geburtshauses in der Leopoldgasse.

Von 1885 bis Januar 1891 besuchte Schönberg die Realschule (heute Bundesrealgymnasium) in der Vereinsgasse; durch den Tod seines Vaters war er gezwungen, die Schule kurz vor der Abiturprüfung zu verlassen.

Gegenüber der Schule wohnte 1893–96 Schönbergs guter Freund, sein erster musikalischer Berater und späterer Schwager, Alexander von Zemlinsky. Er ist auch als Kompositionslehrer Alma Mahlers und gewandter Operndirigent bekannt und neuerdings als Schöpfer eindringlicher Bühnenwerke wiederentdeckt worden. Sein Geburtshaus, ebenfalls im II. Bezirk (Odeonsgasse 3), wurde im Krieg zerstört; die übrigen Häuser, die er bis 1900 im grauen Viertel zwischen Augarten und Frachtenbahnhof bewohnte, sind ebenfalls zerstört oder wurden schwer beschädigt (der Vollständigkeit halber: Springergasse 6, Pillersdorfgasse 3 und Pazmanitengasse 2). Gedenktafeln fehlen gänzlich.

Vom Schönberg-Kreis zu Brahms ist es ein kleinerer Schritt, als oft vermutet wird. Schönberg begann seine kompositorische Laufbahn als „Brahmsianer" und blieb zeitlebens ein Bewunderer des älteren Meisters, in dessen Schaffen er viele „moderne" Aspekte erkannte. Brahms wohnte 1862–63, während seines ersten Aufenthalts in seiner späteren Wahlheimat, vorübergehend untern drei Adressen in der Leopoldstadt. Obwohl sein Herzenswunsch, in seiner Geburtsstadt Hamburg eine Anstellung zu finden, die Begeisterung für Wien noch dämpfte, empfand er eine fast kindliche Freude darüber, in der Nähe des Praters wohnen zu können.

An der wichtigsten Zufahrtsstraße zum Prater wohnte 1863–70 der berühmteste Strauß, Johann Sohn. Hier entstand 1867 der Walzer *An der schönen blauen Donau*, dessen Siegeszug durch die Welt als Chor auf den Text *Wiener seid froh, oho, wieso* begann, in dem von der Donau überhaupt nicht die Rede war. Das Donauwalzerhaus ist nun städtisches Strauß-Museum. Im Salon stehen Möbel aus seinen Besitz. Beachten Sie das Stehpult und das Harmonium; Strauß bevorzugte es, seine Kompositionen am Harmonium auszuarbeiten und am Stehpult niederzuschreiben. Die leisen Register des Harmoniums ermöglichten es ihm, nachts zu musizieren.

Der Prater war ein höfisches Jagdgebiet, das wie der Augarten von Joseph II. der Wiener Bevölkerung zur Verfügung gestellt und zu ihrer bedeutendsten „Erholungslandschaft" wurde. Bald entstand ein Vergnügungspark mit Komödianten, Jahrmarktsattraktionen, aufwendigen Feuerwerksdarbietungen und mehr als 50 Gasthäusern. Alle Volksschichten kamen hier zusammen. Für die musikalische Unterhaltung sorgten einerseits Bänkelsänger und Drehorgelspieler, andererseits die Tanzorchester der Walzerkönige. Vom alten Prater ist seit dem letzten Krieg wenig erhalten; das Pratermuseum unterm Riesenrad tröstet ein wenig darüber hinweg. An die musikalische Vergangenheit erinnert das Denkmal für Carl Michael Ziehrer, letzter Hofballmusikdirektor und Komponist von beliebten Tänzen, Militärmusik und Operetten. Nach dem Zusammenbruch der Monarchie war sein Ruhm rasch verblichen, und er starb 1922 in Armut. Im Theatermuseum (→ 1.34) befindet sich ein Ziehrer-Gedenkraum.

Am westlichen Praterrand (siehe Plan 2b) starb 1915 der aus Ungarn stammende Komponist Karl Goldmark. Sein größter Erfolg war die Oper *Die Königin von Saba* (1875) mit ihrer exotischen Farbenglut, aber auch andere seiner Kompositionen (*Ländliche Hochzeit*, *Sakuntala*, *Penthesilea*) wurden und werden sehr geschätzt. Der amerikanische Komponist Rubin Goldmark (1872–1936) war sein Neffe.

⑬
Prater
▲ Ziehrer
🏛

2

⑭
Josef-Gall-Gasse 5
Goldmark †

III. BEZIRK (LANDSTRAßE)

Überquert man etwas südlich des Goldmarkhauses den Donaukanal, so gelangt man in die Rasumofskygasse, von der wenig später rechts die Löwengasse abzweigt.

Noch vor dem berühmten „Hundertwasserhaus", das unzählige Touristen anzieht, stößt man rechter Hand sofort auf das Geburtshaus des radikalsten Erneuerers aus der Schönbergschule, Anton (von) Webern. Er hat sieben Jahre in diesem Haus gewohnt; weitere Stationen seines Lebens werden uns in den letzten Kapiteln beschäftigen (→ 8.43, → 9.34/35).

Nach dem Abstecher in die Löwengasse gehen Sie die Rasumofskygasse weiter entlang und erreichen den riesigen Palast, nach dem die Straße benannt wurde. Andreas Kyrillowitsch Fürst Rasumowsky, Sprößling einer unter Zarin Elisabeth mächtig und reich gewordenen Kosakenfamilie, war am Anfang des 19. Jahrhundert russischer Gesandter in Wien. Sein Palais wurde 1806/07 erbaut; die Parkanlage reichte über eine eigene Donauarmbrücke bis in den Prater hinein. Der Fürst war ein wichtiger Gönner Beethovens, dessen 5. Sinfonie 1808 in seinem Palais uraufgeführt wurde. Auch die drei von Rasumowsky in Auftrag gegebenen Quartette op. 59 erlebten dort 1807 ihre Uraufführung. Während der Vorbereitungen eines aufwendigen Festes am

⑮
Löwengasse 53
 Webern *

⑯
Rasumowsky-
gasse 23–25
Palais Rasumowsky:
Beethoven

Fürst Rasumowsky

Palast Rasumowsky

Silvesterabend 1814 wurde das Palais durch einen Brand schwer beschädigt. Seit 1851 beherbergt es die Geologische Anstalt des Staates. Vom exotischen Garten ist wenig übriggeblieben.

Auf der anderen Straßenseite steht ein kleines Denkmal für den Serben Vuk Karadžić, von dem noch die Rede sein wird (→ 25).

**Rasumowsky-
gasse 29
Mesmer (Mozart)**

Die Pforte von Nr. 29 führte einst zu Haus und Garten des berühmt-berüchtigten Magnetiseurs Dr. Franz Anton Mesmer. Der junge Mozart musizierte hier öfter, und im Garten wurde 1768 sein Singspiel *Bastien und Bastienne* uraufgeführt.

Die Rasumofskygasse mündet in die Landstraßer Hauptstraße, in der alle Häuser mit „musikalischer Vergangenheit" der Spitzhacke zum Opfer gefallen sind; stattdessen finden sich nun Gedenktafeln.

**⑰
Landstraßer Haupt-
straße 51
Zierer †** 🀫

Nummer 51 (= Erdbergstraße 1) nimmt heute den Platz von C.M. Ziehrer (→ 2.13) ein.

**⑱
Nr. 75–77
(innen) Mozart** 🀫

Im Gartentrakt des Hauses Nr. 75–77 wohnte 1787 Mozart, nachdem er das kostspielige Camesinahaus (→ 1.2) verlassen hatte. Hier entstand *Eine kleine Nachtmusik*, und auch die Begegnung mit Beethoven könnte hier stattgefunden haben.

**⑲
Nr. 96
Brahms** 🀫 🀫

Hausnummer 96 war bis 1958 das Arenberg-Schlößl, Wohnung des Ehepaars Fellinger, mit dem Brahms in den letzten Jahren seines Lebens oft verkehrte. Im Hause Fellinger ließ der Meister 1889 seine Stimme (… *I am doctor Brahms, Johannes Brahms*) und sein Klavierspiel (Fragment aus dem 1. *Ungarischen Tanz*) auf einem Edison-Phonograph festhalten. Diese nur eine Minute dauernde Aufnahme ist zwar mehr Geräusch- als Tondokument, wurde aber trotzdem der Kuriosität wegen auf CD eingespielt .

Auf dem Weg in Richtung Innenstadt kommt man noch am Haus Nr. 26 vorbei. Dort soll Beethoven 1817–19 gelebt und die *Hammerklaviersonate* komponiert haben. Wie am Haus Nr. 96 findet man hier zwei Gedenktafeln: Die eine hatte einst den ursprünglichen Bau geziert, die andere wurde nach dessen Abriß angebracht.

⑳ Nr. 26 Beethoven

Hinter diesem Haus steht ein noch erhaltenes Beethoven-Haus. „Zur schönen Sklavin" befand sich im Besitz zweier Griechen. Beethoven wohnte hier mit seinem Neffen Karl von Oktober 1823 bis Ende 1824 und vollendete seine großenteils in Baden (→ 5.16) komponierte 9. Sinfonie. Der Innenhof des Hauses hat seine Alt-Wiener Atmosphäre beibehalten.

㉑ Ungargasse 5 Beethoven

Die Familie Berg bezog 1908 eine stattliche Wohnung, in der Alban bis zu seiner Heirat 1911 gelebt hat. Hier entstanden seine Kompositionen op. 1 bis 3 (Klaviersonate, Vier Lieder, Streichquartett).

㉒ Vordere Zollamtsstraße 11 Berg

2

Die nächsten fünf Erinnerungsstätten findet man nahe zusammen im westlichen Teil des III. Bezirks.

In der 1954 erbauten Wohnsiedlung „Richard-Strauss-Hof" wurde mit den *Lauschenden* allen Musikliebhabern ein anziehendes Denkmal gesetzt. Ganz in der Nähe lebte ab 1823 Franz Schmidt (→ 5.05)

㉓ Neulinggasse/Am Modenpark Δ *Die Lauschenden*

Das Geburtshaus Hugo von Hofmannsthal dürfen wir hier nicht übergehen. Der 1874 geborene Dichter spielte als Textdich-

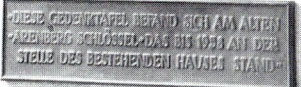

Tafeln am ehem. Arenberg-Schlössel   *Beethovenhaus Ungargasse*

Hugo von Hofmannsthal und Richard Strauss

Salesianergasse 12
Hugo von Hof
mannsthal *

Marokkanergasse 3
(Strauß senior);
Vuk Karadžić

Traungasse 6
Josef Marx

Auenbruggergasse 2
Mahler

ter vieler Opern Richard Strauss' eine wichtige Rolle in der Musikgeschichte. Der fast 30 Jahre umfassende Briefwechsel zwischen
Strauss und Hofmannsthal dokumentiert in beeindruckender
Weise die Zusammenarbeit zweier großer Künstler, die erst durch
den Tod des Dichters 1929 zu Ende ging (→ 5.4). Hofmannsthal
war übrigens auch Mitgründer der Salzburger Festspiele.

Wo einst im Jahre 1826 im Gasthaus „Zu den zwey Tauben"
das Opus 1 von Johann Strauß sen., der *Wiener Täuberln-Walzer*,
zuerst erklang, steht heute das Haus, in dem der serbische
Sprachforscher Vuk Karadžić seine letzten Jahre verbrachte. Auf
das zu seinen Ehren errichtete Denkmal wurde bereits hingewiesen. Karadžić' Einsatz für seine Muttersprache führte zur Entstehung einer umfangreichen Volksliedsammlung, und aus seinem
Gorski Venac (Bergkranz) schöpfen serbische und montenegri-
nische „guslari" immer wieder neue epische Gesänge.

Auf den Wiener Wohnsitz des Komponisten Joseph Marx
weist eine Gedenktafel hin. Obwohl dieser Marx fast ein halbes
Jahrhundert in diesem Haus lebte, wird über den steirischen
„Nationalkomponisten" vorzugsweise im Kapitel über Graz berichtet (→ 9.26).

Von 1898 bis 1909 lebte Gustav Mahler in einer geräumigen
Mietwohnung im weiß verputzten Appartementgebäude, das
1891 nach Entwürfen Otto Wagners auf einem Grundstück zwischen Rennweg und Strohgasse errichtet worden war. Obwohl

eine würdige Gedenkstätte hier nicht fehl am Platz gewesen wäre, findet man die Tür verschlossen. Schlichte Mahler-Gedenkstätten gibt es in den Komponierhäuschen auf dem Lande (→ 7.18 und 9.12) und in Tschechien, in Wien keine.

Während die bisherigen Adressen noch zu Fuß zu erreichen waren, sollte man jetzt die Straßenbahn (Linie 71) nehmen.

Rennweg, bei Nr. 91
Kirche: Mozart

Am 7. Dezember 1768 wurde in Anwesenheit kaiserlicher Hoheiten die Waisenhauskirche Mariä Geburt eingeweiht. Musikalischen Glanz verlieh dieser Feier der zwölfjährige Mozart. Seine für diese Gelegenheit komponierte Messe KV 139 (Waisenhausmesse), ein Offertorium und ein heute verschollenes Trompetenkonzert von seiner Hand wurden ... *mit allgemeinen Beyfalle und Bewunderung, von ihm selbst aufgeführt, mit der größten Richtigkeit dirigieret*, wie *Das Wienerische Diarium* einige Tage später mitteilte. Es blieb Mozarts einziger Triumph während seines zweiten Aufenthalts in Wien. Seine erste Oper *La finta semplice*, die er im Auftrag des Hofes geschrieben hatte, war durch Intrigen eifersüchtiger Konkurrenten von der Bühne des Kärntnerthortheaters ferngehalten worden.

Leberstraße 6–8
Friedhof St. Marx:
Mozart, Diabelli,
Albechtsberger

Am Ende des Rennwegs liegt der Sankt-Marxer Friedhof, auf dem Mozart – genau 23 Jahre nach dem Waisenhaus-Triumph – in einem Massengrab beerdigt wurde. Was unsereinem wie Barbarei vorkommt, war damals vorschriftsmäßig (vgl. → 1.1); nur sehr angesehenen Persönlichkeiten wurde ein privates Grab gestattet. Dennoch trauert der Mozart-Verehrer, sind die sterblichen Überreste des Meisters doch endgültig verschollen. Als das Mozart-Denkmal, das 1859 auf dem Marxer Friedhof gesetzt worden war, 1891 auf den Zentralfriedhof überführt wurde, errichtete ein Friedhofswärter aus alten Grabmalen ein würdiges Denkmal über der angeblichen letzten Ruhestätte Mozarts. Hier ist sein Grab; das Denkmal am Zentralfriedhof gaukelt nur etwas vor.

Auf dem Friedhof St. Marx

Der intime Gottesacker gilt als letzter Biedermeierfriedhof Wiens. Mozart ist nicht der einzige Komponist, der hier seine letzte Ruhe fand. Etwas später wurden hier Albrechtsberger, Diabelli und Strauß' Lehrer Drechsler beigesetzt – in einer privaten Grabstätte; die Vorschriften hatten sich inzwischen gelockert.

Noch einmal wird man am Rennweg an Mozart erinnert. Der Komponist verbrachte viele Stunden im Hause des Freiherrn von Jacquin, mit dessen Sohn Gottfried er eng befreundet war. Das Haus existiert nicht mehr; an die Jacquins erinnert nur noch ein Straßenname.

Jacquingasse 8–10
R. Strauss

Am Rande des Belvederegartens ließ Richard Strauss eine reizende, herrlich gelegene Villa errichten, die ihm in den Jahren 1925–49 als Wiener Wohnsitz diente. (Er bewohnte daneben eine großzügige Villa in Garmisch, Oberbayern.) Das Grundstück hatte ihm die Stadtverwaltung zur Verfügung gestellt, im Tausch gegen das Autograph des *Rosenkavaliers*. Die Villa beherbergt heute die niederländische Botschaft.

2

**Oberes Belvedere
Kustodentrakt:
Bruckner †**

Daß kaum eine der Sehenswürdigkeiten Wiens keine Verbindung zur Musik hat, zeigt sich auch am Schloß Belvedere des Türkenbezwingers Prinz Eugen von Savoyen. Der Feldherr hatte zwar dem Vernehmen nach für Musik wenig übrig, nach seinem Tod wurde sein Schloß jedoch von den Habsburgern übernommen, und es war Kaiser Franz Joseph, der im Sommer 1895 dem alten, kurzatmigen Anton Bruckner gestattete, aus seiner Wohnung im vierten Stock des Hauses Heßgasse 7 (→ 3.39) in das ebenerdige Kustodenstöckl des Oberen Belvedere umzuziehen. Der Komponist verbrachte hier das letzte Jahr seines Lebens und starb am 11. Oktober während der Arbeit am Finale seiner 9. Sinfonie. Ein kleiner Anbau an der Vorderseite des Gebäudes, der auf Fotos aus jener Zeit zu sehen ist, wurde in späteren Jahren abgerissen, eine Bruckner-Gedenktafel hinzugefügt.

IV. BEZIRK (WIEDEN)

Folgt man Bruckner auf seinem letzten Gang, so gelangt man direkt in den nächsten Bezirk.

Sein Leichnam wurde in der Karlskirche (St. Carl Borromäus), der bedeutendsten Barockkirche der Stadt, in Anwesenheit vieler hochgestellter Persönlichkeiten eingesegnet. Sein Bewunderer Hugo Wolf wurde nicht eingelassen, da er keine Einladung vorlegen konnte; der skeptische Johannes Brahms wohnte den

**Karlsplatz
Karlskirche:
Bruckner, Mahler,
Schubert**

Bruckners Sterbehaus (rechts) am Tor des Belvedere

Karlskirche

Portrait Alban Bergs
von Schönberg

Tafel Szymanowski

2

Feierlichkeiten bei und soll, nach seinen Worten *Bald mein Sarg*, eine Vorahnung des eigenen Todes im nächsten Jahr gehabt haben.

Am 9. Mai 1902 schwor Alma Schindler vor dem Hochaltar der Karlskirche ihrem 19 Jahre älteren Bräutigam Gustav Mahler ehelichen Gehorsam und verzichtete damit auf eine eigene Laufbahn als Komponistin, wie es Mahler verlangt hatte. Am nächsten Tag heiratete hier Mahlers Schwester Justine den Geiger Arnold Rosé.

Am Eingang erinnert eine Tafel an Schuberts *Deutsche Messe* und deren Textdichter Neumann. Die Messe wurde hier 1826 uraufgeführt, aber bald für den öffentlichen Kirchengebrauch untersagt; sie erschien den Kirchenoberen zu protestantisch.

Die Statue Willibald Glucks an der rechten Seite der Karlskirche hat eine bewegte Geschichte. Sie wurde nach dem „Anschluß" 1938 in aller Eile gehauen, um vor dem Rathaus das Denkmal des nicht-arischen Juristen Josef von Sonnenfels zu ersetzen. Sonnenfels, wohlgemerkt ein Bewunderer Glucks, landete im städtischen Depot und nahm erst nach 1945 seinen gerechten Platz wieder ein. Jetzt war Gluck an der Reihe, seinen Platz abzutreten. Der Rasenfleck an der Argentinierstraße, unweit der ehemaligen Wohnung (→ 42) des Komponisten, eignete sich bestens als endgültiger Standort. Der große Opernreformer kann nichts dafür, daß ihm sein wohlverdientes Denkmal anfangs aus unschönen Gründen gesetzt wurde.

33

Argentinierstraße 1
△ Gluck

Vis-à-vis wohnte von 1909 bis 1913 der bedeutende polnische Tondichter Karol Szymanowski. Er hatte sich in Wien niedergelassen, um die in stetigem Wandel befindliche europäische Musikszene aus nächster Nähe erleben zu können. Am meisten beeindruckten ihn die Aufführungen der „Ballets Russes" Diaghilews, insbesondere *Petruschka* von seinem Altersgenossen Stra-

Argentinierstraße 4
Szymanowski

**Karlsplatz
Historisches
Museum**

**Resselpark
Brahms** ▲

**Karlsgasse 4
Brahms** 🗏

winsky. Interessanterweise wandte er sich nach seinem Aufenthalt in Wien allmählich von der deutschen Musik ab.

Das Historische Museum der Stadt wurde 1959 in einem eigens dafür errichteten Neubau am Karlsplatz eröffnet. Ein Besuch lohnt sich auf jeden Fall, nicht zuletzt der vielen musikalischen Erinnerungsstücke wegen. Eine Auswahl: das Nähtischklavier aus dem Jahr 1830, der Autogramm-Fächer von Strauß und viele Komponistenportraits, darunter das berühmte von Schönberg gemalte Portrait Alban Bergs. Aufmerksamkeit verdienen auch die übrigen Gemälde von Schönberg und seinem tragischen Nebenbuhler Gerstl (→ 3.41), weiter die detailgetreue Rekonstruktion einer Grillparzer-Wohnung – mit seinem Flügel – und die vielen Abbildungen, Modelle und Pläne des frühen Wien, von dem in diesem Buch so oft die Rede ist.

Im Park vor dem Museum wurde 1908 das große Brahms-Denkmal von R. Weyr errichtet. Daß Vandalen auch vor der Beschädigung einer solchen Statue nicht zurückschrecken, wird bei genauer Betrachtung des Fotos unten klar; der Schaden ist inzwischen behoben.

Einer subtileren Art von Vandalismus fiel Wiens bedeutendste Brahms-Wohnung zum Opfer; sie mußte 1905 dem Neubau der Technischen Universität weichen. Der Komponist, der in seinen ersten Wiener Jahren häufig umgezogen war, bezog 1872 das Haus in der Karlsgasse, das ihm bis seinem Tod 1897 als Wohnsitz diente. Der gewissenhaft-pünktliche Musiker war in alltäglichen Angelegenheiten sehr nachlässig, aber seine Hauswirtin, die Schriftstellerwitwe Celestine Truxa, setzte alle ihre Menschenkenntnis und Opferbereitschaft ein, um es dem Meister recht zu machen und die Haushaltsführung reibungslos vonstatten gehen zu lassen. Sie wurde mit Recht in seinem Testament reichlich

Brahms-Wohnung

Brahmsdenkmal

bedacht. An das Haus erinnert – außer dem Brahms-Zimmer im Haydnmuseum (→ 3.1) – nur eine Gedenktafel.

Zwei weitere Gedenktafeln zieren die Technische Universität. Josef „Pepi" Strauß hatte hier studiert und tatsächlich eine Ingenieurs-Laufbahn eingeschlagen – eine Straßenkehrmaschine soll von ihm erfunden worden sein –, bevor er auf Drängen der Familie in die Fußstapfen seines Vaters und Bruders trat.

Technische Universität: Josef Strauß + Vivaldi

Die letzte Gedenktafel gilt dem „Armensünder Gottesacker", der sich im 18. Jahrhundert an dieser Stelle befand und auf dem am 28. Juli 1741 der plötzlich verstorbene Antonio Vivaldi in einer namenlosen Gruft beigesetzt wurde. Daß der geniale Komponist aus Venedig in seinen letzten Jahren verarmt war und daß „il prete rosso" (der rote Priester) manchmal gesündigt hatte, ist wahr, aber ein derart unrühmliches Ende, weit von seiner Heimat, hatte er doch nicht verdient. Erst einen Monat vor seinem Tod war er in Wien eingetroffen; von dem Aufenthalt des einst gefeierten Künstlers ist nur ein Zusammentreffen mit Graf Collalto (→ 1.55) belegt.

2

Durch die Technikerstraße, an der einst die rustikalen Schubertstätten „Frühwirtshaus" und „Zum Mondschein" standen – das Mondscheinhaus war außerdem Wohnung und Werkstatt des hervorragenden Klavierbauers Conrad Graf –, erreicht man die Prinz-Eugen-Straße. Hier wohnte ein Meister der klassischen Wiener Operette, Karl Millöcker. Sein erfolgreichstes Werk *Der Bettelstudent* (1882) ist wegen seiner Leichtigkeit und seines Melodienreichtums noch immer beliebt.

㊲ Prinz-Eugen-Str. 4 Millöcker

Um die Ecke hat Hugo Wolf gelebt. Mitte 1896 gab er dank der Unterstützung wohlhabender Freunde sein bisheriges Nomadendasein auf und bezog eine passende Wohnung. *Hier hause ich wie ein König und freue mich meines Daseins. Es ist das erstemal in*

Schwindgasse 3 Wolf

Hugo Wolfs Arbeitszimmer

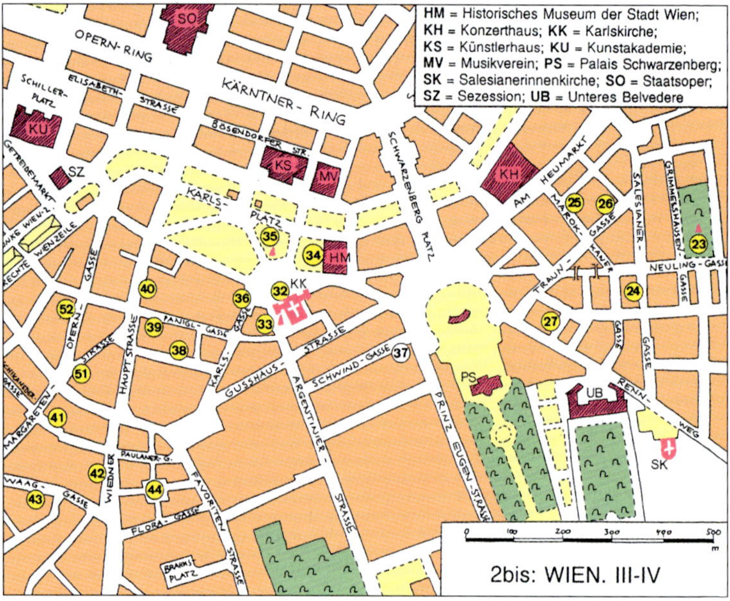

HM = Historisches Museum der Stadt Wien;
KH = Konzerthaus; KK = Karlskirche;
KS = Künstlerhaus; KU = Kunstakademie;
MV = Musikverein; PS = Palais Schwarzenberg;
SK = Salesianerinnenkirche; SO = Staatsoper;
SZ = Sezession; UB = Unteres Belvedere

2bis: WIEN. III-IV

meinem Leben, daß ich über ein eigenes Heim gebiete, so schrieb er seinem Freund Faißt. Die Freude war nur von kurzer Dauer. Im nächsten Jahr gewann sein pessimistisches Gemüt die Oberhand, und im September des Jahres brach die progressive Paralyse aus, die die Aufnahme in einer Heilanstalt unumgänglich machte (→ 3.33). In seinem Haus waren noch die Lieder nach Michelangelo entstanden, aus denen die Gedenktafel zitiert: *Genannt in Lob und Tadel bin ich heute / und, daß ich da bin, wissen alle Leute*.

❸❽

Frankenberggasse 6
Enesco 🗐

Der rumänische Geigenvirtuose und Nationalkomponist George Enesco (eigentlich Enescu) wurde 1888 als siebenjähriger Knabe am Wiener Konservatorium zugelassen und ließ sich 1894 als bereits erfahrener Künstler in seiner zweiten Heimat Paris nieder, 13 Jahre alt. Seine allseits bekannte *Erste rumänische Rhapsodie* op.11 vermittelt einen sehr einseitigen Blick auf sein kompositorisches Schaffen, das viele Gattungen umfaßt und manchmal eine überraschend moderne Tonsprache aufweist.

Frankenberggasse 7
Paumgartner * 🗐

Gegenüber Enescos Quartier wurde 1887 der spätere Dirigent, Mozarteums-Direktor und Präsident der Salzburger Festspiele Bernhard Paumgartner geboren. Er entstammte einer musikliebenden Familie (vgl. → 6.50), und das Haus war ein beliebter Treffpunkt aller prominenten Tonkünstler des damaligen Wien.

❸❾ Paniglgasse 19
(Brahms)

Ende des vorigen Jahrhunderts gab es in dieser Gegend auch eine Adresse, der nicht gerade ein guter Ruf anhaftete. Es ging das hartnäckige Gerücht, daß der eingefleischte Junggeselle Johannes Brahms mit einiger Regelmäßigkeit dieses Etablissement aufsuchte. Auf der Suche nach auch dieser Spur des Meisters findet man ein stattliches Haus mit einer neuerdings prachtvoll restaurierten Halle vor. An feinem Geschmack scheint es bei den Damen damals nicht gemangelt zu haben.

Antonín Dvořák kam häufig in die Hauptstadt der Monarchie, blieb aber nie über einen längeren Zeitraum. Bei seinem ersten Besuch, 1877, machte er mit dem Kritiker Hanslick, 1879 mit dem Dirigenten Hans Richter und 1883 mit Brahms Bekanntschaft, und er blieb zeitlebens mit ihnen in Verbindung. Höhepunkt seiner Reisen nach Wien war die Verleihung des Eisernen Kronen-Ordens und seine Audienz bei Kaiser Franz Joseph im Jahre 1889. Er logierte immer im Hotel „Goldenes Lamm"; das Gebäude wurde in späteren Jahren nicht mehr als Hotel genutzt.

40
Wiedner Hauptstr. 7
Dvořák

2

Der ungarische Operettenkomponist Imre (deutsch: Emmerich) Kálmán lebte einen großen Teil seines Lebens in Wien, 1912 bis 1923 in dieser Wohnung. Man stößt auf eine ungewöhnliche Gedenktafel aus Kupfer mit eingeätztem Foto, an der augenscheinlich der Zahn der Zeit immer weiter ätzt. Werden die *Czardasfürstin* und *Gräfin Maritza* die Kupferplatte überleben?

41
Paulanergasse 12
Kálmán

Christoph Willibald von Gluck hatte sich nach seinem Leben als Kosmopolit 1779 endgültig in Wien niedergelassen. Im Haus „Zum silbernen Löwen" starb er zehn Jahre später. Noch 1783 hatte er Mozart, zu dem er ein durchaus nicht unproblematisches Verhältnis hatte, und Constanze zu einem gemütlichen Essen eingeladen.

42
Wiedner Hauptstr. 32
Gluck, Rieder
(Schubert)

Im selben Haus richtete später der Maler W. A. Rieder sein Atelier ein. Schubert soll dort 1825 zufällig Schutz vor einem Regenschauer gesucht und ihm alsdann Portrait gesessen haben. So entstand das berühmte Aquarell, auf dem Schubert am besten getroffen sein soll.

Zwei Türen weiter, noch im selben Häuserblock, lebte 1890–91 Jean Sibelius. Er ließ sich während dieser Zeit von Goldmark und Fuchs in Komposition unterrichten, nachdem Brahms eine diesbezügliche Bitte des Finnen abgelehnt hatte. Während seiner Lehrjahre soll er ein recht ausschweifendes Leben geführt haben.

Abb. oben:
Häuser Gluck-Rieder-Sibelius

Abb. rechts:
Portrait Schubert

Waaggasse 5
Eisler

Der Komponist Hanns Eisler war 1919 bis 1923 ein Schüler Schönbergs. *Ich kann sagen, daß ich überhaupt erst dort musikalisches Verständnis und Denken gelernt habe,* so erklärte er später. Zugleich warf der Linksradikale seinem Lehrer konservative Züge vor, was 1926, während Schönbergs Berliner Zeit, zu heftigen Auseinandersetzungen führte.

Neben der Eisler-Wohnung auf der Wieden gibt es noch eine weitere Adresse an der Donau: II, Sebastian-Kneipp-Gasse 11 (siehe Übersichtskarte S. 106).

Mozartgasse 4
R. Strauss

Mozartplatz
Mozartbrunnen △

Einen gegensätzlicheren Nachbarn hätte es für Eisler kaum geben können als Richard Strauss. Bis zur Fertigstellung seiner Villa beim Belvedere lebte dieser während seiner Wiener Aufenthalte in einem mit Musikerbüsten gezierten Haus, das heute als Studentenheim dient. Gleich in der Nähe steht der charmante Mozartbrunnen Karl Wolleks (1905), eine passende Umgebung für den Schöpfer eines *Rosenkavalier.*

Favoritenstraße 15
Theresianum:
Barockoper,
Schubert

Die „Neue Favorita" war im 17. Jahrhundert errichtet worden – als Sommerresidenz der musikbeflissenen Kaiser Leopold I., Joseph I. und Karl VI.; dort fanden prächtige Festlichkeiten und Opernaufführungen statt. Maria Theresia, die hier ihre Kindheit verbrachte, richtete später die „k.k. Theresianische Ritterakademie" ein, den Vorläufer der heutigen Bildungsanstalt. Zugunsten ihrer Zöglinge komponierte Schubert 1822 ein Werk für Chor und Orchester: *Am Geburtstag des Kaisers,* D 748.

Fleischmanngasse 1
Lortzing 🔲

Albert Lortzing lebte 1846–48 in Wien und schrieb seinen *Waffenschmied* für das Theater an der Wien, wo er als Kapellmeister wirkte. In der Steuerliste jener Jahre ist er als Milchhändler vermerkt. Er hielt bei seiner Wohnung, die in damaliger Zeit noch auf freiem Feld lag, tatsächlich einige Kühe, um noch etwas hinzuverdienen zu können.

Johann-Strauß-
Gasse 4
Strauß † 🔲

In dem palastartigen Bau, den sich Johann Strauß junior 1878 an der Igelgasse errichten ließ, konnte er 21 Jahre lang wahrlich als ein (Walzer-)König residieren – bis ihn der Tod dahinraffte. Das Haus, Entstehungsort aller seiner Bühnenwerke außer der *Fledermaus* und wichtiger Treffpunkt der Wiener Gesellschaft, wurde im Zweiten Weltkrieg durch Bomben vernichtet. Die Straße wurde daraufhin umgetauft und eine Gedenktafel zu Ehren des prominenten Bewohners angebracht.

Klagbaumgasse 11
R. Heuberger

Erhalten ist dagegen das Haus, in dem Richard Heuberger 1898 die noch immer beliebte Operette *Der Opernball* komponierte.

Phorusgasse 13
Zuleger Holzblas-
instrumente

Die 1912 von Hermann Zuleger gegründete „Werkstätte feiner Holzblasinstrumente" verdankt ihre Bekanntheit hauptsächlich ihrer „Wiener Oboe". Dieses Instrument ähnelt in Gestalt und Klang ihrem barocken Vorgänger mehr als die überall auf der Welt gespielte französische Oboe. Sie ist – wie auch das Wiener Horn – ein wichtiger Bestandteil des spezifischen Wiener Orchesterklanges. Die Wiener Orchester bestehen auf der Verwendung dieser Oboe, und daran wird sich voraussichtlich nichts ändern. Da aber die Zukunft der Zuleger-Firma unsicher ist, liegt es durchaus im Bereich des Möglichen, daß die Wiener Oboe eines Tages etwa in Fernost hergestellt werden wird.

Weltberühmt ist der Name Bösendorfer. Ignaz Bösendorfer gründete 1828 eine Klavierbaufirma und errang einen ersten Erfolg, als sein Instrument Liszts heftigen Attacken standhielt. Ein ehemaliger Klosterbau wurde 1870 der Sitz des rasch gewachsenen und mittlerweile von Ignaz' Sohn Ludwig übernommenen Unternehmens. Als sich Ludwig, eine markante Persönlichkeit im Wiener Kulturleben, aus dem Geschäft zurückzog, ging die Firma in andere Hände über und kam 1966 unter amerikanisches Management. Die eigentliche Produktion ist seit 1973 in eine Zweigniederlassung in die Wiener Neustadt verlegt (→ 5.30), während dem alten Haus die letzte Bearbeitung und Distribution der Instrumente vorbehalten ist. Der neue Bösendorfersaal, an dessen Gewölben noch das frühere Kloster zu erkennen ist, ist der späte Nachfolger des berühmten Konzertsaals in der Herrengasse (→ 1.23). Ausstellungsräume befinden sich auch im Musikverein (→ 1.72).

 Graf-Starhemberg-Gasse 14
Bösendorfer Klavier
🎵 **fabrik, B.-Saal**

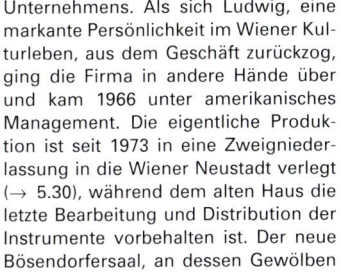

2

Handelsmarke Bösendorfer

Am Ende der Straße befand sich, bevor das Haus einem Supermarkt weichen mußte, der Wohnsitz des schon einige Male erwähnten Kompositionslehrers Robert Fuchs. Die Anschrift lautete Mayerhofgasse 9. Fuchs wurde in der Steiermark geboren, und im entsprechenden Kapitel wird ausführlicher von ihm die Rede sein (→ 9.32).

Fuchs starb in einem gut erhaltenen Haus im nordwestlichen Teil des Bezirks. Baulich in weniger gutem Zustand, aber interessanter, scheint mir das Nebenhaus. Wahrscheinlich teilten hier in den Jahren 1877–78 die Konservatoriumstudenten Mahler, Wolf und Krzyzanowski ihr kümmerliches Dasein, ihre Liebe zur Musik und fortschrittliche Gesinnung. Mit Rudolf Krzyzanowski war Mahler am engsten befreundet, zwischen Mahler und Wolf trat eine Entfremdung ein, als Mahler die gemeinsam geplante Überarbeitung eines Opernlibrettos (*Rübezahl*) in eigener Regie durchführte.

 Margaretenstraße 9
R. Fuchs †

Margaretenstraße 7
Mahler, Wolf,
Krzyzanowsky

Die dichte, sachliche Bebauung nördlich der obigen Adresse steht auf musikhistorisch heiligem Boden. Zwischen Wienzeile und Wiedner Hauptstraße befand sich einst ein „Freygut" (steuerfreies Lehen), seit 1640 im Besitz der Starhembergs. Es wuchs zu einem semi-autonomen Städtchen-in-der-Stadt und beherbergte weit mehr als tausend Einwohner. Ungefähr dort, wo heute das Haus Operngasse 21 steht, wurde 1787 ein Theater errichtet, dessen Spielpläne in den vierzehn Jahren seines Daseins stolze 350 Bühnenwerke aufwiesen. Intendant war der gescheite Librettist, Schauspieler und Impresario Emanuel Schikaneder, das unumstrittene Glanzstück seines Unternehmens Mozarts *Zauberflöte*. Der durchschlagende Erfolg dieses am 30. September 1791 uraufgeführten Werkes markierte einen Wendepunkt im Leben des Librettisten sowie des Komponisten. Ersterer wurde ein wohlhabender Mann. Auch Mozarts Aussichten verbesserten sich erheblich, allerdings zu spät: er starb zwei Monate nach den

Operngasse 26–28
📄 **(innen) Mozart;**
Musikgeschichte

ersten Aufführungen, an denen er selbst noch mitgewirkt hatte.

Im Herbst 1798 fanden im Theater einige Akademien unter der Mitwirkung Beethovens statt (1. oder 2. Klavierkonzert). Die Mitglieder der Theatertruppe verfügten über ein kleines „Salettl", das sich auf dem Gelände befand. Mozart hat hier angeblich an seiner Oper gearbeitet; dieses „Zauberflötenhäuschen" ist als einziger Rest des Freiguts übriggeblieben, wurde aber nach Salzburg (→ 8.18) überstellt. Mit einem Glasfenster und Fresko im sogenannten Papagenohaus hat man versucht, auch in Wien die Erinnerung an diese Wirkungsstätte Mozarts wachzuhalten.

Im Freihaus, damals eine riesige Zinskaserne, starb 1793 Mozarts Schwiegermutter. Auf dem Gelände, nahe dem Wienfluß, befand sich auch das Gasthaus „Zur Bärenmühle", 1826 das Quartier Felix Mendelssohn Bartholdys; auch diese Bauten sind nicht erhalten.

Theater auf der Wieden

53
Mühlgasse 28–30
Prayner-Konservatorium;
Ehrbarsaal ♪

Neben den von der Obrigkeit unterhaltenen und bestens qualifizierten Wiener Ausbildungsstätten für Musik – der staatlichen Hochschule und dem Konservatorium der Stadt – gibt es auch Privatinstitute zur Musikausbildung, wie das Horak- und das Prayner-Konservatorium. Letzteres verfügt über einen schönen Konzertsaal mit vorzüglicher Akustik, der wie der Bösendorfersaal den Namen einer Klavierbaufirma (→ 3.5) trägt: Ehrbarsaal. In den ersten Jahrzehnten nach der Eröffnung 1877 war dieser Saal ein Treffpunkt der Brahmsianer, während der Bösendorfersaal (→ 1.23) eher die Neudeutschen anzog. Nach 1900 dürfte es wohl solchen Konservativismus nicht mehr gegeben haben: Bartóks Klavierquintett wurde hier im Jahre 1904 uraufgeführt, aber vielleicht noch bemerkenswerter war ein Schönberg-Konzert im Januar 1910. Nicht von einem Riesenorchester, sondern von drei Pianisten begleitet – Webern hatte die Auszüge angefertigt –, erklang der erste Teil der *Gurrelieder*, umrahmt von einigen George-Liedern und den Drei Klavierstücken op. 11. Die Kombination einer früheren, zugänglicheren Komposition mit seinen neuesten atonalen Werken sollte die Logik seiner Entwicklung, die Unumgänglichkeit seines Vorstoßens in eine neue Ästhetik bekräftigen. Man war vor allem frappiert, und zu den skandalösen Tumulten, die man von manch anderen Vorführungen der Neuen Wiener Schule kannte, kam es diesmal nicht.

Den größten Beifall erntete Schönberg aber 1912 bei der vollständigen Uraufführung der *Gurrelieder* im Musikverein. Das Ensemble zählte insgesamt 750 Mitwirkende; die Leitung hatte Franz Schreker. Schreker hatte 1908 den Philharmonischen Chor gegründet und lehrte von 1912 bis 1920 an der Akademie. Er bewohnte ein Jugendstilhaus unweit des Ehrbarsaals .

V, Schönbrunner Straße 12 Schreker

Wir beenden unseren Gang durch den IV. Bezirk mit der Besichtigung von Schuberts Sterbehaus. Ferdinand Schubert wohnte bereits im 2. Stock des 1827 errichteten Hauses „Zur Stadt Ronsperg", als sein Bruder Franz am 1. September 1828 dort einzog. Schuberts Hoffnung, eine Wohnung etwas außerhalb des Stadtkerns käme seiner Gesundheit zugute, war vergeblich; er starb am 19. November des Jahres. Seine als *Schwanengesang* zusammengefaßten Lieder sind hier komponiert worden. Eine interessante Ausstellung dokumentiert die letzten Monate des Meisters und schenkt auch dem Bruder als Schullehrer und Kirchenkomponist Beachtung. Prunkstück ist Ferdinands 1820 von H. Elwerkember gebaute und natürlich auch von Franz gespielte Klavier. Es wurde 1979, anläßlich der Neuordnung der Ausstellung, restauriert.

Kettenbrücken- gasse 6
 **Schubert †**

2

V. BEZIRK (MARGARETEN)

Wie schon auf dem Weg vom III. in den IV., so bringt uns abermals ein Trauerzug in den nächsten Bezirk. Schuberts sterbliche Hülle wurde am 21. November 1828, zwei Tage nach seinem Tod, in der Margaretenkirche eingesegnet. Ein Chor und ein Bläserensemble spielten sein *Pax Vobiscum* D 551, mit Schobers neugedichtetem Text *An Schuberts Bahre*. Da man dem Komponisten seinen letzten Wunsch, neben Beethoven beigesetzt zu werden, gerne erfüllte, folgte noch ein langer Zug nach Währing (→ 4.26 + 28).

Schönbrunner Straße 52 Kirche: Schubert

Im bescheidenen Arbeiterviertel Margareten wohnte 1894, als Untermieter einer einfachen Familie und von kompositorischer Unproduktivität gequält, der andere Meister des österreichischen Liedes: Hugo Wolf.

Siebenbrunnen- gasse 15 Wolf

Ein dritter „Liedermacher", allerdings etwas anderer Art, war Thomas Koschat, an den eine Gedenktafel an seinem Sterbehaus erinnert. Er war fast zeitlebens Sänger der Hofkapelle, wichtiger sind aber seine Taten als Schöpfer und Förderer des Kärntner Liedes. Im Kapitel über seine Heimat Klagenfurt werden wir ihm wieder begegnen (→ 9.13).

Strobachgasse 2 Th. Koschat

Einschließlich des Schrekerhauses (→ 54), das gerade noch innerhalb der Bezirksgrenzen steht, zählt man in Margareten lediglich vier Musikstätten; erstaunlich wenige im Vergleich zum

IV. Bezirk. Tatsächlich sind die für Musikliebhaber interessanten Adressen sehr ungleichmäßig über die gesamte Fläche Wiens verteilt – mit den Ursachen könnten sich die Soziologen befassen –, und manche der äußeren Bezirke weisen nur eine oder gar keine bemerkenswerte Adresse auf. Wenn von solchen vereinzelten Adressen die Rede ist, so werden sie unter einem benachbarten Bezirk geführt wie die beiden nachfolgenden Friedhöfe.

X., Landgutgasse
Waldmüllerpark:
ehem. Friedhof

Im X. Bezirk, Favoriten, sei nur der Waldmüllerpark erwähnt. Zwischen 1785 und 1875 befand sich hier der Matzleinsdorfer Friedhof. Von den musikhistorisch relevanten Personen, die hier ihre letzte Ruhestätte fanden, sind Gluck und Salieri die bedeutendsten; ihre Überreste wurden auf den Zentralfriedhof überführt. Zu den übrigen gehörten Mozarts Gönner Jacquin, Beethovens Bruder Johann, Schuberts Freund Vogl und die Mutter Lortzings. In einer Ecke des Parks werden die erhaltenen Steine der geräumten Grabstätten aufbewahrt.

XII., Gaudenzdorfer
Gürtel
Haydn-Park: ehem.
Friedhof Haydn ▲

Von den Grabmälern des ehemaligen Hundsturmer Friedhofs im XII. Bezirk ist nur das Joseph Haydns erhalten. Er wurde 1809 zuerst hier beigesetzt, bevor seine sterbliche Hülle 1820 nach Eisenstadt überführt werden konnte, wie es von Anfang an vorgesehen war. Der ursprüngliche Grabstein bekam nachher seinen Platz im Haydn-Park, wie das Gelände nach der Einebnung des Friedhofs nun heißt. Mit den letzten Jahren Haydns wird das folgende Kapitel anfangen. Wie es seinem Leichnam ergangen ist, liest man im Abschnitt Eisenstadt (→ 5.37).

VI. BEZIRK (MARIAHILF)

Joseph Haydn ist nicht im engeren Sinn als Wiener Musiker zu bezeichnen. Nachdem er in dieser Stadt eine harte Schule durchgemacht hatte (1740–59), verbrachte er die entscheidende Periode seines Lebens hauptsächlich in Adelshäusern auf dem Lande. Erst ab 1790, nach dem Tod des Brotherrn, mit dem er am tiefsten verbunden war, Nicolaus Esterházy, konnte er sich freier bewegen. Er reiste zweimal nach England, wo er insgesamt drei Jahre verbrachte; die restliche Zeit lebte er in Wien, bald in einem eigenen Haus.

❶ **Haydngasse 19**
🏛 **Haydn †**

🏛 **Brahms**

3

Im August 1793 hatte er ein Haus im Vorort Gumpendorf – heute VI. Bezirk – gekauft, das er umbauen ließ und zwei Jahre später, bald nach seiner zweiten Englandfahrt, bezog. Die Anschrift lautete damals Obere Windmühle, Kleine Steingasse 73. Hier entstanden *Die Schöpfung*, *Die Jahreszeiten* und die letzten Streichquartette; hier empfing er Gäste – Kollegen und Bewunderer – aus allen Himmelsrichtungen. Ab 1803 komponierte er nicht mehr; auf seiner Visitenkarte erschien eine Melodie „molto adagio" mit dem Text *Hin ist alle meine Kraft, alt und schwach bin ich*. Er erlebte noch die französische Besetzung der Stadt und verstarb am 31. Mai 1809. Napoleon ließ eine Ehrenwache vor seiner Haustür aufziehen.

Haydns letztes Wohnhaus

Haydns Visitenkarte

Das Haus blieb eine Art Pilgerstätte, und von Abriß ist niemals die Rede gewesen; kein Musikfreund sollte einen Besuch versäumen. Im Haydnmuseum ist ein Raum Johannes Brahms gewidmet, dessen Haus (→ 2.36) abgerissen wurde.

**Gumpendorfer
Straße
Kirche: Haydn**

Haydns Tod fiel in eine von Kriegswirren bestimmte Zeit. Dadurch fanden die Einsegnung in der Gumpendorfer Kirche und die Beerdigung am Hundsturmer Friedhof (→ 2.60) nur in bescheidener Form statt, und erst am 15. Juni folgte, diesmal in der Schottenkirche (→ 1.49), eine aufwendigere Totenfeier zu den Klängen von Mozarts *Requiem*. Während der Einsegnung in St. Ägid erklang übrigens das eindrucksvolle c-Moll-Requiem Michael Haydns, das Mozart zum Vorbild gedient haben soll. Joseph Haydns jüngerer Bruder war bereits 1806 in Salzburg gestorben.

**Hofmühlgasse 15
Fanny Elßler** 📄

In seiner Eigenschaft als Diener, Sekretär und Kopist soll Haydns Patenkind Johann Elßler auch in dessen Haus gelebt haben. Nach dem Tod des Meisters erbte er die beträchtliche Summe von 6000 Gulden (zum Vergleich: Haydns Wohnhaus hatte 1370 Gulden gekostet) und bewohnte nunmehr ein eigenes Haus, in dem 1810 seine Tochter Fanny geboren wurde. Dieses Haus steht nicht mehr, aber eine Gedenktafel ehrt Fanny, die zu einer legendären Primaballerina heranwuchs und 1884 starb (Grab → 4.14).

**Mariahilferstr. (55)
Kirche: △ Haydn**

An dem Haydn-Denkmal (H. Nutter, 1887) vor der Mariahilfer Kirche verabschieden wir uns vom aus niedrigstem Stand zur höchsten Autorität aufgestiegenen Musiker.

Fanny Elßler

**Barnabitengasse 8
ehem. Ehrbar/Stelz-
hammer Klavier-
fabrik**

Die 1848 errichtete Pianofabrik Stelzhammer ging 1966 in der berühmten Firma Ehrbar auf, und ihre Biedermeier-Werkstatt in der Barnabitengasse wurde Sitz des neuen Unternehmens. Friedrich Ehrbar hatte Mitte des vorigen Jahrhunderts die 1801 gegründete Firma Seuffert übernommen und unter seinem Namen zu großer Blüte geführt. Zu den Kunden gehörten nicht nur Prominente aus der Welt der

Musik, sondern auch unzählige Fürstlichkeiten, mit Kaiserin Elisabeth („Sisy") an der Spitze. Ehrbars Werkstatt befand sich damals im IV. Bezirk (Mühlgasse/Pressgasse); der bereits erwähnte Ehrbarsaal (→ 2.53) ist ein Relikt aus dieser Zeit. Nach dem ersten Weltkrieg wurden die Klavierfabriken eine nach der anderen geschlossen, und schließlich blieben nur zwei übrig: Bösendorfer – inzwischen eine Weltfirma, die ihre Produktion weitgehend rationalisiert hat (→ 2.50) – und Ehrbar, der auf handwerklicher Verfertigung erlesener Instrumente in kleiner Stückzahl beharrte. Noch 1985 wurde die Fabrik in der Barnabitengasse renoviert und mit einem neuen Ehrbarsaal ausgestattet. Jetzt ist auch hier der letzte Vorhang gefallen: Der letzte Vertreter der Handwerkstradition, die einst von Walter, Graf, Schantz, Streicher u. a. gegründet worden war, betreibt lediglich noch zwei Musikgeschäfte in der Mariahilfer Straße (Nr. 17 beim Messepalast, Nr. 125 beim Westbahnhof). Die historische Werkstatt ist als Bürogebäude vermietet. „Erzrivale" Bösendorfer hat nunmehr die Alleinherrschaft.

Im Windmühlengrund, Obere Pfarrgasse 60, lautete die ursprüngliche Anschrift des Hauses, in dem Beethoven 1822–23 lebte. In seiner schmucklosen Stube vollendete er die *Missa solemnis*, und dort empfing er am 13. April 1823 den kleinen Franz Liszt, der an diesem Tag im Redoutensaal konzertierte. Das Haus konnte bis vor einigen Jahren Sonntag vormittags besichtigt werden. Im Nebenhaus Nr. 60 (jetzt 20, Neubau) wohnte Beethovens Bruder Johann, im anderen Nebenhaus (24) einer seiner Portraitisten, der Bildhauer A.D. Feinkorn. Er schuf mit seinem Beethoven-Denkmal von 1863 das älteste Musikerdenkmal der Stadt; es befindet sich in Nußdorf (→ 4.54).

❻
Laimgrubengasse 22
Beethoven **3**

Der Name „Theater an der Wien" soll Sie nicht irreführen. Hier ist nicht die Stadt gemeint, sondern der Fluß: die Wien, die hier unterirdisch verläuft.

❼
Linke Wienzeile 6
Theater an der Wien:
Beethoven +
Schikaneder

Dieses Theater, das heute hauptsächlich dem Musical gewidmet ist, kann sich einer musikhistorisch bedeutenden Vergangenheit rühmen. Es wurde 1801 als Nachfolger des Freihaustheaters (→ 2.52) errichtet und von Schikaneder geleitet. In der Umgebung von Possen, Zauberstücken und Melodramen, die dieser Theaterkünstler erfolgreich aufführen ließ, erschien 1805 die Erstfassung von *Fidelio*. Beethovens einzige Oper wurde für dieses Haus und teilweise sogar in diesem Haus komponiert: Der Meister bewohnte einige Zeit ein zugehöriges Appartement, das nachher noch Abbé Vogler und Nedbal zur Wohnung diente, aber heute nicht mehr existiert. Die öffentlichen Uraufführungen von vier Sinfonien Beethovens (erste bis dritte und fünfte), des 3. Klavier- und des Violinkonzerts fanden in diesem Theater statt; Berlioz und Wagner musizierten hier, Suppè, Lortzing und Nedbal waren als Kapellmeister verpflichtet, und die berühmtesten Operetten wurden hier uraufgeführt. Während des Wiederaufbaus der Oper am Ring in den Jahren 1945–55 diente das Theater an der Wien als Ausweichbühne der Staatsoper. Der Innenraum wurde mehrmals modernisiert. Den schönsten Blick auf die Außenseite hat man von der Millöckergasse; in der Figurengruppe über dem Eingang ist Schikaneder als Papageno dargestellt.

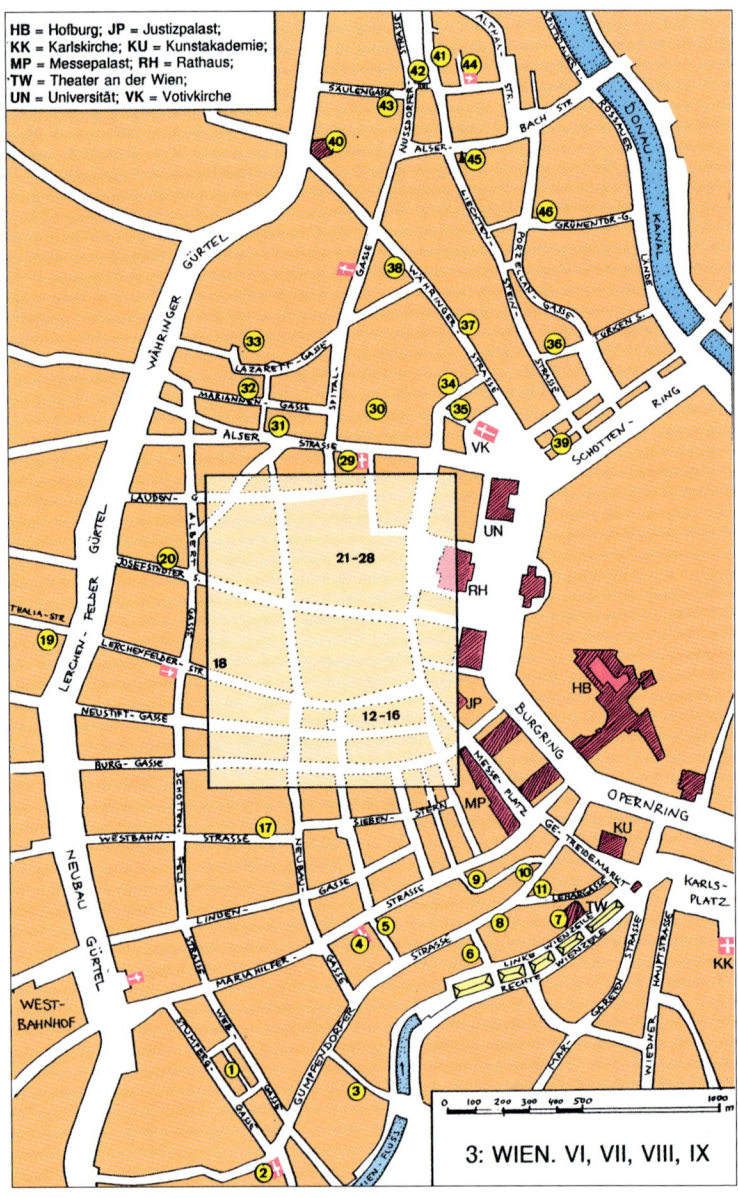

HB = Hofburg; JP = Justizpalast;
KK = Karlskirche; KU = Kunstakademie;
MP = Messepalast; RH = Rathaus;
TW = Theater an der Wien;
UN = Universität; VK = Votivkirche

3: WIEN. VI, VII, VIII, IX

Theater an der Wien, Papagenotor

3

Carl Millöcker (→ 2.37) wurde 1842 in der Nähe des Theaters an der Wien geboren, und eine Gedenktafel erinnert an den Operettenmeister. Allerdings mußte sie an dem Nachfolgegebäude von 1895 angebracht werden.

❽
Gumpendorfer Straße 17
Millöcker *

Auch Lehár lebte 1908 bis 1931 unweit des Theaters an der Wien. Dort begann 1905 seine *Lustige Witwe* ihren Siegeszug, insbesondere Danilos Lied *Da geh' ich zu Maxim*, das ja in zwei großartigen Werken paraphrasiert wurde: Schostakowitschs 7. Sinfonie und Bartóks *Konzert für Orchester*. Lehár bewohnte nicht bloß sein Appartement, er erwarb den ganzen Komplex, und dieser wird noch immer von der Lehár-Gesellschaft verwaltet, die hier bis 1994 ihren Sitz hatte. Wie die Einkünfte verwendet werden, liest man auf einer Tafel in der Eingangshalle: *Zur Unterstützung alter, unverschuldet in Not geratener Menschen*, und deshalb, wie sein Testament ausdrücklich spezifiziert, nicht zur Förderung junger Talente, *da ich nicht wünsche, daß dadurch Kunstdilettantismus großgezogen wird*. Das sitzt!

❾
Theobaldgasse 16
Lehár

Schräg vis-à-vis wohnte von 1901 bis 1925 der junge Erich Wolfgang Korngold, der als 11jähriger Komponist harmonisch interessanter Kammermusikwerke Aufmerksamkeit erregte. Sein bekanntestes Werk ist *Die tote Stadt*, eine wirkungsvolle Oper über die flämische Stadt Brügge. Er wohnte von 1925–29 I, Franz-Josefs-Kai 3 (Plan), und danach in Währing (→ 4.34), bis ihn 1934 sein feines Gespür für die politische Lage in die USA auswandern ließ. Dort feierte er Erfolge mit seiner Filmmusik (*Robin Hood*, *The Sea Hawk*, *Of Human Bondage*). Er starb 1957 in Hollywood.

❿
Theobaldgasse 7
Korngold

Die letzte und zweifelsohne angenehmste Adresse im VI. Bezirk ist das Café Sperl. Das 1880 erbaute, echt wienerische Kaffeehaus, dessen Einrichtung unter Denkmalschutz steht, eignet sich ohnehin zur Erholung des müden Touristen; als geliebtes Stammcafé Lehárs und Kálmáns nimmt es in diesem Buch außerdem einen gerechten Platz ein. Eine „Erinnerungsecke" ist den

⓫
Gumpendorfer Straße 11
Café Sperl: Lehár, Kálmán

beiden Komponisten gewidmet. Da das Sperl besonders als Maler- und Architekten-Treffpunkt galt, scheute sich Lehár zuerst, sich hier unter die Leute zu mischen: *da geh ich net eini, i kann ja net zeichnen*. Nachdem aber ein Freund erwidert hatte: *Du kannst es schon, schau nur Deine Partituren an*, gab er sich geschlagen und ebnete auch Kálmán den Weg zum „Cafégenuß".

VII. BEZIRK (NEUBAU)

Der Name des Bezirks muß niemanden abschrecken. Gerade hier finden sich einige verhältnismäßig unversehrte und liebevoll restaurierte Alt-Wiener Stadtviertel, auf die manch andere Bezirke neidisch sein können.

Kirchberggasse 17
Goldmark

In diesem Zusammenhang sei zuerst das schöne Spittelberg-Viertel genannt, dessen Besichtigung sich auf jeden Fall lohnt. Die Musikgeschichte ist hier jedoch kaum vertreten; einzig auf einen Wohnsitz des bereits erwähnten Komponisten Karl Goldmark ist hinzuweisen (→ 2.14).

Ulrichsplatz
Kirche: Gluck,
Lanner, Strauß

Sehr stimmungsvoll ist auch der Ulrichsplatz, in dessen Kirche 1750 Christoph Willibald Gluck und Anna Maria Bergin, Tochter eines reichen französischen Kaufmannes und Schwester einer Hofdame Maria Theresias, getraut wurden. Glucks gesellschaftlicher Status verbesserte sich durch die Heirat; ab 1756 wurde er „Ritter von Gluck" tituliert und 1774 zum k.k. Hofkompositeur ernannt, mit 2 000 Gulden Jahresgehalt.

In derselben Kirche wurden 1801 Joseph Lanner und 1825 Johann Strauß Sohn getauft. Lanner wurde der entscheidende Reformator der Tanzmusik: aus dem schlichten Walzer entwickelte er die große Form Introduktion – Walzerkette – Coda, die vor allem Johann Strauß Sohn unsterblich und reich machen würde. (Gluck war Reformer *und* reich …)

Joseph Lanner und
Johann Strauß Sohn

Lanners Geburtshaus, ein 1788 errichteter klassizistischer Bau typisch wienerischer Prägung, ist gut erhalten und kann von Zeit zu Zeit besichtigt werden. Lanners Tanzorchester war so erfolgreich, daß es die vielen Auftritte nicht mehr bewältigen konnte; es wurde geteilt und die zweite Hälfte unter die Leitung eines Mitgliedes gestellt. Dieses war Johann Strauß senior, der sich mit seinen Musikern selbständig machte und mit seinem pikanteren Stil Lanners Gruppe zu überflügeln begann. Bekanntlich ist er seinerseits bald von seinem Sohn überflügelt worden.

⑭
Mechitaristen-
gasse 5
📄 **Lanner ***

Das Geburtshaus des Walzerkönigs – auch der Wohnsitz des Vaters – steht nicht mehr, man muß sich mit einer Gedenktafel begnügen, wie es auch bei seinem Sterbehaus der Fall war.

⑮
Lerchenfelder Str. 15
📄 **Strauß ***

An den bekannten Volksmusikanten Max Augustin (*Oh, du lieber Augustin*, → 1.63) erinnert ein hübsches Denkmal, Ecke Neustiftgasse/Kellermanngasse.

⑯
Neustiftgasse
▲ *Lieber Augustin*

Zum Schluß sei auf die Geburtsstätte des letzten Hofballmusikdirektors Carl Michael Ziehrer (→ 2.13) hingewiesen.

⑰
Westbahnstr. 4
📄 **Ziehrer ***

3

VIII. BEZIRK (JOSEFSTADT)

Dieser Wiener Bezirk mit der kleinsten Fläche hat im Vergleich zum vorigen wieder eine reiche musikalische Vergangenheit.

Als einziges altes Haus in einer im übrigen reizlosen Straße steht noch das mit einem hübschen Relief verzierte Schulhaus, in dem Ferdinand Schubert von 1821 ab als Lehrer wirkte. Sein Bruder Franz dürfte häufig dort zu Gast gewesen sein und wohl auch musiziert haben. Heute befindet sich in diesem Haus ein Kindergarten.

⑱
Tigergasse 4
Schulhaus
(Schubert)

links: Geburtshaus Lanner; rechts: „Lieber Augustin"-Denkmal

⑲

XVI., Thaliastraße 1
Wagner

Bereits 1832 hätte man Richard Wagner im sommerlichen, tanzenden Wien begegnen können, aber sein erstes Auftreten in der Hauptstadt der Musik ereignete sich erst ein Vierteljahrhundert später. Daß die Hofoper seinen *Tannhäuser* des „unsittlichen" Inhalts wegen abgelehnt hatte, war natürlich gute Werbung gewesen, und die Wiener Erstaufführung am 28. August 1857 war denn auch sehr erfolgreich. Sie fand statt in dem erst 1856 errichteten Thaliatheater (im XVI. Bezirk), das mit seinen 3 000 Sitzen der größte Theaterbau Wiens war – ein noch immer ungebrochener Rekord – und durch die Glas- und Stahlkonstruktionen echt der modernste. Das gewaltige Bauwerk hat nur 14 Jahre gestanden; der heutige Besucher Wiens findet lediglich eine Gedenktafel vor.

⑳

Josefstädter Str. 74
Hauer

Josef Matthias Hauer hielt sich für den wahren Erfinder der Zwölftonmusik – eine Haltung, die unweigerlich zu Streitigkeiten mit Schönberg führen mußte. Hauers spekulative Musikphilosophie, die u. a. von dem alt-chinesischen *I Ging*, von Keplers Sphärenmusik und Goethes Farbenlehre inspiriert wurde und zu einem kosmischen Spiel mit den zwölf Tönen führte, ist mit Schönbergs schöpferischer Arbeit kaum zu vergleichen. Obwohl man Hauers Musik selten hört, so wirkten doch seine Persönlichkeit und Ideenwelt faszinierend auf seine Zeitgenossen, insbesondere auf die Schriftsteller. Wie der Protagonist in *Doktor Faustus* von Thomas Mann auf Schönberg zu verweisen scheint – zu dessen Grauen übrigens –, so finden sich Anspielungen auf Hauer in Werfels *Verdi* (Matthias Fischböck), in Hesses *Glasperlenspiel* und in Otto Stoessels Roman *Sonnenmelodie*.

Das Haus, das Hauer von 1918 bis zu seinem Tod 1959 bewohnte, wurde 1973 abgerissen; in den Nachfolgebau ist eine Inschrift zu seinem Gedenken eingemeißelt. Hauers Grab befindet sich auf dem Dornbacher Friedhof (Wien XVII, Alszeile 28, s. Übersichtskarte S. 106); sein Geburtshaus steht noch (→ 5.30).

㉑

I., Lichtenfelsgasse 7
Sokolowski
(Hauer)

Die Straßenbahnlinie J führt uns zum Rand der Innenstadt. Am „Haus der Collegialität" erinnert eine Gedenktafel an Victor Sokolowski – und damit indirekt an Hauer: Sokolowski gründete hier 1960 ein Studio und 1963 einen J.M. Hauer-Kreis zur Forschung und Verbreitung des *Zwölftonspiels*. Er starb 1982 und wurde auch in Dornbach beerdigt.

㉒

Trautsongasse 2
Beethoven

Im Jahre 1820 bewohnte Beethoven das Haus „Zur goldenen Birne"; zu dieser Zeit hatte man von dort freien Blick auf das ausgedehnte Glacis, das brachliegende Areal zwischen Innenstadt und Vororten, auf dem ein halbes Jahrhundert später die Ringstraße gebaut wurde; auch diese Beethovenwohnung fiel später fortschreitender Urbanisierung zum Opfer. Beethoven hatte sich hier wegen seines Neffen und Pflegekindes Karl niedergelassen, der in die naheliegende Erziehungsanstalt des Schweizer Pädagogen Josef Blöchinger (Josefstädter Straße 139) eingetreten war. Der unruhige Knabe hat dort vier Jahre gelebt; sein ebenso unruhiger Onkel war nach drei Monaten, die wahrscheinlich der Arbeit an der *Missa solemnis* gewidmet waren, bereits wieder verzogen.

㉓

Auerspergstraße 1
Auerspergpalais:
Dittersdorf, Mozart

Auf der anderen Seite der Trautsongasse erhebt sich das prachtvolle Palais Auersperg, das am Anfang des 18. Jahrhun-

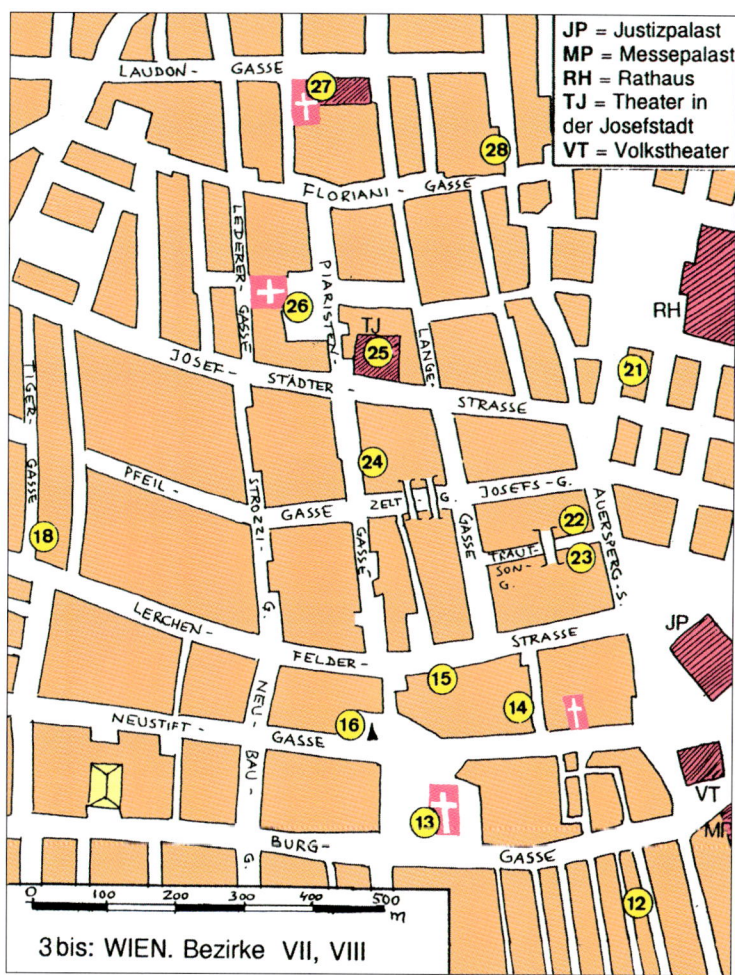

JP = Justizpalast
MP = Messepalast
RH = Rathaus
TJ = Theater in der Josefstadt
VT = Volkstheater

3

3 bis: WIEN. Bezirke VII, VIII

derts errichtet wurde und heute für Festlichkeiten, Modenschauen und dergleichen mehr genutzt wird. Der damalige Bewohner, Fürst von Sachsen-Hildburghausen, engagierte 1751 den elfjährigen Carl Ditters als Mitglied seiner Hofhaltung. Er ließ dem Knaben eine vorzügliche musikalische Ausbildung angedeihen, bis sich 1761 ihre Wege trennten. In diesem Palais leitete Mozart 1786 eine Privataufführung seines *Idomeneo*. Bereits 1762 hatte er an dem Tag seiner ersten Begegnung mit der kaiserlichen Familie auf Schönbrunn (→ 4.1) hier musiziert. Um 1740 wohnte hier noch der Postmeisterssohn Peter Capece di Rofrano. Dieser früh verstorbene Knabe hat Hofmannsthal und Strauss als Vorbild für ihren unsterblichen „Rosenkavalier" Octavian gedient.

Auersperg-Palais

Piaristengasse 32
Wolf

Josefstädter Str. 26
Theater i. d. Josef-
stadt: Beethoven

Jodok-Fink-Platz
Piaristenkirche:
Bruckner ,
Liszt,
Hindemith

Ein Zimmer des 1894 erbauten und gut erhaltenen Hauses „Zum schwarzen Lamm" wurde 1896 für einige Monate von Hugo Wolf bewohnt, bevor er in die einzige Privatwohnung umzog, über der er je verfügte (→ 2.37).

Das Theater in der Josefstadt ist heute hauptsächlich dem Sprechtheater gewidmet, hat aber eine musikerfüllte Vergangenheit. Der Bau von 1788 war 1822 gründlich renoviert worden; bei der Wiedereröffnung dirigierte Beethoven seine für diesen Anlaß komponierte Ouvertüre *Die Weihe des Hauses*. Sein bekannter Gesellschafter und erster Biograph Anton Schindler führte als Orchesterdirektor des Theaters 1823–24 alle Sinfonien des Meisters auf. Von den Kapellmeistern sind Suppè und Conradin Kreutzer zu nennen. Letzterer hat sein *Nachtlager von Granada* 1834 erstmals hier aufgeschlagen. Seit 1924 (neuer Umbau auf Veranlassung Max Reinhardts) ist das Haus ein Schauspieltheater.

In einer besonders schönen Ecke des Bezirks ragt die Barockkirche „Maria Treu" der Piaristenpatres über die Dächer empor. Bereits 1725 musizierte Caldara mit der Hofkapelle in dem damals noch nicht vollendeten Gotteshaus. 1796 erklang hier unter Haydns Leitung dessen *Paukenmesse*. An der 1858 von Carl Buckow erbauten Orgel legte 1861 Anton Bruckner mit großer Virtuosität seine Reifeprüfung ab, die besonders durch die Äußerung Herbecks, eines der Examinatoren, bekannt wurde: *Er hätte uns prüfen sollen!* Die Orgel, die mit drei Manualen, 36 Registern und Schwellwerk ausgestattet ist, hat auch Franz Liszt begeistert und ist unversehrt erhalten. Erwähnt werden sollte auch die Uraufführung von Paul Hindemiths Messe am 12. November

Piaristenkirche

1963. Der Komponist dirigierte das Werk, das er dem Wiener Kammerorchester gewidmet hatte, selbst. Es war sein letztes Auftreten, sechs Wochen später starb er. Auf seinem Schreibtisch lagen Entwürfe für das *Credo* einer geplanten zweiten Messe.

Am Ende der Piaristengasse liegt der Schönbornpark, ehemals Garten eines hübschen Palais gleichen Namens, das 1711 erbaut und 1917 dem Museum für Volkskunde zur Verfügung gestellt wurde. Dieses ist der Popularkultur im Alpenraum und in den Ländern der Donaumonarchie gewidmet; zu diesem Thema gehören selbstverständlich auch Brauchtum und Volksmusik.

⑳
Laudongasse 15–19
Museum für
🏛 **Volkskunde**

3

Nebenbei sei vermerkt, daß für Dokumentation, Forschung und Pflege der österreichischen Volksmusik eine Dachorganisation namens Verband der Volksliedwerke der Bundesländer besteht. Anschrift: Wien XVI, Gallitzinstraße 1 (Ende Thaliastraße).

Wenige Schritte entfernt vom Schönbergpalais hat der kultivierte Dichter Stefan Zweig gelebt. Richard Strauss sah in ihm den idealen Nachfolger Hofmannsthals, aber ihre Zusammenarbeit mußte infolge der NS-Machtergreifung auf die Oper *Die schweigsame Frau* beschränkt bleiben. Zweig sammelte Autographe und erwarb u. a. eine Bach-Kantate, berühmte Lieder klassischer Meister und Chopins *Barcarolle*.

Kochgasse 8
⛪ **Stefan Zweig**

In einem gut erhaltenen Haus an der Ecke Floriani- und Schlösselgasse starb 1812, mittellos und geistig verwirrt, der einst erfolgreiche Theatermann und zeitweilige Mozart-Gefährte Emanuel Schikaneder.

Im Haus Nr. 8 wohnten später zwei berühmte Ärzte: außer dem Erfinder des Esperanto L.L. Zamenhof auch Albert Schweitzer, der durch seine Bach-Publikationen und -Interpretationen auch eine Stelle in der Musikgeschichte einnimmt.

㉘
Florianigasse 10
▤ **Schikaneder †**

Am Ende der Schlösselgasse steht die Minoritenkirche zur hl. Dreifaltigkeit (Alser Kirche). Hier kam, unter Anteilnahme einer großen Trauergemeinde, am Nachmittag des 29. März 1827 ein Trauerzug an, mit Schubert, Hummel, Czerny, Haslinger, Streicher und Schuppanzigh unter den Fackelträgern. Der Verstorbene war – wer sonst hätte es sein können – Ludwig van Beethoven. Nach einer kurzen Einsegnung setzte der Zug den Weg zum Währinger Friedhof (→ 4.28) fort.

㉙
Alser Straße 17
Alser Kirche:
Beethoven +
▤ **Schubert**

Einladung

zu

Ludwig van Beethoven's

Leichenbegängniss,

welches am 29. März um 3 Uhr Nachmittags Statt finden wird.

Man versammelt sich in der Wohnung des Verstorbenen im Schwarzspanier-Hause Nr. 200, am Glacis vor dem Schottenthore.

Der Zug begibt sich von da nach der Dreyfaltigkeits-Kirche bey den P. P. Minoriten in der Alsergasse.

Die musikalische Welt erlitt den unersetzlichen Verlust des berühmten Tondichters am 26. März 1827 Abends gegen 6 Uhr. Beethoven starb an den Folgen der Wassersucht, im 56. Jahre seines Alters, nach empfangenen heil. Sacramenten.

Der Tag der Exequien wird nachträglich bekannt gemacht von

L. van Beethoven's Verehrern und Freunden.

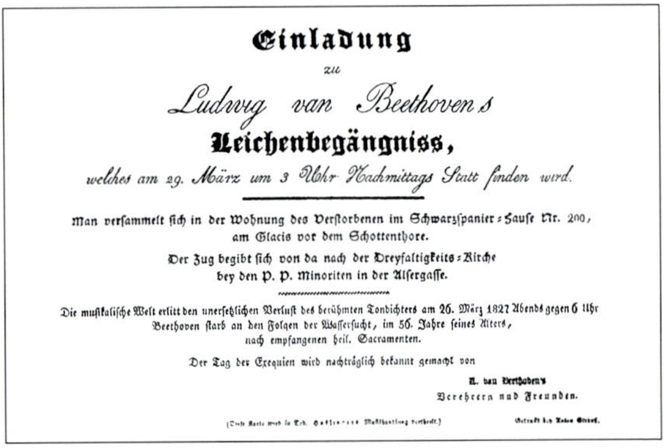

Einladung zum Leichenbegängnis

In derselben Kirche wurde am 2. September des nächsten Jahres unter den Tönen der Schubertschen Hymne *Glaube, Hoffnung und Liebe* (D 954) eine neue Glocke geweiht. Ob der Komponist, der noch zehn Wochen zu leben hatte, dabeigewesen ist, ist nicht belegt, jedoch wahrscheinlich.

IX. BEZIRK (ALSERGRUND)

Dieser Bezirk spielt eine wichtige Rolle in Schuberts Kindheit und Jugendzeit. Zuerst aber müssen wir von einem anderen Lebensabschnitt des Komponisten berichten.

30
Alser Straße 4 Allgemeines Krankenhaus: Schubert

Den Oktober 1823 verbrachte er zur Behandlung seiner venerischen Krankheit im Allgemeinen Krankenhaus. Da die Pfleger ihm wegen seines Hautausschlags die krausen Haare rasiert hatten, mußte er nach seiner Entlassung vorübergehend eine Perücke tragen.

Der enorme Komplex des Wiener Allgemeinen Krankenhauses wurde 1783–84 errichtet und wird erst seit kurzer Zeit nicht mehr als Krankenhaus genutzt. Das Gebäude dient jetzt der Universität zu anderen Zwecken.

Welche anderen Musiker im „AKH" behandelt wurden, ist mir nicht bekannt, erwähnenswert sind aber zwei der Ärzte. Dr. Standhartner, der Leibarzt der Kaiserin Elisabeth („Sisy"), war 1875 der Gastgeber Richard Wagners. Und der Chirurg und leitende Arzt des Krankenhauses Theodor Billroth – sein Denkmal steht im ersten Hof – fehlt in keiner Brahms-Biographie. Er war ein treuer Freund des Komponisten und in musikalischen Angelegenheiten ein kritischer Kenner, auf dessen Urteil Brahms großen viel Wert legte.

31
Alser Straße 20 Billroth (Brahms)

Billroth wohnte unweit des Krankenhauses. Das Haus, in dem auch Hauskonzerte veranstaltet wurden, wurde häufig von

Brahms besucht. Die Gedenktafel erwähnt seine Freundschaft mit Brahms nicht, sondern erinnert an seine medizinische Pioniertat: 1881 gelang ihm die erste erfolgreiche Magenresektion.

Ins Sanatorium Loew wurde am 12. Mai 1911 der todkranke Gustav Mahler aufgenommen; sechs Tage später starb er inmitten eines Blumenmeeres.

Mariannengasse 20
Mahler †

Lazarettgasse 14
Wolf †

Ebenfalls in der Nähe befindet sich die Niederösterreichische Landesirrenanstalt, in deren Vorgängergebäude von 1898 an Hugo Wolf dahinsiechte, bis ihn am 22. Februar 1903 der Tod erlöste. Heute findet sich hier keinerlei Hinweis auf sein tragisches Schicksal.

Das Sterbehaus Beethovens steht auch nicht mehr, hier befindet sich aber eine Gedenktafel. Das Schwarzspanierhaus ist benannt nach den schwarzgekleideten Mönchen aus Montserrat, die 1633 in Wien eine klösterliche Gemeinschaft gegründet und bis 1781 in diesem Haus gelebt hatten; danach wurde das Haus vermietet. Im zweiten Stock fand Beethoven vom 15. Oktober 1825 bis zu seinem Tod am 26. März 1827 eine geräumige Vierzimmerwohnung. In diese Zeit fallen die Kompositionen der letzten Quartette, der Selbstmordversuch Karls (→ 5.21) und die Reise nach Gneixendorf (→ 6.12). Von den vielen Aufführungen seiner Werke hielt der gehörlose Komponist sich fern. Nach der Rückkehr aus Gneixendorf war er ans Bett gefesselt, und auch die Behandlung durch seinen Arzt Dr. Malfatti konnte keine Besserung mehr herbeiführen. Die letzten Besuche statteten ihm Hummel, dessen Frau und dessen Schüler Ferdinand Hiller ab. Seine Todesstunde wurde, wie es sich bei einem solchen Menschen gehört, von einem fürchterlichen Gewitter begleitet.

In dem selben Haus nahm sich 1903 der junge Philosoph Otto Weininger (*Geschlecht und Charakter*) das Leben. Bald darauf wurde das altehrwürdige Gebäude abgerissen.

**Schwarzspanier-
gasse 15**
Beethoven †

Anton Webern dürfte den fatalen Schuß und die Spitzhacken gehört haben; die Familie lebte 1902 bis 1912 in einer stattlichen Wohnung nur wenige Schritte vom Schwarzspanierhaus entfernt.

Weberns Lehrer Schönberg gründete 1918 den „Verein für musikalische Privataufführungen", der es sich zur Aufgabe machte, die zeitgenössische Musik einem interessierten Publikum zu Gehör zu bringen. In den drei Jahren seines Bestehens veranstaltete der Verein in verschiedenen Räumen 117 Konzerte mit Kammermusik oder kammermusikalische Bearbeitungen von Orchesterwerken. Die Programme wurden nicht im voraus bekanntgegeben, die Presse nicht zugelassen und Beifall oder Mißfallensäußerungen nicht gestattet; all dieses, um jedem Zuhörer ein möglichst unbeeinflußtes Urteil zu ermöglichen.

Ein Raum in dem vornehmen Haus, das bis 1938 das Bankhaus Grünwald beherbergte, diente als Büro des Schönbergvereins.

Ferstelgasse 6
Webern

Türkenstraße 17
(Schönberg)

Im Juni 1788 zogen die Mozarts mit ihren zwei Kindern – Theresa war erst 5 Monate alt – in einen Gartentrakt des Hauses „Zu den drei Sternen" ein. Nach zwei Wochen starb Theresa; das unglückliche Elternpaar befand sich zudem in einer schwierigen finanziellen Lage. Von den vier bedeutendsten Werken, die wäh-

Währinger Sraße 26
Mozart

rend des nur sechs Monate währenden Aufenthaltes im Alsergrund entstanden – Adagio und Fuge KV 546 sowie die letzten drei Sinfonien – dürften das erste und das dritte (Sinfonie g-Moll) von der traurigen familiären Situation beeinflußt sein. Von Mozarts Wohnung ist nichts erhalten (Gedenktafel).

Währinger Straße 43
Heimatmuseum

In einem kleinen Museum erzählen Fotos, Modelle und Gebrauchsgegenstände etwas über die Vergangenheit des Bezirks; auch der Musik wird einige Aufmerksamkeit geschenkt. Nur am Sonntagvormittag geöffnet.

Nr. 41
Bruckner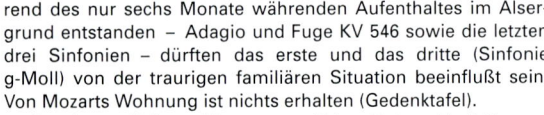

Im Nebenhaus wohnte einst Anton Bruckner. Nachdem er zum Nachfolger seines 1867 verstorbenen Lehrers Sechter ernannt worden war, siedelte er mit seiner Schwester Nanni aus Linz in diese Wohnung um. Sein Lehrauftrag umfaßte Harmonie, Kontrapunkt und Orgelspiel. Bemerkenswert ist, daß ihm für die Orgelstunden anfangs nur ein Klavier, dann ein Pedalharmonium und erst 1871 eine richtige Orgel zur Verfügung stand. Er lebte bis 1876 im Alsergrund; die Sinfonien II bis V sind hier entstanden.

I., Heßgasse
Bruckner

Die nächste Wohnung Bruckners, ein beengtes Appartement in der Nähe der Oper, ist nicht erhalten, wohl aber das Haus, das er von 1877 bis kurz vor seinem Tod bewohnte. Es steht am Rande des I. Bezirks, am Anfang der Währinger Straße. Hier wohnte auch Frau Kathi Kachelmayr, seit Nannis Tod die Haushälterin Bruckners. Das obengenannte Harmonium, nunmehr in Bruckners Besitz, dominierte das Arbeitszimmer, soll aber mehr als Büchergestell als zum Musizieren gedient haben. Die Aussicht war herrlich – schließlich befand sich die Wohnung im 4. Stock; gerade dieser Umstand jedoch veranlaßte 1895 einen letzten Umzug (→ 2.31) des Komponisten.

Währinger Straße 78
Volksoper

Am anderen Ende der Währinger Straße erhebt sich die 1898 innerhalb von zehn Monaten errichtete Volksoper; für Planung und Ausführung des schloßartigen Baues waren die Architekten Graf und von Krauss zuständig. Das „Kaiserjubiläums-Stadttheater" war anfangs nur dem Sprechtheater gewidmet und wurde erst 1903 zur „Volksoper". Zu den Direktoren und Dirigenten gehörten u. a. Weingartner und Zemlinsky. Das Repertoire umfaßt alle Gattungen des Musiktheaters, hat seinen Schwerpunkt jedoch in der klassischen Operette. Aufführungssprache ist fast ausnahmslos Deutsch. Also auch Verdi, Bizet, Britten auf deutsch. Das Aufführungsniveau der Volksoper wird allerdings der anspruchsvollen Musikstadt Wien vollkommen gerecht. Wie auch das Theater an der Wien war die Volksoper 1945–55 Ausweichbühne der Staatsoper.

Liechtenstein-
straße 68–70
Schönberg,
Zemlinsky, Gerstl

Die nächste Adresse, eine wenig reizvolle Mietskaserne, würde eine Gedenktafel verdienen. Dort lebte von 1903 bis 1908 Arnold Schönberg; und in derselben Zeit waren auch Zemlinsky und der expressionistische Maler Richard Gerstl dort Mieter. Beruflich wie privat bestand eine enge Beziehung zwischen den drei Künstlern. Schönberg, der sowohl der Malerei wie der Musik ergeben war, fand in seinen Mitbewohnern inspirierende Mentoren – war nicht Zemlinsky sein Lehrer gewesen? Zwischen den drei Männern lavierte Mathilde: Schwester Zemlinskys, Gattin

Schönbergs, Geliebte Gerstls. Die Entdeckung dieses Verhältnisses durch den betrogenen Gatten und Freund (während eines Sommerurlaubs am Traunsee (→ 7.14) und die darauffolgende Versöhnung der Eheleute waren der unmittelbare Anlaß für Gerstls Freitod.

Nach dieser tragischen Affäre verließen die Schönbergs das Haus; Zemlinsky blieb vermutlich bis 1911. Einige Gemälde Gerstls und Schönbergs befinden sich im Historischen Museum der Stadt Wien (→ 2.34).

Ein Besuch des Stadtviertels Himmelpfortgrund, in dem wir uns jetzt befinden, und der Nachbarviertel Lichtental und Rossau lohnt sich für Schubert-Freunde ganz besonders.

Das Haus „Zum roten Krebsen" ist mit seiner geschlossenen Front und dem U-förmigen, von Galerien umsäumten Innenhof ein typisches „Pawlatschenhaus"; früher war es in sechs kleine Wohnungen unterteilt. Die Lehrerfamilie Schubert besaß zwei davon: Im Erdgeschoß war das Schulhaus, im 1. Stock befanden sich Wohnraum und Küche. Wahrscheinlich in der Küche wurde

Nußdorfer Straße 54
Schubert *

3

Schubertmuseum

Franz Peter – so war sein Taufname – am 31. Januar 1797 geboren. Seit 1912 (Renovierung 1963) ist das Haus als Schubert-Museum zugänglich. Neben vielen Bildern umfassen die Exponate auch eine Haarlocke, die Gitarre des Meisters sowie seine Brille, die er manchmal sogar über Nacht getragen haben soll.

Im Frühjahr 1801 erwarb der Vater ein eigenes Haus, „Zum schwarzen Rössel". Mit seiner Schule, die auch in die größeren Räumlichkeiten umzog, hatte er nun guten Erfolg. Franz lebte hier

Säulengasse 3
Schubert

Schuberts Geburtshaus

Schubert-Haus „Erlkönig"

bis zu seiner Aufnahme in das Stadtkonvikt im Jahre 1808 sowie von 1813 bis 1816. Wo heute Autos repariert werden, entstanden, ohne daß ein Klavier vorhanden gewesen wäre, *Gretchen am Spinnrade*, *Erlkönig* und viele andere Lieder sowie die 3. bis 5. Sinfonie und die F-Dur-Messe, D 105.

44

Marktgasse 40
Schubert

Das letztgenannte Werk führt uns zu Schuberts Taufkirche, der Lichtentaler Pfarrkirche „Zu den hl. 14 Nothelfern". Dort wurde er am 1. Februar 1797 in die Gemeinschaft der Christen aufgenommen; Taufkapelle und -becken sind erhalten. Im Kirchenchor wirkte der Knabe öfter als Sänger oder Geiger mit, und 1814 wurde dort zum ersten Mal ein Werk Schuberts öffentlich aufgeführt: Zur Jahrhundertfeier der Kirchenweihe erklang die oben genannte F–Dur-Messe. Sein Bruder Ferdinand spielte die Orgel, das Sopransolo sang Therese Grob, Franzens Jugendliebe (sie wohnte hinter der Kirche, Badgasse 8; abgerissen). Die Leitung hatte der 17jährige Komponist selbst übernommen und die Anwesenden flüsterten einander zu: *er dürfte schon mit 30 Jahren Hofkapellmeister sein*. Der stolze Vater schenkte ihm einen Flügel. Franz war erfolgreich und verliebt, die Zukunft allerdings wurde weniger rosig, als er damals hoffen konnte: Bald würde ihn das Publikum im Stich lassen, und Therese machte eine bessere Partie.

Die Kirche ist sehenswert. Außer der schönen Taufkapelle (um 1770) sind die Seitenaltarbilder des Schubert-Freundes Kupel-

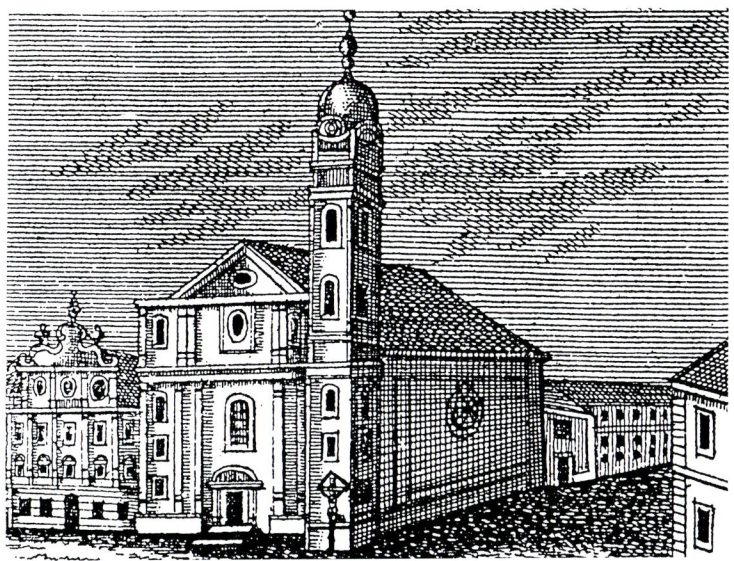

Lichtenthaler- oder Schubert-Kirche

wieser von Interesse. Die Orgel wurde 1773 von Michael Panzner erbaut, 1984 aber erneuert (alter Spieltisch im Pfarrmuseum, Turmstiege). Außen, dem Eingang gegenüber, steht eine bronzene Schubertbüste. Nicht zu vergessen ist, daß in dieser Kirche Vater Strauß 1825 eilig Anna Strain zum Traualtar führte, wenige Monate bevor der Walzerkönig das Lebenslicht erblickte.

Die Kirche soll im Schubertjahr 1997 wieder im neuen „alten" Glanz erstrahlen und bittet die Musikfreunde um Spenden.

Weiterhin sind hier anzuführen: der Schubert-Brunnen, der an einem regen Verkehrsknotenpunkt auf den größten Sohn des Bezirks aufmerksam macht.

Und, etwas südlicher davon in der Rossau, eine Gedenktafel, die an ein Haus erinnert, das die Eltern Schubert von 1818 bis 1830 bewohnten. Im ersten Jahr hat Franz hier als Schulgehilfe seines Vaters gewirkt, später hat er gelegentlich hier gewohnt. Das Schulhaus wurde 1913 abgerissen (Tafel), das Nachfolgegebäude ist abermals eine Schule.

45
Liechtenstein-/
Alserbachstraße
Δ Schubertbrunnen

46
Grünentorgasse 9
Schubert

4 – Wien, Äußere Bezirke

Übersichtspläne S. 90 und 96

A ußerhalb des Gürtels, des ehemaligen Linienwalls, wird die Musikkarte Wiens keineswegs unbedeutender, wohl aber weniger dicht; von vierzehn Bezirken weisen nur drei eine gewisse Konzentration von Musikstätten auf. Ihnen sind die meisten Abschnitte gewidmet. Die übrigen musikgeschichtlich interessanten Orte werden teils in diesen Abschnitten mitberücksichtigt, teils am Ende zusammengenommen (Karte).

RUND UM SCHÖNBRUNN

Das großartige Schloß Schönbrunn ist eine der Hauptsehenswürdigkeiten Wiens. Mit dem Bau der kaiserlichen Sommerresidenz wurde 1696 begonnen. Unter Maria Theresia, die hier mit ihrem Gatten Franz I. und ihren 16 Kindern lebte, erhielt es seine heutige Gestalt. Von den insgesamt 1441 Räumen sind einige von hervorragender musikgeschichtlicher Bedeutung.

❶
Schloß Schönbrunn Spiegelsaal: Mozart

Das Salzburger Wunderkind Wolfgang Mozart wurde am 13. Oktober 1762 der kaiserlichen Familie im Spiegelsaal vorgestellt. Das sonst so strenge Protokoll wich vertraulicher Herzlichkeit: *Der Wolferl ist der Kayserin auf die Schooß gesprungen, sie um den Hals bekommen, und rechtschaffen abgeküßt*, so berichtet Leopold. Für den herangewachsenen Knaben und den späteren Meister sollte der Hof weniger Interesse zeigen.

❷
Schloß Schönbrunn Schloßtheater: Gluck, Haydn, Cherubini; ♩

In den Jahren 1744–49 errichtete man ein Theater, in dem 1759 Glucks *L'Arbre enchanté* und 1770 Haydns *Dido* uraufgeführt wurden. Dieses Schloßtheater wurde auch von dem französischen Eroberer Napoleon genutzt, als er 1805 in Schönbrunn residierte. Auf sein Geheiß wurden einige Opern und Singspiele aufgeführt (Mozarts *Don Giovanni*, *Die heimliche Ehe* von Cimarosa u. a.). Seine Aufmerksamkeit soll besonders der legendären Sopranistin Anna Milder gegolten haben, die er aus nächster Nähe sehen wollte und daher auf die Hofloge verzichtete, um sich beim Proszenium zu positionieren. Cherubini schrieb für Anna Milder seine einzige „Wiener" Oper *Faniska* und musizierte in Schönbrunn für Napoleon.

Der schönste Theaterbau Wiens wird seit 1954 von der Wiener Kammeroper (→ 1.64) bespielt und daneben für Fernsehaufnahmen genutzt.

❸
Römische Ruine: Kammeroper ♩

Bei günstigem Wetter dient die sogenannte Römische Ruine im Schloßgarten der Kammeroper als Freilichtbühne.

❹
Orangerie: Mozart + Salieri

Nicht im Schloßtheater, sondern in der Orangerie fand am Faschingsabend 1786 (7. Februar) ein merkwürdiges „Opern-Duell" statt. An den beiden Enden des länglichen Raums waren Bühnen aufgebaut worden, auf denen zwei konkurrierende Komponisten ein Singspiel und eine Opera buffa über das Thema

Orangerie, Schönbrunn

„Theaterbetrieb" vorzuführen hatten. Zuerst erklang Mozarts *Schauspieldirektor*, danach auf der gegenüberliegenden Seite *Prima la musica, poi le parole* von Salieri. Mozart bekam 50, Salieri 100 Dukaten. Das Werk Salieris inspirierte Richard Strauss zu seinem *Capriccio*.

Verläßt man hier den Schloßgarten, so findet man rechts die Villa XAIPE (χαίρε, auszusprechen wie „chaire" oder „chäre", griechisch für „sei gegrüßt"). Auch dieses Haus war Schauplatz eines musikalischen Duells. Der Freiherr von Wetzlar lud 1798 oder '99 Beethoven und den Pianisten Joseph Wölfl zu einem Improvisations-Wettspiel über Themen des jeweils anderen ein. Beide ernteten Beifall und vermutlich die gleiche Belohnung.

4

 5
XII., Grünbergstr. 2
Villa XAIPE:
Beethoven

Eine weitere Beethovenstätte, die leider 1915 abgetragen wurde (zwei Tafeln, vgl. → 2.20), war die Villa Pronay beim Schloß Hetzendorf. Beethoven logierte hier im Frühsommer 1823, jedoch nur so lange, bis ihm die Elogen des Barons Pronay zum Hals heraushingen. Hier in Hetzendorf geschah es Grillparzer einmal, daß er von dem Komponisten ungemein herzlich emp-

 6
XII., Hetzendorfer
Straße 75 A
Beethoven

Villa Xaiρe

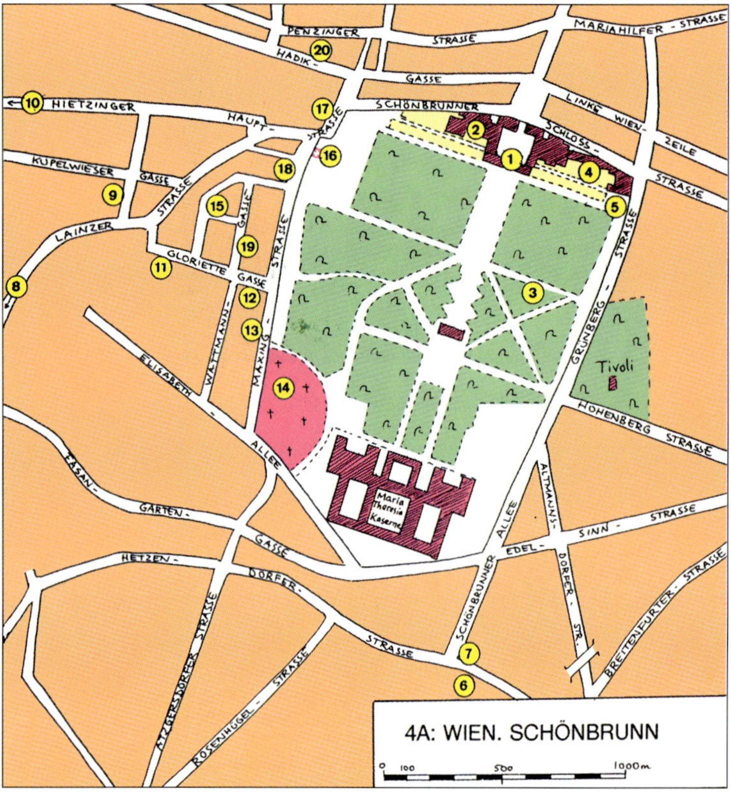

4A: WIEN. SCHÖNBRUNN

0   100   500   1000 m

fangen, nach Hause zurückbegleitet und außerdem um den Fahr-
lohn des Kutschers entschädigt wurde; eine für Beethoven unge-
wöhnlich freundliche Verhaltensweise.

22 Jahre zuvor war in dieser Villa Beethovens erster Arbeit-
geber, der Kölner Fürst-Erzbischof Max Ernst, in der Verbannung
gestorben.

Im Eckhaus gegenüber dem Hetzendorfer Schloß lebte im
Sommer 1876 der sechzehnjährige Hugo Wolf während seiner
Studienzeit am Konservatorium.

In einem ebenerdigen Alt-Wiener Haus, heute Druckerei, starb
1925 der nach Lehár und Kálmán bedeutendste Vertreter der „silbernen" Operette: Leo Fall. Er hatte seit 1906 in Wien gelebt, wo
seine *Dollarprinzessin*, *Rose von Stambul* u. a. mit viel Erfolg
uraufgeführt wurden. Eine Gedenktafel für den Fall ist jedoch
nicht zu finden.

7
XII., Hetzendorfer
Straße 90
Wolf

8
Lainzer Straße 127
Leo Fall †

Auch für den spätromantischen Komponisten Franz Schmidt existiert hier an seiner Wiener Wohnung keine Gedenktafel. Mit Schmidt werden wir uns im Rahmen der Beschäftigung mit seinem letzten Haus in Perchtoldsdorf (→ 5.5) befassen.

Daß man den Wiener Schönbergstätten, außer dem Geburtshaus, jede Tafel verwehrt, wurde bereits erwähnt. Schönberg hat vorübergehend in zwei Hietzinger Wohnungen gelebt. In seinem dem Haus des Malers Egon Schiele gegenüberliegenden Wohnsitz vollendete er in den Jahren 1910–11 seine *Harmonielehre* und die *Gurrelieder*. Letztere bilden den Abschluß seiner ersten Schaffensperiode.

1908–10 lebte er in der luxuriösen Gloriettegasse, hierhin war er nach dem tragischen Tod Gerstls aus dem gemeinsamen Haus im Alsergrund (→ 3.41) geflüchtet. An diesem Ort entstanden epochale Werke wie die *Fünf Orchesterstücke* op. 16 und das Monodram *Erwartung*.

Eine Frau Schratt pflegte dem auf Schönbrunn wohnhaften Kaiser Franz Joseph für die Pause seiner morgendlichen Spaziergänge ein Frühstück zu bereiten. Hier begegnete er dem Fürst der hübschen Korbflechterin, die ihm eine Tochter namens Helene gebar.

Diese Helene wurde von der wohlhabenden Familie Nahowski an Kindes statt aufgenommen und erhielt deren Namen. 1911 heiratete sie den gleichaltrigen Alban Berg.

Sie überlebte ihren Gatten um 41 Jahre und wurde 1976 in dem gemeinsamen Grab beigesetzt. Außer den Bergs ruhen auf dem Hietzinger Friedhof Grillparzer, die Tänzerin Fanny Elßler (→ 3.3) und Alma Mahlers Jugendliebe, Gustav Klimt.

Die Bergs bewohnten seit ihrer Hochzeit die vornehme Wohnung, in der die 1955 von der Witwe gegründete Alban-Berg-Stiftung noch immer ihren Sitz hat. Die Erhaltung des Hauses ist also gewährleistet; Autographe, Dokumente und sonstige Gegenstände befinden sich gemäß testamentarischer Verfügung nun in der Nationalbibliothek (→ 1.36). Die Stiftung hat bisher jedoch kein

 Elßlergasse 26
Schmidt

 Hietzinger Hauptstraße 113
Schönberg

 Gloriettegasse 43
Schönberg

 Gloriettegasse 9
(Helene Berg)

 Marxingstraße 46
Helene Berg

4

 Marxingstraße 15
Hietzinger Friedhof:
Berg

 Trautmannsdorfgasse 27
 **Berg; Alban-Berg-Stiftung**

Wohnung
Alban Bergs

Interesse daran gezeigt, ihren Sitz oder Bergs Ferienhaus am Wörthersee (→ 9.10) als öffentliche Gedenkstätten einzurichten.

Helene Berg hat den künstlerischen Nachlaß ihres Mannes zeitlebens sorgsam bewacht. Bezeichnend hierfür ist, daß der von Friedrich Cerha nach den Skizzen des Komponisten vollendete dritte Akt der Oper *Lulu* erst nach ihrem Ableben erklingen konnte.

16
Am Platz
Hietzinger Kirche:
Trauung Berg

Alban und Helene Berg heirateten 1911 „vorsichtshalber" evangelisch (→ 1.32); nach erwiesenem Erfolg ihrer Zweisamkeit wagten sie zudem eine katholische Heirat. Diese zweite Eheschließung fand 1915 in Hietzing statt.

17
Hietzinger Haupt-
straße 6
(Berg)

Der reiche Lederfabrikant Josef Weidmann war mit einer Schwester der Mutter Bergs verheiratet. Bis zu seinem Tod 1905, der der Familie durch eine ansehnliche Erbschaft zeitweilig zu Wohlstand verhalf, weilte Alban häufig im Haus des Onkels (jetzt eine Buchhandlung).

Das nahe Parkhotel Schönbrunn wurde auf den Fundamenten des berühmten Casinos Dommayer errichtet, in dem Josef Strauß 1844 mit seiner Kapelle debütierte und später weitere Triumphe feierte.

18
Maxingstraße 18
Strauß
Fledermaus

Johann Strauß lebte 1870 bis 1878 in einer Hietzinger Villa, dort komponierte er sein unbestrittenes Meisterwerk: *Die Fledermaus*. Der Tod seiner geliebten Frau Jetty veranlaßte ihn, das Haus über Nacht und für immer zu verlassen.

Strauß-Wohnung: „Fledermaus"

Im selben Haus wurde 1912 der Dirigent Felix Prohaska geboren, Sohn des Komponisten und Akademielehrers Karl Prohaska (1869–1927).

19
Wattmanngasse 25
Foerster

Der Tscheche Joseph Bohuslav Foerster gehört zur gleichen Generation wie Janáček, doch wird sein eher lyrischer Kompositionsstil, der weniger charakteristisch ausgeprägt ist, in seiner Heimat ungleich mehr geschätzt als im Ausland. Er war mit der Hofopernsängerin Berthe Lauterer verheiratet und lebte 1905 bis 1918 in Wien, ab 1908 in Hietzing.

20
XIV., Hadikgasse 72
Wagner

In der Penzinger Villa des Barons von Rochow richtete sich Richard Wagner ab Mai 1863 mittels unermüdlicher Lieferanten, Handwerker und hingebungsvoller Dienerinnen einen Wohnsitz ein, der die reizbaren Nerven des Meisters soviel wie möglich schonen würde. Er hatte einen Schuldenberg in Höhe von 30 000

Kronen angehäuft, als er im März des darauffolgenden Jahres die Stadt wie ein Dieb in der Nacht verließ. Gerade einen Monat zuvor hatte er Brahms in sein Penzinger Heim geladen und nach dessen Vortrag der *Händel-Variationen* einige Bewunderung gezeigt: *Man sieht, was sich in den alten Formen noch leisten läßt, wenn einer kommt der versteht, sie zu behandeln.* Es war die erste und letzte persönliche Begegnung der beiden von der Musikkritik zu Antipoden stilisierten Komponisten.

Wagner schrieb in Wien einen großen Teil der *Meistersinger*. Das Haus, das sich noch um 1985 in ruinenhaftem Zustand befand, wurde inzwischen restauriert und hat seinen früheren Glanz wiedergefunden.

oben: Wagner-Villa Penzing

links: Tafel an der Wagner-Villa

*unten: Johann Schrammel,
Teil des Denkmals am Elterleinplatz*

XVII. UND XVIII. BEZIRK (HERNALS UND WÄHRING)

„Schrammelmusik" ist der Begriff für eine Volksmusikgattung, die in den Weinschenken der nördlichen Vororte Wiens gespielt wird und die das instrumentale Gegenstück zum Wiener Fiakerlied bildet. Der Name stammt von den Brüdern Johann („Hanns") und Josef Schrammel, beides professionelle Geiger, die 1878 mit dem Gitarristen Anton Strohmayer ein Trio gründeten, um zur musikalischen Unterhaltung der Heurigentrinker aufzuspielen. Bald kam das

21

Elterleinplatz
Schrammelquartett
▲

22

Rötzergasse 13
Schrammels

23

L.-Kunschak-Platz
Hernalser Friedhof:
Brüder Schrammel

24

Hernalser Haupt-
straße 72–74
Heimatmuseum 🏛

25

St. Bartholomäus-
Platz, Kalvarienberg-
kirche: Schubert

26

Gertrudplatz
Kirche: Schubert

27

Kutschergasse 44
Schubert

28

Währinger Straße,
bei 123
Schubertpark:
Beethoven +
Schubert ▲

„picksüße Hölzel" (Pikkolo-Klarinette in G) Georg Dänzers hinzu. Nachdem Dänzer nach Amerika ausgewandert war, wurde die Klarinette durch eine Ziehharmonika ersetzt, und so entstand das „klassische" Schrammelquartett: *zwa Fiedeln, a Klampfen, a Maurerklavier*. Ein großes Denkmal im Herzen des Arbeiterviertels Hernals ehrt dieses Quartett.

Die Schrammels sind diesem Stadtviertel zeitlebens treu geblieben; sie bewohnten gemeinsam ein Haus an der Ecke Rötzergasse/ Kalvarienberggasse.

Hanns starb 1892, Josef folgte ihm drei Jahre später nach. Beide wurden auf dem Hernalser Friedhof beerdigt. Dies bedeutete jedoch nicht das Ende der Schrammelmusik. Sie hat sich wie alle lebendige Volksmusik weiterentwickelt und lebt bis in die Gegenwart fort.

Im Hernalser Heimatmuseum findet man so manches, was die Erinnerungen an die Schrammels und die von ihnen gegründete Tradition wachhält. Wir werden ihr noch einmal in Nußdorf begegnen (→ 4.56).

Die Hernalser Kirche ist mit dem Namen Schubert verbunden: 16 Tage vor seinem Tod war Franz beim Totenamt eines Unbekannten anwesend, bei welchem ein *Requiem* aufgeführt wurde, das sein Bruder Ferdinand komponiert hatte.

Schubert selbst wurde am 21. November 1828 in Währing begraben, nachdem zwei Einsegnungen stattgefunden hatten: die erste in Margareten, in der Nähe seines Sterbehauses (→ 2.55), die zweite in der Kirche zum hl. Lorenz und zur hl. Gertrud, die sich in der Nähe des Friedhofs befindet. „Regenschori" (Chorleiter) Johann Rieder war, wie sein Bruder Wilhelm August (→ 2.42), ein Bekannter der Schubert.

Schubert war dieses Stadtviertel einigermaßen vertraut gewesen. Er soll 1826 einige Tage in Währing verbracht und in dieser Zeit sein *Ständchen* D 889 auf der Rückseite einer Speisekarte im Gasthaus „Zum Biersack" notiert haben (siehe hierzu die Tafel am Neubau). In jenen Tagen entstand außerdem das meisterhafte G-Dur-Quartett.

Schuberts erste „letzte" Ruhestätte befand sich gemäß seinem letzten Wunsch in der Nähe jener des verehrten Beethoven auf dem Währinger Ortsfriedhof. Grillparzer verfaßte die Grabinschrift: *Die Tonkunst begrub hier einen reichen Besitz, aber noch viel schönere Hoffnungen.* Von diesen Hoffnungen war übrigens weit mehr erfüllt, als man zu diesem Zeitpunkt wissen konnte! Zur Beerdigung Beethovens im Vorjahr hatte ebenfalls Grillparzer eine Grabrede verfaßt, die von einem Hofschauspieler vorgetragen worden war.

Der 1767 eröffnete Gottesacker wurde 1873 geschlossen. Die Überreste von Beethoven und Schubert wurden 1888 auf den Zentralfriedhof überführt, während ihre ursprünglichen Grabmäler jedoch auf dem 1925 als Schubertpark wiedereröffneten Areal blieben. Auch die Spuren anderer exhumierter Künstler sind nachzuvollziehen: Grillparzer findet man in Hietzing (→ 4.14) und Nanni Bruckner in St. Florian (→ 6.39) wieder. Der Ort des heutigen Grabes von Jan Hugo Václav Voříšek war nicht aufzufinden.

Ursprüngliche Grabstätten Beethovens und Schuberts

4

Der Arzt Johann Malfatti bekam von Beethoven, einem seiner Patienten, 1814 eine Geburtstagskantate namens *Un lieto brindisi* geschenkt; für seine Nichte Therese ist wahrscheinlich *Für Elise* komponiert worden. Nicht zuletzt weil Malfatti mit einer polnischen Frau verheiratet war, hatte die Familie 1831–32 auch Kontakt zu Chopin; dank Malfattis Hilfe erhielt der polnisch-französische Komponist, damals offiziell russischer Staatsbürger, die Genehmigung für eine Reise nach Paris. Das Haus, in dem Beethoven und Chopin öfters weilten, ist unverändert erhalten geblieben.

㉙
Lacknergasse 79
Malfatti (Beethoven, Chopin)

Um 1904 lebte Béla Bartók, noch im „Banne" der deutschen Musik, einige Male in Wien; eine Tafel weist auf einen seiner Wohnsitze hin. Nicht zu leugnen ist aber, daß die Musik Wiens für die Entwicklung seines Kompositionsstils weit weniger bedeutet hat als jene von Paris (1905) und vor allem die der ungarischen Bauerndörfer.

㉚
Gersthofer Straße 57
 Bartók

In der schönen Hügellandschaft des schönen Türkenschanzparks werden neben Stifter und Schnitzler auch zwei Musiker geehrt, die im Bezirk wohnten, ein Ungar und ein Pole: Kálmán Imre (Emmerich Kálmán) hat hier sein Denkmal und der Klavierpädagoge Theodor Leschetizky (→ 7.32) sein Bankerl.

㉛
Türkenschanzpark
△ Kálmán +
Leschetizky

Der Operettenkomponist Kálmán, den wir bereits kennen (→ 2.41), lebte von 1923 bis zum Jahr des großen Exodus 1938 in dieser noblen Gegend.

㉜
Hasenauerstraße 29
 Kálmán

Nur wenige Schritte vom Haus seines Lehrers Leschetizky entfernt lebte Ignacy Paderewski während seiner Studienzeit (in den 1880er Jahren). Er sollte zu einem legendären Pianisten, tüchtigen Chopin-Herausgeber und außerdem 1920–21 zum Premier-

㉝
Weimarer Straße 60
Leschetizky

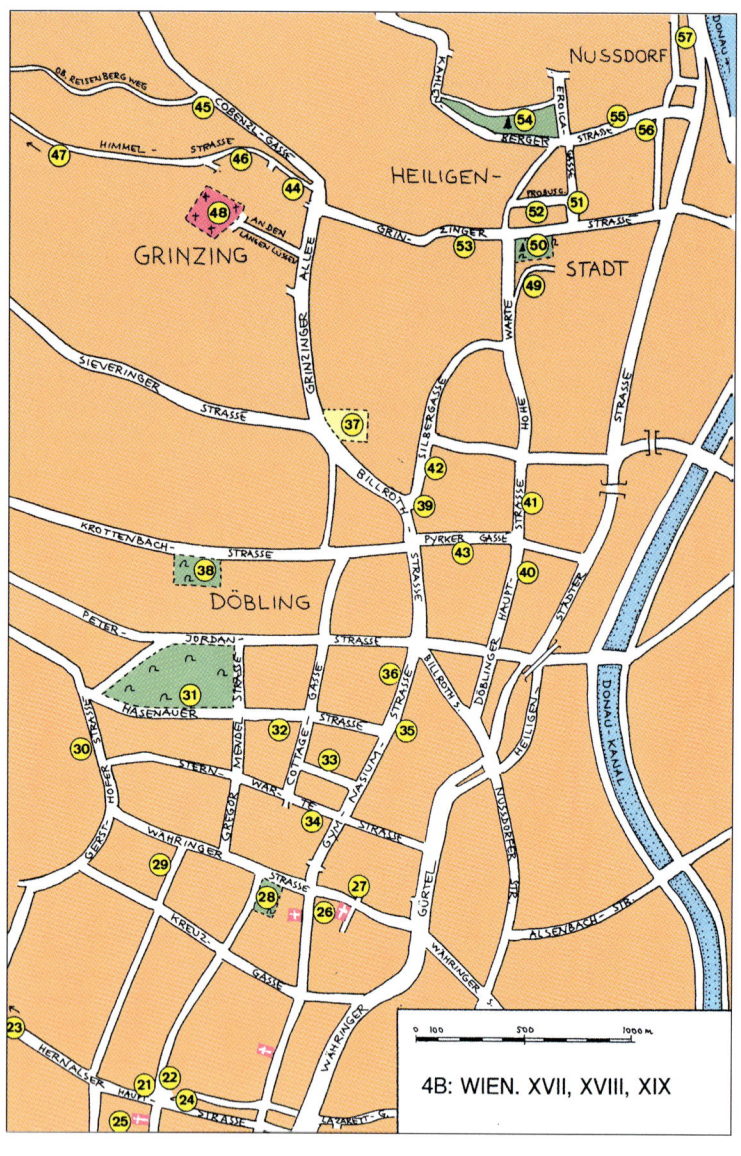

NUSSDORF

HEILIGEN-

GRINZING

STADT

SIEVERINGER STRASSE

DÖBLING

4B: WIEN. XVII, XVIII, XIX

0   100   500   1000 m.

und Außenminister des wiederauferstandenen Polen heran-
wachsen.

**Anastasius-Grün-
Gasse 40
Paderewski**

Die letzte Wiener Adresse (1929–34) des Komponisten Korngold
(→ 3.10) befindet sich in der Sternwartestraße, in der auch der
Dirigent Hans Richter gelebt hatte.

**Sternwartestraße 35
Korngold**
35

Auf dem 1923 geräumten und in den Währinger Park um-
gewandelten Kommunalfriedhof des Bezirks wurden Emanuel
Schikaneder, Adalbert Gyrowetz (→ 7.03), Ferdinand und die
Eltern Schubert, Lanners Vater und Giulietta Guicciardi, die Widmungsträgerin der *Mondscheinsonate*, begraben. Die Grabsteine
der beiden letztgenannten sind stehengeblieben.

**Gymnasiumstraße
Währingerpark:
ehem. Friedhof**

Nicht erhalten ist das Sterbehaus Josef Lanners (lediglich eine
Gedenktafel weist hierauf hin). Hier starb am Karfreitag 1843 in
den Armen seiner geliebten Maria Kraus und getrennt von seiner
Familie der Begründer der Wiener Walzertradition.

36
Gymnasiumstraße 87
Lanner †

Wir haben nun bereits den XIX. Bezirk betreten.

XIX. BEZIRK: OBERDÖBLING

Lanner wurde, wie sein Kollege und Konkurrent Johann Strauß
senior, auf dem Döblinger Friedhof beerdigt. Die späteren Er-
eignisse kann man sich schon denken: Schließung des Friedhofs, Überstellung der Koryphäen auf den Zentralfriedhof unter
Zurücklassung ihrer ursprünglichen Grabmäler und Umwand-
lung des ehemaligen Friedhofs in einen Park.

37   **4**
**Ende Billrothstraße
ehem. Friedhof,
Strauß-Lanner-Park**
Δ Δ

Der Hugo-Wolf-Park ist jedoch nicht aus einem Friedhof her-
vorgegangen. Hier befindet sich das Denkmal für den großen
Liedschöpfer. Mit dem abgelegenen Ort hat es seine Bewandtnis,
wie die folgende Adresse zeigt.

38
**Ende Telekygasse
Hugo-Wolf-Park:**
Δ Wolf

In der Nähe steht die Vorstadtvilla der bedeutendsten Gönner
Hugo Wolfs, der Köchert-Familie (→ 1.16). Wolf hat hier oft
geweilt und vorübergehend auch gelebt, erstmals 1885 und
später in den Jahren 1888–94. Ein Teil der Goethelieder und des
Italienischen Liederbuches entstanden in dem Haus,
das noch immer von den Köcherts bewohnt wird.

39
Billrothstraße 68
Kochert (Wolf)

Wolf-Tafel am Köchert-Haus Döbling

40
Döblinger Hauptstraße 76–78
„Zögernitz", ehem. Tanzsaal

Über die ersten Tage des 1837 errichteten Tanzsaals „Casino Zögernitz" berichtet das Werbeplakat unten. Die Jahre 1870–1903, in denen sich hier die Endstation der Pferdetramway befand, bildeten eine Blütezeit. Nachdem hier während des ersten Weltkrieges ständig 300–500 Soldaten einquartiert gewesen waren, wurde das Saal- und Gartenetablissement in den 20er Jahren neu belebt. Seit Ende des Zweiten Weltkrieges wurde der Saal ganz anders genutzt: Viele der Schallplatten mit Harnoncourts „Concentus Musicus" wurden hier aufgenommen. Zugunsten einer möglichst optimalen Raumakustik für Aufnahmen brachte man im großen Saal enorm schallabsorbierende Decken an. Dies sah nicht schön aus, aber Zögernitz ist so als einziges Alt-Wiener Tanzlokal der endgültigen Vernichtung entkommen. Heute ist es ein Hotel.

[6637] Anzeige [1]
von der Eröffnung des neu erbauten
Casino in Ober-Döbling.

Der Unterzeichnete, welcher sich durch eine Reihe von Jahren in seinem Locale in der Stadt, Wielkerhof, stets eines zahlreichen Zuspruches erfreuet, schmeichelt sich, dieses Wohlwollen insbesondere durch die Gründung eines neu erbauten Etablissements in Ober-Döbling auch ferner zu erringen, indem er nichts unterlassen hat, hiermit den Wünschen eines hohen Adels sowohl, als auch des geehrten Publicum Wiens in jeder Beziehung vollkommen zu entsprechen. Er enthält sich eines jeden genaueren Details über sein neu erbautes Casino, und fügt bloß bey, daß nahmentlich der große Saal, die neue Garten-Anlage, das Locale der Kaffehterie und Billard-Saal, wie auch die übrigen umgebenden Speise-Localitäten, im vollen Einklange stehen, und was Eleganz und Bequemlichkeit betrifft, dem Zeitgeschmacke anpassend genannt werden können. Sein Hauptaugenmerk wird Unterzeichneter stets auf Restauration und besonders gute Getränke wenden, um die P. T. Herren Gäste hierin auf das Beste zu befriedigen.

Bey den Statt findenden Festivitäten, Soiréen ꝛc. hat Herr Capellmeister

Johann Strauss

die Direction der Musik übernommen.

Schließlich gibt sich der Unterzeichnete die Ehre, geziemend anzuzeigen, daß die Eröffnungs-Feyer

Mittwoch den 21. Junius 1837,

mittelst Abhaltung eines glänzenden Ballfestes, Statt finden wird, worüber der Anschlagzettel das Nähere enthält.

Ferd. Zögernitz,
Casino-Inhaber.

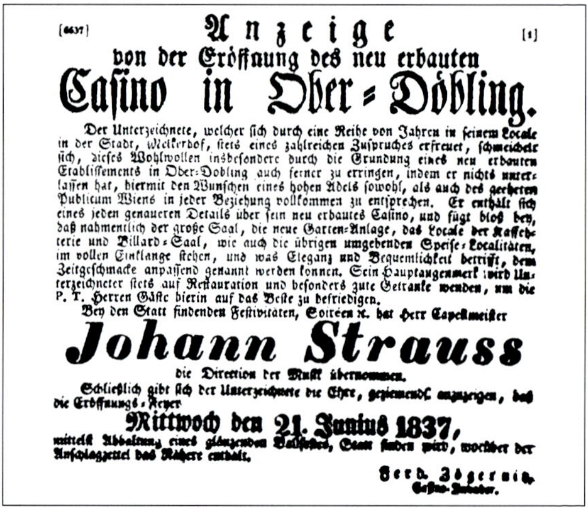

Eröffnung des Casinos Zögernitz

41
Döblinger Hauptstraße 92
Beethoven

Erhalten ist auch der Biederhof. Beethoven wohnte hier im Sommer 1803 und arbeitete an verschiedenen Werken, der *Waldsteinsonate*, dem *Tripelkonzert* und der *Eroica*. Das Haus wurde in der Mitte des vorigen Jahrhunderts verändert und aufgestockt, doch die von Beethoven benutzten Räume konnten 1969–70 in ihren alten Zustand zurückversetzt und als Gedenkstätte (mit Dokumentenschau und Möbeln aus Beethovens Zeit) eingerichtet werden.

Es gab mehrere Beethoven-Wohnungen in Oberdöbling.

42
Silbergasse 4
Beethoven

Die Zimmer, in denen er 1815 die beiden Cellosonaten op. 102 komponierte, fielen im letzten Krieg den Bomben zum Opfer.

43
Pyrkergasse 23
Rosé-Mahler

Auch das Haus Pyrkergasse 13 (1822) steht nicht mehr; in dieser Straße lebten der Primarius des Rosé-Quartetts, Arnold Rosé, und seine Gattin, Mahlers Schwester Justine.

XIX. BEZIRK: GRINZING

Das allbekannte Grinzing am Fuße des Wienerwaldes hat viele Gesichter: gemütliches Weindorf, Wohnviertel der „upper ten" und Touristenwirbel.

Ende Mai 1826 schrieb Schubert an den verreisten Freund Bauernfeld: *Bleibe doch nicht so lange aus, es ist sehr traurig und miserabel hier … In Grinzing war ich, seit Du fort bist kaum einmal …* Offenbar hatten die Freunde dem Weindorf öfters Besuche abgestattet; Bauernfeld erwähnt in seinen Erinnerungen allerdings nur einen solchen mit Schubert und Lachner. Eine Tafel im malerischen Dorfkern erinnert an Schuberts hiesige Aufenthalte; ob es sich um die richtige Adresse handelt, ist nicht bekannt.

44
Himmelsstr. 25 (+ 29)
Schubert

Zwei Türen weiter nennt eine Tafel den Sänger des Wiener Liedes, Sepp Felmer, „Schubert von Grinzing".

Abermals ein Zitat: *Das ist eine Stunde weit von Wien wo ich wohne, es heißt Reisenberg … und es ist hier sehr Angenehm*, so schrieb Mozart im Juli 1781 an seinen Vater. Dieser einzig belegte Aufenthalt Mozarts in den Weindörfern kam aufgrund seiner Verbindung zu Graf Cobenzl zustande. Die Ecke Reisenbergweg/Cobenzlgasse ist von den Straßennamen her ein erlesener Ort für die Mozarttafel, doch das uralte Haus, an dem sie angebracht wurde, braucht nicht unbedingt Mozarts Adresse zu sein.

45
Cobenzlgasse 33
Mozart

4

An der stattlichen Wohnung des Dirigenten und Operndirektors Karl Böhm (1894–1981) prangt eine Tafel.

46
Himmelsstraße 41
K. Böhm

Etwas weiter – die Himmelstraße beginnt, ihrem Name Ehre zu machen – steht die Villa von Robert und Einzi Stolz, bis vor kurzem das Zentrum eines weltweiten Fanklubs (→ 9.20). Die Witwe lebt wohl noch hier.

47
Himmelsstraße 69
Stolz

48
An den langen Lüssen
Grinzinger Friedhof:
Mahler

Auf dem (nicht aufgehobenen) Grinzinger Friedhof ruht Gustav Mahler. Das Grabmal wurde vom Architekten Josef Hoffmann entworfen. Auch Alma Mahler, ihre früh verstorbene Tochter Manon Gropius – der „Engel", im Andenken dessen Bergs Violinkonzert entstand –, Mahlers Schwester und sein Schwager Rosé wurden hier bestattet.

Mahlers Grab

XIX. BEZIRK:
HEILIGENSTADT UND NUßDORF

❹❾
Wollergasse 10
Moll (Mahler)

Da Mahler in seinen letzten Jahren abwechselnd in Toblach und Amerika lebte und sein Wiener Haus (→ 2.27) 1909 aufgegeben hatte, galt die Adresse von Almas Stiefvater, Carl Moll, als seine offizielle Wiener Anschrift. Bei ihm logierten Alma und er während der kurzen hiesigen Aufenthalte (daher wurde Mahler auch in Grinzing begraben). Moll, einer der Gründer der „Wiener Sezession", war Schüler des Landschaftsmalers Emil Schindler gewesen und hatte nach dessen Tod seine Witwe – Almas Mutter – geheiratet. Seit 1901 bewohnte er die beachtenswerte, von seinem Kunstfreund Josef Hoffmann entworfene Villa an der Hohen Warte.

Moll-Villa

Steinfeldgasse 2
Alma Mahler

Um die Ecke steht eine zweite, deutlich pompösere Villa Hoffmanns, die nach dem Vorbesitzer Ast-Haus benannt wurde und in der heutzutage die saudi-arabische Botschaft residiert. Sie wurde 1931 vom Ehepaar Franz Werfel und Alma Schindler (Mahler) gekauft. Im Empfangskorridor stand Rodins Mahler-Büste, in Glasvitrinen waren Mahler-Partituren ausgestellt. Die Werfels mußten die Villa 1938 verlassen und schenkten dem Amsterdamer Concertgebouw-Orchester die Büste, diese konnte aber aufgrund der politischen Verhältnisse nicht dorthin gebracht werden. Nach dem Krieg versäumten es die Holländer, das wertvolle Geschenk zu beanspruchen, und so kam sie schließlich in das Foyer der Staatsoper. Wien betrachtet diese Büste seitdem als sein Mahler-Denkmal und sieht keine Verpflichtung, dem Meister ein echtes Denkmal zu setzen.

❺⓪
Heiligenstädter Park
Beethoven △

Daß die Stadt in anderen Fällen eifrig mit Denkmälern aufwartet, ist bekannt. In Steinwurfnähe zu den Mahler-Häusern wurde 1902 ein Standbild zu Ehren Beethovens errichtet – zu Recht: In der Umgebung wimmelt es von Beethoven-Stätten.

Der heutige „Buschenschank Mayer", ein malerisches Heurigenlokal, war im Frühsommer 1817 Beethovens Wohnung. Der damalige Gastwirt hat die Geschichte umgehen lassen, der Komponist habe, statt die Mietschuld zu bezahlen, ihn mit einem beschriebenen Notenblatt zu dem Verleger Haslinger geschickt, der zum Erstaunen des Wirts dafür 100 Dukaten bezahlte. Um welche Komposition es sich gehandelt haben mag, ist nicht nachzuvollziehen; man weiß überhaupt nicht, was Beethoven damals in Arbeit hatte.

51
Pfarrplatz 2
Beethoven

Beethoven-Haus am Pfarrplatz

Das Ergebnis seines Aufenthalts 1802 ist um so mehr bekannt, es handelt sich um die Niederschrift des „Heiligenstädter Testaments". Beethovens sich verschlechternder Gesundheitszustand soll der Anlaß hierfür gewesen sein. Der erschütternde Text geht aber über eine Verfügung letzten Willens weit hinaus. Er gestattet einen Blick in Beethovens von Bitterkeit und Verzweiflung geprägtes Innenleben und zeugt auch von der völligen Hingabe an seine Brüder. Fast die Hälfte des Dokuments ist der Klage über sein schreckliches Gehörleiden gewidmet. Von einer sachlichen Regelung zum Verbleib seines Nachlasses ist erst in den Brieftestamenten von 1823 und 1827 die Rede.

52
Probusgasse 6
Beethoven

4

Heiligenstädter-Testament-Haus

Das schöne Haus, das noch mittelalterliche Bauelemente aufweist, ist als Gedenkstätte ausgestaltet worden, obwohl nicht eindeutig nachweisbar ist, daß sich hierin die angenommene Beethoven-Wohnung von 1802 befand. Das Original des Dokuments befindet sich auch nicht hier, ja überhaupt nicht in Österreich;

über Johanna van Beethoven (→ 6.6), Liszt und die „schwedische Nachtigall" Jenny Lind gelangte es schließlich nach Hamburg (Staats- und Universitätsbibliothek).

53
Grinzinger Straße 64
Beethoven

Die nächste Adresse war sicher ein Wohnsitz Beethovens, diesmal ist aber die Jahreszahl seines Aufenthalts nicht ganz sicher. Grillparzer erzählt, wie seine Familie – es soll 1807 oder 1808 gewesen sein – diese Sommerwohnung mit Beethoven teilte. Ihre Appartements wurden durch einen gemeinsamen Gang getrennt. Grillparzers Mutter, begeistert von den Klavierklängen aus Beethovens Zimmer, hielt sich immer so lange wie möglich in diesem Gang auf. Sobald der Komponist jedoch bemerkte, daß er belauscht wurde, rührte er sein Klavier nicht mehr an.

54
Beethovengang
Beethoven ▲

Beethoven, bekanntlich ein Naturfreund und begeisterter Spaziergänger, lenkte seine Schritte öfters in das Mukental, auch Wildgrube genannt. Durch dieses nördlich von Beethovens Heiligenstädter Quartieren gelegene Tal fließt der Schreiberbach, und man hat gerne behauptet, daß sich

Grinzing,
Beethoven und Grillparzer

dieser Bach in der *Pastorale* wiederfinde. Der heutige Beethovengang geht allerdings auf den Meister zurück, und man hat ihm auch hier ein Denkmal gesetzt. Die 1863 von Anton Dominik Feinkorn angefertigte Skulptur gilt als ältestes Musikerdenkmal Wiens, möglicherweise war sie zuerst in der Innenstadt aufgestellt worden. In den üblichen Stadtplänen wird die „Beethovenruhe" etwas weiter westlich angegeben.

55
Kahlenberger Str. 26
Beethoven

Die letzte Wohnung Beethovens im XIX. Bezirk liegt in Nußdorf. Von seiner Wohnung am Pfarrplatz soll er direkt in das barocke Greinersche Haus umgezogen sein und hier den Rest dieses unproduktiven Sommers von 1817 verbracht haben.

56
Kahlenberger Str. 7
Schrammel

Weiterhin befindet sich in dieser Straße die Schrammel-Adresse, die im Abschnitt zu Hernals (→ 21–24) angekündigt wurde. Die Tafel erinnert an das erste Auftreten des Schrammeltrios, das unter dem Namen „Die Nußdorfer" eine neue Volksmusiktradition ins Leben rief.

57
Hackhofergasse 18
Lehár-Schikaneder-Schlößl

Abermals an einer Gedenktafel eines Wiener Liedsängers (F. Schier, Nr. 12) vorbeikommend, erreicht man das Lehár-Schikaneder-Schlößl, dessen Namenskombination kaum verwundert, da der Operettenkomponist wie auch der Theaterdirektor engstens einem Gebäude verbunden waren: dem Theater an der Wien (→ 3.07). In den Jahren seines vorübergehenden Wohlstands (1802–07) lebte Schikaneder in diesem 1737 errichteten

Schlößchen, Lehár erwarb es 1931 und behielt es bis zu seinem Tod 1948. Von Napoleon, der hier 1809 weilte, wird nichts erwähnt. Fast am Ende der Musiktour erblicken wir erstmals den Fluß, dessen Name bereits einige Male aufgetaucht ist: die Donau.

WEITERE MUSIKSTÄTTEN IN DEN ÄUßEREN BEZIRKEN WIENS

Für die noch übriggebliebene sowie für einige bereits behandelte, aber noch nicht lokalisierte Adressen ist die Übersichtskarte Groß-Wiens heranzuziehen (S.106). Diese Karte vermittelt u. a. einen Eindruck von der Größe und Lage der 23 Bezirke sowie von den Grenzen jener Gebiete, die in den Abschnitten der Kapitel 2 bis 4 beschrieben sind.

58

XXI., Jenewein-gasse 17
Beethoven

4

In geringer Entfernung von der letztgenannten Adresse, aber durch die Donau getrennt, findet man noch eine Beethovenstätte Wiens. Im Vorort Jedlesee besaß Anna Marie Gräfin Erdödy geb. Niczky in den Jahren 1809 bis 1823 ein Landgut, dem der Komponist mehrere, meist kürzere Besuche abstattete. Während längerer Aufenthalte hat er nicht in diesem Haus gelebt (vermutlich aber in der Stadtwohnung der Gräfin, wie im Winter 1808/09). Gräfin Erdödy war eine Frau, die den komplizierten Charakter des Musikers mit erstaunlichem Einfühlungsvermögen durchschaute und von ihm bald ins Vertrauen gezogen, ja, wie er einmal behauptete, für seinen „Beichtvater" gehalten wurde. Besonders 1815 sollen die Beziehungen eng und die Besuche in Jedlesee häufig gewesen sein. Die Gräfin ist die Widmungsträgerin einiger bedeutender Kammermusikwerke: der Klaviertrios op. 70 und der Cellosonaten op. 102.

Ausnahmsweise ist ein Haus nicht auf-, sondern „abgestockt" worden: Ein Feuer vernichtete 1863 den obersten Teil des Landsitzes. In den ebenerdigen Räumen befindet sich seit 1974 eine Gedenkstätte, die auch über einen Konzertsaal verfügt, in dem Veranstaltungen stattfinden. Das Haus ist die einzige Musikstätte am linken Donauufer, die vorgestellt werden kann.

Je weiter man in nordwestlicher Richtung vorstößt, desto erfolgreicher hat sich der Wienerwald gegen die heranrückende Verstädterung behaupten können. Städtische Klänge sind dennoch hineingedrungen. *Hier hat ein großer Musikant, der Meister Strauß war er benannt, den ersten Walzer komponiert und dadurch dieses Haus geziert.* Das alte, gut erhaltene Haus ziert an seinem Standort die abschüssige Gasse in Salmannsdorf. Hier klimperte im August 1831 der sechsjährige Johann Strauß seinen von der Mutter notierten *Erster Gedanke*,

Strauß-Haus in Salmannsdorf

59

XIX., Dreimarkstein-gasse 13
Strauß

nachdem die Familie noch kurz zuvor aus ihrem vom Hochwasser gefährdeten Haus in der Leopoldstadt vertrieben worden war.

Dreimarkstein-gasse 6
Schubert
60

In derselben Gasse erinnert eine Gedenktafel an einen Besuch Schuberts im Jahre 1821 sowie auch an sein Männerquartett *Ich lob mir mein Dörfchen* (D 598, 1817/18).

XIX., Agnesgasse 9
Fr. von Flotow

Der deutsche, aus adliger Familie stammende Opernkomponist Friedrich von Flotow, dessen *Martha oder der Markt von Richmond* noch immer aufgeführt wird, verbrachte die letzten Jahrzehnte seines Lebens teilweise in Österreich. Eine Villa in Sievering ist mit seinem Aufenthalt um 1868 verbunden.

61

XVII., Dornbacher Straße 101
Flotow,
Schubert

Im Dornbacher Gasthof „Zur Kaiserin von Österreich" soll Flotow 1866 geweilt haben. In früheren Jahren besuchten Schubert und seine Freunde dieses Haus, ein Aufenthalt im Mai und Juni 1827 ist belegt (Gedenktafel).

„Zur Kaiserin von Österreich" in Dornbach

Dornbacher Str. 88
„Güldene Wald-schnepfe"

Auf der gegenüberliegenden Seite gab es ein volkstümliches Lokal mit dem Namen „Güldene Waldschnepfe", in dem die Brüder Schrammel manchmal zum Tanz aufspielten. Das Dorf ist auch mit Michael Haydn verbunden (*Dornbacher Te Deum*, 1801) und mit Beethoven, der das Dornbacher Bier besonders geschätzt haben soll.

62

XI., Simmeringer Hauptstraße 234
Zentralfriedhof

Die letzte Wiener Adresse – diese Bezeichnung ist zweideutig aufzufassen! – ist der Zentralfriedhof. Von einem Ort, an dem wohlgemerkt an die 50 Komponisten beerdigt sind, kann man natürlich als einer Musikstätte ersten Ranges sprechen.

Im Jahre 1732 verfügte Karl VI. aus sanitären Gründen die Schließung der Gottesäcker, die sich innerhalb der Stadtmauern befanden, unter Joseph II. folgten die Friedhöfe der inneren Vorstädte und bald auch manche außerhalb des Linienwalls, wie wir bereits gesehen haben. Der letzte Schritt war die Einrichtung eines Großfriedhofes am Rande der Stadt. Er wurde 1874 gegründet und hat in unseren Tagen eine „Einwohnerzahl" von 1,6 Mil-

Grabmal Schönbergs

Grab Simon Sechters

SIMON SECHTER,
k.k. Hoforganist und Compositeur,
geboren am 11 October 1788 zu Friedberg,
gestorben am 10 September 1867 zu Wien.

Mit ihm wurde der größte Contrapunktist unserer Zeit
der treue Wächter des strengen Satzes zu Grabe getragen

Dem berühmten Landsmanne
ERRICHTET VON
Verein der deutschen Böhmerwäldler in Wien
1900

4

Provisorisches Grab Zemlinskys

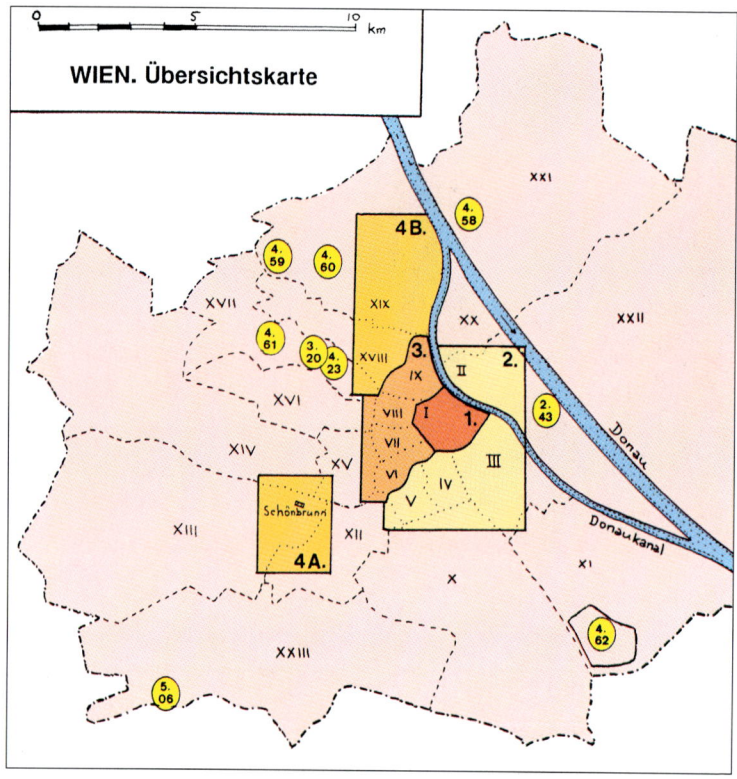

lionen erreicht. Lebendige Musik fehlt nicht: Zu im Freien stattfindenden Bestattungs-
zeremonien erklingt bald das Schubertsche Quartett *Der Tod und das Mädchen*, bald
Verdis *Va pensiero*, oder ein Heurigen-Ensemble läßt *Verkauft's mein G'wand, i fahr in
Himmel* ertönen. Die meisten Besucher werden jedoch von der „toten Musik" angezo-
gen. Über die verschiedenartige Gestaltung der zahllosen Grabmäler könnte ein ganzes
Buch verfaßt werden, daher urteilen Sie selbst. Mit einer nüchternen Auflistung der
Grabstätten nach Gruppen – so heißen die Quartiere, in die das riesige Areal aufge-
teilt worden ist – sind Sie wohl am besten bedient.

Gruppe 0:   Czerny, Leschetizky, Mandyczewski, Salieri, Sechter
Gruppe 3:   Leo Fall
Gruppe 14 A: Billroth
Gruppe 14C: Pfitzner
Gruppe 16 A: Bösendorfer
Gruppe 18:   Hanslick
Gruppe 31 B: Kálmán

Gruppe 32A: Beethoven, Brahms, Gluck, Lanner, Millöcker, Schubert, die Strauß-
Familie (Vater und drei Söhne), Andreas und Nanette Streicher,
Suppè, Wolf und der Zenotaph Mozarts (sein Grab: → 2.29)
Gruppe 32C: G. Adler, Apostel, J. N. David, Kienzl, J. Marx, Franz Schmidt,
Schönberg, Stolz, Wellesz, Ziehrer
Gruppe 33E: Boskovsky, Robert Fuchs
Gruppe 33G: Krenek, Zemlinsky
Gruppe 40: Deutsch, Gabor, Fatty George, Heiller, Jelinek
Gruppe 47B: Zeller
Gruppe 52A: Goldmark
Gruppe 84: Karl van Beethoven

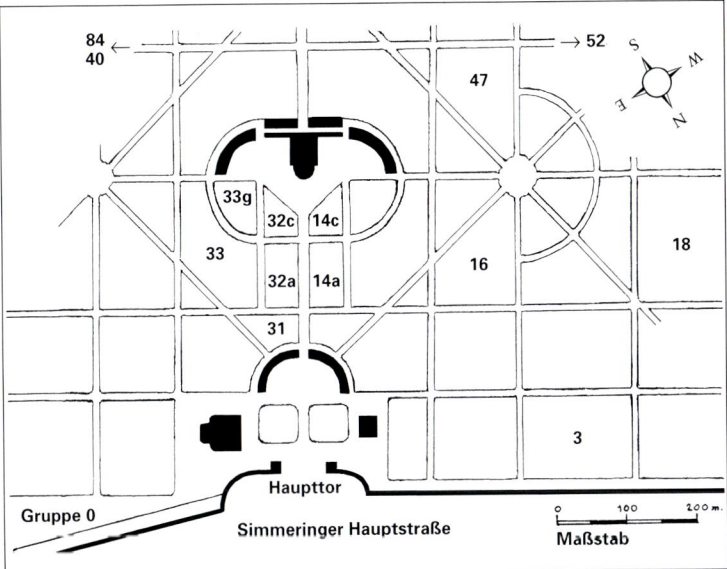

WIEN: EINE BEMERKUNG ZUM SCHLUß

Dem durchschnittlichen Musikliebhaber wird kaum gedient sein, wenn er sich von
einem Reiseführer quasi willenlos von Sehenswürdigkeit zu Sehenswürdigkeit führen
läßt, insgesamt etwa 250. Daher soll das Register die Möglichkeit bieten, eine eigene
Auswahl zu treffen.

Will er sich mit einem zusammenfassenden Überblick begnügen, so eignen sich
besonders die Innere Stadt (Kap. 1) und die Umgebung Schönbrunns aus Kapitel 4
(→ 1–20) sowie Heiligenstadt (→ 49–57) und der Zentralfriedhof (→ 62). Den Bewun-
derern Schuberts wird dazu ein Spaziergang im IX. (→ 3.42–46), jenen Haydns eine
Tour im VI. Bezirk (→ 3.1–4) und ein Ausflug nach Eisenstadt (→ 5.33–38) empfohlen.

Man bedenke: Da so gut wie alle bedeutenden Sehenswürdigkeiten Wiens in irgendeinem Zusammenhang mit der Musik stehen und deshalb in diesem Führer erwähnt werden, braucht man keine Angst zu haben, daß man – so auf den Spuren der Musikgeschichte wandelnd – etwas Wichtiges übersehe.

Leider konnte den Musikliebhabern des Jazz und der Weltmusik etc. sowie denjenigen, deren Interesse besonders den aktuellsten Entwicklungen gilt, keine vergleichbare Information an die Hand gegeben werden. Doch man muß nicht nur sachkundig, sondern vor allem auch gründlich in die lokale Szene eingeweiht sein, um in dem enorm großen und immer wechselnden „alternativen" Angebot einen Weg finden zu können und ihn gar anderen zu weisen. Dies kann ich nicht leisten. Soviel ist sicher: Wien, die Heimat des legendären Jazz-Klarinettisten „Fatty George" (Franz-Georg Pressler) des sich intensiv mit Jazz befassenden Pianisten Friedrich Gulda und des bekannten Fusionsmeisters Joe Zawinul ist auch heute eine swingende Stadt.

Lassen Sie sich von den Fremdenverkehrsbüros (I, Kärntner Straße 38, Bahnhöfe) über das Ausgeh-, Theater- und Konzertangebot und über Öffnungszeiten, Öffentliche Verkehrsmittel usw. informieren. Der dort kostenlos erhältliche Stadtplan ist vorzüglich.

Zum Schluß ein Zitat aus Adalbert Stifters *Wien und die Wiener*:

Die Stadt muß wie ein kostbares Nachessen, langsam, Stückchen für Stückchen mit Prüfung ausgekostet werden, ja du mußt selbst ein solches Stückchen geworden sein, ehe der ganze Reichtum ihres Inhaltes und die Reize ihrer Umgebung dein Eigentum geworden sind.

5 – Österreich Ost
(Niederösterreich und Burgenland)

Übersichtskarte S. 110

WIENERWALD

Der Wienerwald ist seit Jahrhunderten das Erholungsgebiet der
Wiener Bevölkerung und hat viele dem Großstadtlärm entflie-
hende Künstler angezogen. Ihnen waren bereits im Mittelalter
Fürsten und Mönche vorausgegangen.

KLOSTERNEUBURG

 Stift,

 **Bruckner**

Das Augustiner Chorherrenstift von Klosterneuburg, einstige
Residenz der Babenberger Herzoge und Grabstätte des nationa-
len Schutzpatrons Leopold, ist zwar nicht zu einem „österreichischen Escorial" ausgebaut worden, wie es sich Karl VI. noch
gewünscht hatte, mußte seine Sonderstellung aber niemals völlig aufgeben. Es verfügt über beachtliche Schätze aus vielen Jahrhunderten. Eine Handschrift aus dem frühen 13. Jahrhundert enthält das älteste Osterspiel des deutschen Sprachraumes, am
Ende erscheint das noch heutzutage gesungene Lied *Christ ist
erstanden*.

Ein anderer Schatz ist die 1640 vollendete Festorgel der Stiftskirche. Der Erbauer Johann Georg Freundt brachte eine muster-
gültige Synthese von Stilmerkmalen aus Renaissance und Früh-

Stift Klosterneuburg

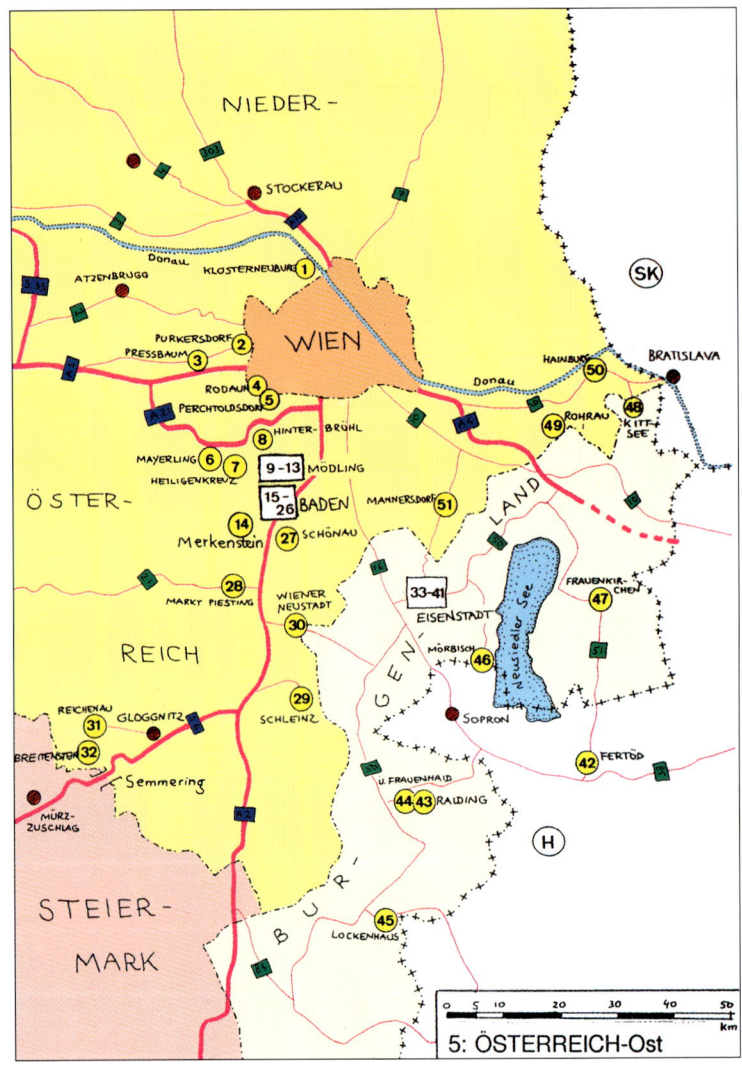

NIEDER -

STOCKERAU

Donau

KLOSTERNEUBURG ①

AT2ENBRUGG

PURKERSDORF ②
PRESSBAUM ③

RODAUN ④
PERCHTOLDSDORF ⑤

WIEN

Donau

HAINBURG

BRATISLAVA

SK

50

② HINTER- BRÜHL
MAYERLING ⑥ ⑦
HEILIGENKREUZ ⑧
9-13 MÖDLING
15-26 BADEN

48 ROHRAU
KITT-
SEE

49

ÖSTER-

⑭
Merkenstein
⑰ SCHÖNAU

MANNERSDORF ㉛

LAND

⑱
MARKT PIESTING
WIENER
NEUSTADT
⑳

33-41
EISENSTADT

FRAUENKIR-
CHEN
㊼

REICH

Neusiedler See

MÖRBISCH
㊻

㊿

REICHENAU
GLOGGNITZ
㉛
⑳ SCHLEINZ

SOPRON

㊷ FERTÖD

BREITENSTEIN ㉜

Semmering

u. FRAUENHAID

MÜRZ-
ZUSCHLAG

㊹㊸ RAIDING

BUR-

H

STEIER-

MARK

㊺
LOCKENHAUS

GEN-

0 5 10   20   30   40   50
km

5: ÖSTERREICH-Ost

barock zustande. Er stattete sein Werk mit drei Manualen aus und verwendete für die 35 Register auch Pfeifen aus zwei früheren Instrumenten. Dieses Orgeldenkmal von europäischer Bedeutung wurde 1950 sachkundig restauriert.

Anton Bruckner spielte diese Orgel während seiner Wiener Jahre sehr häufig. Am Leopoldtag (15. November) 1885 improvisierte er beim Eintreten Franz Josefs über *Gott erhalte*, und seine einzigartige Kunst wurde sofort von dem Regenten erkannt: *Ah, der Bruckner!* hörte ihn der Abt in seinen Bart murmeln. In der Kirche befindet sich eine Bruckner-Gedenktafel, nicht aber an dem Haus rechts vor dem Haupteingang des Stiftes, in dem er mitunter übernachtete.

Der Komponist und Organist Albrechtsberger wurde in Klosterneuburg geboren und verbrachte seine Kindheit dort; er diente als Chorknabe, bis er 1749 nach Melk übersiedelte.

Martinstraße 38
Albrechtsberger

Albrechtsbergers Geburtshaus ist nicht erhalten. Eine Gedenktafel befindet sich in seiner Pfarrkirche, St. Martin. An der Pfarrei dieser Kirche ist auf einer zweiten Gedenktafel zu lesen, daß hier auch der Verfasser der Tiroler Nationalhymne geboren wurde, ein gewisser Knebelsberger.

Das benachbarte Martinschloß spielte als Trapp-Schloß eine Rolle in dem Musicalfilm *Sound of Music*.

Martinstraße 34
Sound of Music
PURKERSDORF
2
Mozart

Wer in früheren Jahrhunderten von Wien aus in Richtung Westen reiste, machte gewöhnlich bei der ersten Poststation halt, in Purkersdorf. Bis hierhin begleiteten am 25. April 1785 Wolfgang und Constanze Mozart ihren Gast der vorangegangenen zwei Monate: Vater Leopold. Nach einem gemeinsamen Mittagessen verabschiedete man sich. Es würde ein Abschied für immer sein; in den zwei Jahren bis zu Leopolds Tod standen Vater und Sohn nur noch in brieflichem Kontakt. Leider findet man keine Erinnerung an diese Begebenheit vor. Das übrigens sehr sehenswerte „Alte Posthaus" ist nicht alt genug; es wurde erst 1797 errichtet.

5

PRESSBAUM
3
Brenntenmais-
straße 28
Brahms

Nach acht Kilometern erreicht man Pressbaum. Am 7. Juli 1881 teilte Brahms seiner *lleben Freundln* Ellsabet von Herzogenberg mit: *Ich wohne für den Sommer in Preßbaum bei Wien. Ganz reizend wohne ich und muß oft denken, wie hübsch die kleine Villa für Sie beide paßte! … Erzählen will ich, daß ich ein ganz ein kleines Klavierkonzert geschrieben mit einem ganz einem kleinen zarten Scherzo. …* In einem an demselben Tag geschriebenen Brief an eine andere *liebe Freundin*, Emma Engelmann, äußert er sich dagegen wenig angetan von seinem Sommeraufenthalt, hier aber heißt es: *Ich habe … in der Übereilung ein schönes großes Klavierkonzert geschrieben …* Die Brahmsschen Briefe stecken oft voller Widersprüche, Verschachtelungen oder Sarkasmen, hinter denen er seine Gefühle und Ansichten zu verstecken versuchte.

Brahms schreibt hier sein zweites Klavierkonzert B-Dur. In Pressbaum, wo er von Juni bis September 1881 wohnte, entstand auch das Chorwerk *Nänie* nach einem Text Schillers. Wanderungen durch das Pfalzautal führten ihn bis nach Mayerling und

Heiligenkreuz, Orte an denen wir auch bald vorbeikommen werden. Die „kleine Villa" im südlichen Ortsteil Brentenmais steht nicht mehr, eine Gedenktafel erinnert an sie.

RODAUN
4
Ketzergasse 471
Hofmannsthal

Der Weg von Pressbaum nach Perchtoldsdorf führt kurz über Wiener Boden, nämlich über das zum 23. Stadtbezirk gehörende Rodaun. In diesem entlegenen Winkel der Hauptstadt, der bisher unerwähnt blieb, machen wir eine Weile halt; nicht wegen des spätromantischen Komponisten Hans Pfitzner, der hier 1943–45 lebte: Seine Spuren sind verwischt. Unsere Aufmerksamkeit gilt Hugo von Hofmannsthal, auf dessen Bedeutung für die Musikgeschichte bereits hingewiesen wurde (→ 2.24).

Hochstraße 10
Hofmannsthal

Seine letzte und schönste Wohnung war das sogenannte Fuchs-Schlößl. Hier erlag der Dichter am 15. Juli 1929, zwei Tage nach dem Selbstmord seines Sohnes, einem Herzschlag.

Ein Kacheltableau in der Dorfmitte ehrt den Schöpfer des *Jedermann* und den Librettisten so mancher Strauss-Oper.

Kalksburger Friedhof
Hofmannsthal

Unweit davon befindet sich der Kalksburger Friedhof, auf dem er begraben wurde.

Noch etwas: Daß man von dem Rodauner Kirchenturm die richtige Zeit abliest, ist Franz Liszt zu verdanken. Er spendete 1846 den Ertrag eines Konzerts zur Reparatur der hiesigen Kirchenuhr, was immer auch der Grund gewesen sein mag. Liszt war allerdings ein freigiebiger Mann.

Hofmannsthal-Mosaik
Rodaun

PERCHTOLDSDORF
5

Perchtoldsdorf – Beiname Pedaschdurf, Petersdorf – hat trotz der Invasion Wiener Pendler seinen dörflichen Charakter bewahrt.

Wiener Gasse 22
Gluck

Schon Christoph Willibald Gluck kam gelegentlich in dieses Dorf; erstmals im September 1781, um in Ruhe die letzte schöpferische Arbeit seines Lebens aufnehmen zu können: die deutsche Bearbeitung seiner *Iphigénie en Tauride*. In den nachfolgenden Jahren diente ihm das mittlerweile von ihm erworbene Haus als Ort seiner Sommerfrische.

Lohnsteinstraße 4
Schmidt

In einem ruhigen Wohnviertel war von 1926 bis zu seinem Tode 1939 der spätromantische Komponist Franz Schmidt ansässig. Das Haus (mit Gedenktafel) und das Inventar sind erhalten. Mühsame Verhandlungen zwischen den Erben, der Schmidt-Gesellschaft und der Obrigkeit haben die Einrichtung einer Gedenkstätte bislang behindert. In Perchtoldsdorf entstanden die Sinfonien III und IV, der überwiegende Teil seiner Kammermusik und das großartige Apokalypsen-Oratorium *Das Buch mit sieben*

Perchtoldsdorf, Wohnung Franz Schmidt

Siegeln. Die Kantate *Deutsche Auferstehung* – im Jahr des „Anschlusses", 1938! – war ein Fehlgriff des seelisch und körperlich geschwächten Meisters und blieb unvollendet.

Schmidt hatte sein letztes Domizil nicht unvermittelt gewählt. In seinen Jünglingsjahren hatte er als Hauslehrer bei einer wohlhabenden Familie den Ort kennen und lieben gelernt.

Damals hatte ihn auch *eine menschenscheue düstere Erscheinung* beeindruckt. Es war Hugo Wolf. Dieser war 1888 mit seiner eigenartigen Habe – darunter eine Kaffeemaschine und eine Gummibadewanne – in ein Haus gezogen, das seine Freunde Heinrich und Marie Werner ihm zur Verfügung gestellt hatten. Bis 1896 war er oftmals hier zu finden. In Frühjahr 1888 vertonte er 44 Mörike-Gedichte, im Winter 1889/90 folgte das *Spanische Liederbuch* und im April 1898 noch die zweite Hälfte des *Italienischen Liederbuches*. Die reiche Ernte überraschte ihn selbst. *Die Perchtoldsdorfer Luft ist merkwürdig. Immer fällt mir hier etwas ein*, so bekannte er. Nur in der Saison 1894/95 stockte die Inspiration für einige Zeit, bevor die Feder für den *Corregidor* aufgenommen wurde. Das schöne, im 16. Jahrhundert für das Schottenkloster erbaute Haus ist zu besichtigen. Wolfs Arbeitszimmer ist erhalten und bildet das Herzstück des 1973 eröffneten Museums, das Leben und Wirken des Meisters gewidmet ist.

Brunner Gasse 26
🏛 **Wolf** **5**

Erinnerungen an Hugo Wolf bietet auch Mayerling, seit dem Drama um Erzherzog Rudolph und Mary Vetsera ein weltberühmter Ort, aber noch ein ärmliches Nest, als sich der junge Künstler 1881 als Logiergast für einige Wochen im Marienhof niederließ. Wolf wiederholte diesen Besuch im nachfolgenden Jahr. Sein manchmal launenhaftes und schroffes Benehmen machte er wett, indem er seinen Gastgebern den ganzen *Parsifal* vorspielte, vorzugsweise synchron mit den Bayreuther Aufführungen: An-

MAYERLING
6
Hotel Marienhof
Wolf

Haus Hugo Wolfs

fang pünktlich um vier Uhr, die vorgeschriebenen Pausen einge-
halten, und gleichzeitig mit Bayreuth den Schlußakkord! Der
Komponist Wolf würde seine Hingabe für Wagner später auf
andere Weise äußern, aber niemals davon abweichen. (Am
12. August 1882 wohnte er in Bayreuth erstmals einem „echten"
Parsifal bei.)

Der ursprüngliche Marienhof steht nicht mehr; in der Rasen-
fläche vor dem heutigen Hotel gleichen Namens sind nur noch die
alten Fundamente zu erkennen. Das Ambiente und die schöne
Aussicht sind unverändert. Eine Hinweistafel wäre hier angebracht.

HEILIGENKREUZ

7

Stift 🏛, Schubert

Das sehenswerte, vor 800 Jahren gegründete Zisterzienserkloster
Heiligenkreuz ist ausgestattet mit einer Orgel von Ignaz Kober
(1804), auffällig durch ihre reiche Pedalbesetzung: 17 Register,
davon ein 32' und drei 16'. Teile eines früheren Instrumentes von
F.J. Römer (1721) wurden hier eingearbeitet. Während eines Aus-
fluges am 3. Juni 1828 hat Schubert diese Orgel gespielt und bei
dieser Gelegenheit die Fuge in e-Moll (D 952) komponiert. Sie
gehört nicht zu Schuberts Meisterwerken.

HINTERBRÜHL

8

Gaadner Straße 34
Schubert 📄

Ein Meisterwerk allerdings ist Schuberts Lied *Am Brunnen vor
dem Tore*. Daß dieses Lied sich unmittelbar auf die Höldrichsmühle bezieht, ist Unsinn: Es bezieht sich auf ein Gedicht aus
Sachsen. Man muß wohl zugeben, daß das Ambiente makellos
ist: Brunnen, Tor und Lindenbaum sind allesamt vorhanden!
Außerdem ist es wahrscheinlich, daß Schubert an diesem 200
Jahre alten Gastbetrieb vorbeigekommen ist.

Die Höldrichsmühle

An einem Waldpfad südlich von Hinterbrühl, wo sich die Kleine Anninger erhebt, steht ein zweites Haus, das ohne ausreichenden Grund mit Schubert in Verbindung gebracht wird. Es handelt sich um den sogenannten Husarentempel, in dem er einmal mit seinen Freunden übernachtet haben soll. Das klassizistische Gebäude atmet tatsächlich die authentische Atmosphäre. Wir befinden uns inzwischen auf Mödlinger Boden.

Inmitten malerischer Kalkfelsen liegt Mödling, die „Perle des Wienerwaldes" und zugleich Schauplatz von sieben Jahrhunderten Musikgeschichte.

Die Burgruine ist eine, sei es denn: vage Erinnerung an Ihren Gast Walther von der Vogelweide, den Prinzen des Minnesangs, den wir schon an der Wiener Ankeruhr (→ 1.62) als einen der Urväter der Musikkultur kennengelernt haben.

Andererseits wurde Mödling für die Neue Wiener Schule gerade in der entscheidendsten Phase ihrer Entwicklung zur Wahlheimat. Arnold Schönberg bezog dort seine geräumige Wohnung im Jahre 1918 und blieb bis 1926, als er an der Berliner Musikhochschule angestellt wurde und Österreich endgültig, aber offenbar ungern verließ: *Alles recht schön – aber es ist doch nicht das Richtige für mich. Ich wollte in Mödling wohnen und im Sommer in Traunkirchen. Das ist die Landschaft, in die ich gehöre und die zu mir gehört.*

Im Schönbergschen Haus in der Bernhardgasse (15) fanden die Versammlungen der Schüler statt; hier wurde 1923 die *Methode der Komposition mit zwölf nur aufeinander bezogenen Tönen* erdacht und diskutiert. Das Haus ist heute dem Vermächt-

⑨
Am kleinen Anninger Schubert

5

MÖDLING

⑩
Burgruine W. v. d. Vogelweide

⑪
Bernhardgasse 6
 **Schönberg**

Mödling, Schönberghaus | *Maria Enzersdorf, Webernhaus*

nis Schönbergs gewidmet. Seine Instrumente und teilweise selbstgebastelten Möbel, die wie ihr Besitzer um die halbe Erdkugel wanderten, stehen heute unter der Verwaltung der Internationalen Schönberg Gesellschaft, die hier ihren Sitz hat. Der seit 1938 in den USA wohnhafte Komponist Ernst Krenek benutzte das Haus während seiner Europa-Aufenthalte als Zweitwohnsitz.

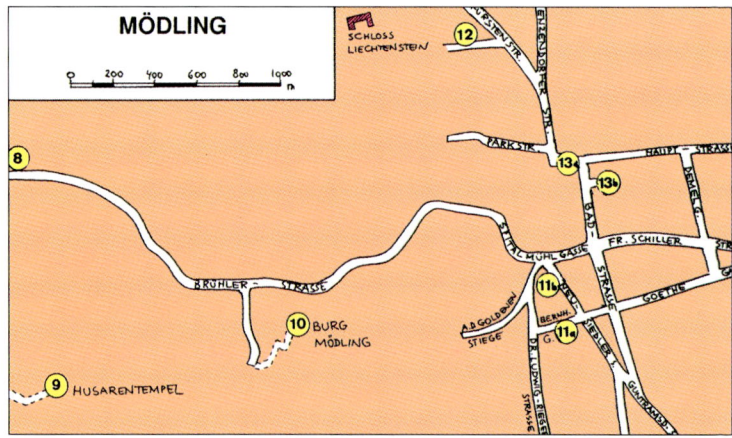

Hafnerhaus, Mödling

Anton Webern lebte 1918–32 noch „um die Ecke".

Danach zog er in einen ruhigeren Winkel am Rande der Stadt (bereits im Vorort Maria Enzersdorf), wo er sich sehr wohl fühlte. 1945 entfloh er den Kriegswirren und eilte dadurch seinem gewaltsamen Tod entgegen (→ 8.43). Als seine Frau Minna nach dem Krieg in das Haus zurückkehrte, fand sie es geplündert vor, und nur einige Briefe und Manuskripte konnten aus dem Müll gerettet werden.

Die „Lücke" zwischen Minnesang und Neuer Musik füllt Beethoven. Auch er hat in Mödling verweilt, und zwar in den Sommern von 1818 bis 1820. Er vollendete hier die *Hammerklaviersonate* für seinen Gönner Erzherzog Rudolph und arbeitete an der für dessen Bischofsweihe bestimmten *Missa solemnis*. Bei den elf *Mödlinger Tänzen* (WoO 17) handelt es sich möglicherweise um eine Fälschung. Das Hafnerhaus, in dem er diese angeblich komponierte, ist die Beethoven-Gedenkstätte der Stadt; sein Arbeitszimmer der Sommer 1818 und 1819 ist zugänglich (an Wochenenden und Feiertagen).

Wegen seines sonderbaren Benehmens stand Beethoven 1820 das Hafnerhaus nicht ein weiteres Mal zur Verfügung, und er mietete ein Zimmer im Christhof; dort wird auf einer Gedenktafel seine Arbeit an der Messe erwähnt.

Ein Beethoven-Wanderweg verschafft Ihnen die Gelegenheit, den nächsten Ort unserer musikalischen Reise in Beethovens Fußstapfen zu erreichen.

Neusiedler Straße 5
Webern
12

Im Auholz 8
Webern

5

13
Hauptstraße 79

Beethoven

Achsengausgasse 6
Beethoven

BADEN

 Schloß Merkenstein

Merkenstein! Wo ich wandle denk' ich dein, so lautet der Anfang eines Gedichtes von J.B. Rupprecht, das Beethoven 1814 zweimal vertonte, als Sololied für einen Almanach (WoO 144) und als Duett (Op. 100). Merkenstein war um 1500 der Sitz des Badener Landherrn; die heutige Ruine und das benachbarte Schloß gleichen Namens müssen dem Komponisten vertraut gewesen sein. In dem vornehmen Kurort Baden, der 1812 teilweise einer Feuersbrunst zum Opfer gefallen und darauf noch prachtvoller wiederaufgebaut worden war, fühlte er sich offenbar zu Hause. Seine Aufenthalte umfassen mehr als zwanzig Jahre; die früheren (ab 1804) haben keine greifbaren Spuren hinterlassen, die späteren (1816–25) um so mehr.

Braitnerstraße 26
Beethoven
Rathausgasse 10
Beethoven

Das Schloß Braiten des Grafen Ossolinsky, in dem der Meister 1816 und 1818 verkehrte, wird heute als Schulgebäude genutzt.

Das „Haus der Neunten" ist für Besucher geöffnet. Der Name des Hauses gibt Aufschluß über das berühmte Werk, das hier (teilweise) entstand; für den wahren Liebhaber ist zumindest Op. 127, das erste der eindrucksvollen späten Quartette, zu erwähnen.

Beethovenhaus

Antonsgasse 4
Frauengasse 10
Beethoven
Weilburgstr. 11–13
Beethoven
Pelzgasse 23
Beethoven

1822 fand Beethoven Unterkunft im „Goldenen Schwan", wo die Ouvertüre *Die Weihe des Hauses* entstand, und im Magdalenenhof.

Mit Carl Maria von Weber speiste er im Jahre 1823 im damals nagelneuen Sauerhof; ein kleines Denkmal im Garten des heutigen Luxushotels erinnert an diese Begebenheit.

Ebenfalls zu einem Luxushotel ausgebaut ist der Gutenbrunn, auf dessen Gelände einst eine Erémitage stand, 1824 und 1825 die Unterkunft Beethovens; eine Büste steht in der Eingangshalle.

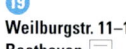

Sauerhof im Jahre 1672 (nach Vischers Topographie)

Ist bei den letzten Anschriften die richtige Beethoven-Atmosphäre auch etwas abhanden gekommen, so spüren wir diese bestimmt bei einem Spaziergang im Helenental und einem Aufenthalt am „Beethovenfels". Diese Umgebung hat den Meister immer wieder begeistert; die Behauptung, daß er gerade hier zur Komposi-

㉑
Helenental
Δ „Beethovenfels"

5

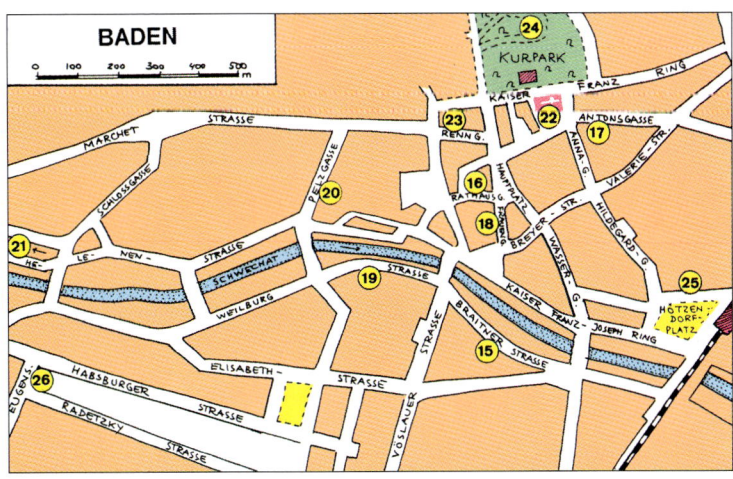

Beethovens Pflegekind Karl

tion der *Pastorale* inspiriert wurde, erscheint allerdings gewagt, da er verschiedenste Landschaften gut kannte.

Auch düstere Wolken fehlen an diesem stimmungsvollen Ort nicht. Im Helenental hat Beethovens Neffe und Pflegekind Karl am 30. Juli 1826 einen Selbstmordversuch unternommen, *weil mein Onkel mich so sekkiert hat*. Das ungestüme Gemisch aus väterlicher Liebe, Einmischungssucht und erzieherischer Unfähigkeit des Vormundes sowie dessen Streitigkeiten mit der Mutter hatten den Knaben zur Verzweiflung gebracht. Die Wunde heilte, das Verhältnis blieb trotz beidseitiger Anhänglichkeit problematisch. Übrigens hat Karl später seinen Weg gemacht.

Im Gegensatz zu Beethoven hatte Mozart keine rechte Beziehung zu Baden: ihm fehlte eben das Geld und die Freizeit, die man dazu benötigte. Abgesehen von einem Blitzbesuch mit seinem Vater im Jahre 1773 hat er nur im Sommer 1791 an der Stadt Interesse gezeigt, da seine Constanze hier zur Kur weilte. Diesem Umstand haben wir die Entstehung des *Ave Verum Corpus* zu verdanken. Der Zugang zur Orgelempore der Pfarrkirche St. Stephan, in dem diese Motette im Juni 1791 zum ersten Mal erklang, ist mit einer Gedenktafel geschmückt, ebenso das Haus, in dem das Kleinod entstand.

Im Kurpark hat man einen kleinen Mozart-Tempel errichtet. Ein größerer Tempel ist natürlich dem treueren Gast Beethoven gewidmet. Ein drittes Denkmal versetzt in eine andere Epoche und in eine andere Welt: Portraitstatuen von Lanner und Strauß. An der musikalischen Unterhaltung der Kurgäste, die nach wie vor um den Kurpark konzentriert ist, hat die leichte Muse immer ihren Anteil gehabt.

In Baden starben zwei bekannte Vertreter der Wiener Operette: Carl Zeller im Jahre 1898 und Millöcker am 31. Dezember 1899, ganz symbolhaft an der Schwelle des neuen Jahrhunderts.

Millöckers Wohn- und Sterbehaus – dort widmete sich der seit 1894 durch ein Herzleiden Geschwächte nur noch seiner riesigen Ansichtskartensammlung – wurde in späteren Jahren auch von Carl Michael Ziehrer bewohnt.

22 23

Stephanskirche
Mozart

Renngasse 4
Mozart

24

Kurpark
Beethoven-,
Mozarttempel,
Strauß-Lanner △,

25

Hötzendorfplatz 8
Millöcker †, Ziehrer

*Baden, Kurpark,
Beethoventempel*

Auch Zellers Wohnhaus steht noch. Zeller traf es noch schlechter als seinen Altersgenossen Millöcker. Er war auf Glatteis ausgerutscht und infolge des Sturzes völlig gelähmt; überdies war er in einen unliebsamen Erbschaftsstreit verwickelt. 1898 erlöste ihn der Tod von seinem langen Siechtum. Und noch war das Drama nicht zu Ende: *Der Bettelstudent* war ein Ehrengrab wert, *der Vogelhändler* nicht (→ 4.62).

**㉖
Eugenstraße 5
Zeller †**

Johann Strauß hatte keine eigene Wohnung in Baden. Er kaufte 1880 ein geräumiges Landhaus im südlich davon gelegenen Schönau, wo er bis 1892 die Sommermonate zu verbringen pflegte. Obwohl die Villa nicht mehr steht und keine Spur hinterlassen hat, soll der Ort, der so häufig in den Strauß-Biographien auftaucht, nicht ganz unerwähnt bleiben.

SCHÖNAU
**㉗
Strauß**

5

*Strauß-Villa in
Schönau*

SÜDBAHNGEBIET

MARKT PIESTING

Gutensteinerstraße
Kupelwieser **△**
Schubert

Daß der Geburtsort Leopold Kupelwiesers (1796–1842) in einem Musikreiseführer auftaucht, ist der guten Freundschaft zwischen diesem Maler und Schubert zu verdanken. Dem Denkmal, das die Gemeinde ihm gesetzt hat, wurde denn auch ein Schubert-Stein hinzugefügt. Obwohl Franz von Schober im Schubert-Schrifttum vielleicht häufiger erwähnt wird, ist es nicht unwahrscheinlich, daß Kupelwieser Schuberts vertrautester Freund war. Außerdem hat er mit seinen Bildern unsere Kenntnisse über Schuberts Physiognomie und Lebensstil wesentlich erweitert.

SCHLEINZ

Schloß:
Schubert

Eine weitere Schubert-Gedenkstätte (mit Gedenktafel) ist das Schloß Schleinz, auf dem der Komponist auf der Rückreise aus der Steiermark im September 1827 zwei Tage verbrachte. Über diese Reise wird noch ausführlicher berichtet (→ Kap. 9). Am Samstag, den 22. September trafen Schubert und Jenger im Schloß des Kaufmanns Stehmann ein und kehrten *nach sehr lustig belebtem Sonntag und Montag Vormittag* nach Wien zurück.

WIENER NEUSTADT

Neukloster
(Mozart)

Das Neukloster in Wiener Neustadt – das Neu ist nicht allzu wörtlich zu nehmen: die Stadt ist 800, das Kloster 700 Jahre alt! – besitzt ein bemerkenswertes Erinnerungstück an Mozart: Eine Gedenktafel im stimmungsvollen Kreuzgang erwähnt die erste vollständige Aufführung des Mozart-Requiem während eines Gottesdienstes unter der Leitung des Grafen von Walsegg am 14. Dezember 1793.

Die Wirklichkeit ist komplizierter. Schon am 10. Dezember 1791 erklangen in Wien Teile der Seelenmesse, und am 2. Januar 1793 kam dort die von Süßmayr vollendete Fassung zur Aufführung. Constanze hatte diese Tatsachen verschleiert; dem Mozart-Biographen Niemetschek gegenüber erklärte sie, das Requiem sei von dem berüchtigten „grauen Boten" mitgenommen worden und nie wieder aufgetaucht. Sie selbst hatte aber mit dem Grafen Franz von Walsegg zu Stuppach, dem eigentlichen Auftraggeber, verhandelt, Süßmayr zur Vollendung der Komposition aufgefordert und Walsegg ermöglicht, das meisterhafte Werk als sein eigenes in Wiener Neustadt zu präsentieren – gegen bares Geld natürlich. So hat die Stadt, die Mozart niemals besuchte, nachträglich Eingang in die Mozart-Literatur gefunden.

Wiener Neustadt bietet mehr.

Lange Gasse 23
* Hauer

Josef Matthias Hauer (→ 3.20) wurde 1883 hier geboren. Das Geburtshaus, ein uralter, wahrscheinlich mittelalterlicher Bau in der Stadtmitte, wurde 1994/95 restauriert. Die Einrichtung einer Gedenkstätte ist vorgesehen.

Gymelsdorfer-
gasse 42
Bösendorfer

1973 zog die Ludwig Bösendorfer Klavierfabrik G.m.b.H., eine Tochtergesellschaft der berühmten Wiener Klavierbaufirma (→ 2.50), in eine stillgelegte Möbelfabrik; seitdem wird die viel Raum beanspruchende Holzverarbeitung des Unternehmens hier durchgeführt.

Wiener Neustadt, Neukloster

Geburtshaus J. M. Hauers in Wiener Neustadt

Kurios ist die Behausung des Stadttheaters: es befindet sich in einem 1668 erbauten und 1794 aufgehobenen Kloster.

Ein Haus in der Wiener Straße hat laut der Gedenktafel Friedrich von Flotow in den Jahren 1870–72 als Wohnung gedient. Der Komponist der erfolgreichen Oper *Martha* wohnte in den Wintermonaten in Wiener Neustadt; seine Söhne besuchten das hiesige Gymnasium. Die Sommermonate verbrachte er in Hirschwang am Semmering in einer Villa, die er schon ab 1847 öfter besucht und 1867 erworben hatte. 1873 kehrte er in seine Heimat Mecklenburg zurück.

Wo Hauptstadt und Hochgebirge so nah beieinanderliegen, ist immer mit vielen Ausflüglern und Touristen zu rechnen.

Aus Andeutungen in der Literatur ist zu schließen, daß sich zwei Komponisten in der Umgebung des Kurortes Reichenau aufgehalten hatten. Erstens Flotow, in der obengenannten Villa. Zweitens der Pole Karol Szymanowski, der durch Kuraufenthalte in Edlach im Dezember 1928 und abermals im August 1929 vergeblich versuchte, von seiner Tuberkulose geheilt zu werden. Was viele Männer als angenehm, wenn nicht sogar als aufregend empfinden würden, war ihm ein Greuel: Er wurde ausschließlich von weiblichem Pflegepersonal versorgt. Nur die Ähnlichkeit der Landschaft mit dem Tatragebirge seines geliebten Zakopane machte ihm Freude.

Herzog-Leopold-Straße
Stadttheater

5

Wiener Straße 31
 Flotow

RAX UND SEMMERING
31

Bei näherer Erkundigung stellte sich heraus, daß weder die Flotow-Villa „Trautenberg" noch die Kuranstalt Szymanowskis erhalten sind. Dafür traten aber andere Tatsachen ans Tageslicht:

Aus dem Garten der Villa Trautenberg wurde ein Steintisch in den Kurpark von Reichenau überstellt, an dem Flotow an seiner Oper gearbeitet haben soll. Das Hotel Thalhof hatte ihn 1846 bewirtet, sowie vorher Hellmesberger und Ritter von Köchel. Im Haus Kurze Gasse 10 wohnte die letzten Jahre seines Lebens Richard Mohaupt, ein in Deutschland und den USA tätiger beliebter Komponist volkstümlicher Bühnen- und Orchesterwerke. Auch Schreker weilte zweimal in Reichenau, und der Dirigent Franz Schalk wurde hier begraben, nachdem er in Edlach, in der obengenannten Kuranstalt, verstorben war. Den Edlacherhof besuchten Mahler (1905), Rosé und Walter. Im Haus Nr. 126 in Payerbach wohnte 1903 Schönberg, im Hotel Eggl in Prein mieteten sich Berg (1911) und Ziehrer ein. Andere Urlaubsgäste: Weingartner, Krips, Berté.

Die Daten der Nummer 31 sind einem Bericht aus Reichenau entnommen und konnten nicht verifiziert werden. Es handelt sich allerdings nicht um prominente Adressen; Gedenktafeln fehlen gänzlich. Ihre Anzahl auf wenigen Quadratkilometern läßt vermuten, daß gründliche Nachforschungen in den übrigen österreichischen Ferienorten eine Lawine solcher sekundärer Orte lostreten würde. Im Rahmen des vorliegenden Buches wird darauf verzichtet.

Kurz vor seinem Tode hatte Gustav Mahler ein Grundstück in einer abgelegenen Ecke der Gemeinde Breitenstein am Semmering erworben, aber erst seine Witwe Alma hat eine Villa bauen lassen und 1914–38 dort gewohnt, ab 1918 mit Franz Werfel. Die

Breitenstein, Haus Alma Mahlers

Villa wurde nach dem Krieg von der Roten Armee benutzt und
später in ein Erholungsheim für die Angestellten einer Schiffs-
werft umgebaut. (Daher der Anker im Gitter des Eingangstores.)
Die am meisten charakteristischen Details – die schöne Holzver-
täfelung der Zimmer und ein feuriges Fresko, das Kokoschka über
den riesigen Kamin gemalt hatte – sind leider nicht mehr erhalten.

Burgenland

Österreichs jüngstes Bundesland nimmt eine Sonderstellung ein.
Das Gebiet gehörte bis 1921 zu Transleithanien, d. h. zum ungarischen Teil der Doppelmonarchie, wurde aber in dem Friedens-
vertrag von Trianon dem Rumpfland Österreich zugewiesen.
Nach einer Volksabstimmung kehrte Sopron (deutsch Ödenburg)
nach Ungarn zurück, während der Rest ein neues Bundesland bildete: Burgenland.

Kein Wunder, daß hier das ungarische Element stark vertreten ist, in Geschichte und Kultur und in den Ahnenreihen mancher Bewohner. Von den einstigen Herren des Landes, den
Batthyánis und Esterházys, haben die letzteren in der Musikgeschichte die wichtigste Rolle gespielt. Pál Esterházy (1635–
1713) war ein bedeutender Komponist (55 Kantaten *Harmonia
Caelestis*) und Gönner der Künste. Sein Enkel Franz Anton holte
1761 Haydn nach Eisenstadt; Franz Antons Bruder und Nachfolger, Nikolaus „der Prachtliebende", wurde Haydns wichtigster
Patron.

Auch andere namhafte Komponisten standen mit der mächtigen Familie in Verbindung: Hummel war ihr Kapellmeister von
1804–11, Beethoven schrieb für sie die Messe in C und besuchte
ihren Hof im Jahre 1807, Liszt wurde auf einem ihrer Güter geboren, und Schubert war Musiklehrer zweier Komtessen Esterházy
von Galantha (und verliebte sich in eine von ihnen; dies spielte
sich aber weit weg in der heutigen Slowakei ab).

EISENSTADT UND ESZTERHÁZA

Die Landeshauptstadt (seit 1925) und der Hauptsitz der Esterházys (seit 1655) ist Eisenstadt, auf ungarisch: Kismarton.

Das gewaltige Schloß ist ein imponierendes Bauwerk. Haydn-
Erinnerungen bieten die Kapelle, in der seine Kirchenmusik
erklang, das angrenzende Oratorium („Haydn-Zimmer") und vor
allem der große Festsaal oder „Haydn-Saal", der seit einer sorg-
fältigen Restaurierung wieder als Konzertraum verwendet wird.
Inmitten der eindrucksvollen Wand- und Deckenmalereien fällt
die schlichte Büste Haydns kaum ins Auge.

Haydn wurde 1761 zum Vize-Kapellmeister ernannt, und in
einem fünfseitigen Vertrag wurden seine Rechte und insbesondere Pflichten festgelegt; dieses aufschlußreiche Dokument fehlt

5

Schloß
♪ Haydnsaal
▲ Haydn

Haydnsaal im Schloß

Schloß Esterhazy

in keiner Haydn-Biographie. Das Jahr 1766 brachte größere Veränderungen: der erste Kapellmeister Werner starb, und Haydn
konnte endlich dessen Stellung übernehmen. Außerdem bezog
Nikolaus seine neue Sommerresidenz Eszterháza, ein Ereignis
das Haydns Leben und Werk tiefgreifend beeinflussen würde.
Und schließlich erwarb er eine eigene Wohnung.

In diesem Haus, das Haydn 1766 *samt Wiesen, Äckern, Wal-
dungen und Küchengarten hinter dem Spital* gekauft hatte, befindet sich heute das Eisenstädter Haydn-Museum.

Haydngasse 21
Haydn

Eisenstadt, Haydngasse

Ungarische Gedenktafel am Haydnhaus Eisenstadt

Eisenstadt, Gartenhaus Haydn

Auf seinem Grundstück hinter dem Spital steht noch immer das hölzerne Gartenhäuschen, in das er sich am liebsten vor der Betriebsamkeit der Stadt (und den Schikanen seiner Gattin) zurückzog.

Bürgerspitalgasse
Joseph-Haydn-Pl. 1
Haydn

Dem Komponisten brachten die eigenen vier Wände wenig Glück. Zweimal brannte es in seinem Haus, und da er sowieso die meiste Zeit in Eszterháza verbrachte, verkaufte er es 1778 wieder und bezog das Appartement im „Margaretinum" hinter der Bergkirche, in dem er auch in den ersten Jahren seines Eisenstädter Aufenthalts gewohnt hatte. Ob er das Gartenhäuschen länger behielt, ist nicht belegt.

37
Kalvarienbergplatz
Bergkirche:
Haydn

Die Bergkirche Mariä Heimsuchung wurde 1701–05 auf Anregung des Fürsten Pál Esterházy gebaut. Hier befindet sich Haydns Grabstätte. Als im Jahre 1820 die Gebeine des Meisters aus Wien (→ 2.60) hierher überführt wurden, stellte sich heraus, daß der Kopf

fehlte; er war kurz nach dem Tode entwendet worden, um herauszufinden, wo im Gehirn die Genialität steckte. Als im Haydnjahr 1932 ein großzügiges Mausoleum errichtet wurde, war man dem Kopf zwar auf die Spur gekommen, hatte ihn jedoch nicht rechtzeitig erwerben können: erst 1954 konnte die endgültige Beisetzung stattfinden. Es geht das Gerücht, daß man inzwischen einen zweiten in Betracht kommenden Schädel aufgefunden und sicherheitshalber mitbegraben hat. (Die Archäologen der Zukunft werden staunen!) Neben dem Mausoleum ist auch der Grabstein von 1820 zu sehen.

Auch als Aufführungsstätte Haydnscher Kirchenmusik ist die Bergkirche nennenswert. Die damalige Orgel fehlt aber; das Instrument, auf dem 1766 die *Große Orgelmesse* erklang, wurde schon zu Haydns Lebzeiten demontiert und anderswo aufgestellt. Heute steht sie im Landesmuseum (40).

In der Bergkirche fand am 13. September 1807

Eisenstadt, Haydn-Mausoleum

die Uraufführung der C-Dur-Messe Beethovens statt (*... dann war ich unten in Eisenstadt bey Fürst Ester Hazi wo man meine Messe aufführte*). Da der Fürst nicht zufrieden war (*Aber, lieber Beethoven, was haben Sie denn da wieder gemacht?*), wurde sie später dem Fürsten Kinsky gewidmet.

38
Esterhazystraße
Spitalskriche:

In der zierlichen Rokokokapelle der Barmherzigen Brüder befindet sich ein Orgelpositiv (Mallek, nach 1750), das ebenfalls von Haydn gespielt wurde und unverändert an seinerm ursprünglichen Platz steht.

39
Schloßplatz
Liszt △

Eisenstadt hat Haydn ein so vielfältiges Gedächtnis bewahrt, daß auf ein spezielles Denkmal verzichtet werden konnte. Franz Liszt, dem größten Sohn des Burgenlandes, hat man aber eines gesetzt. Die riesige Marmorfigur von A. Járay wurde 1936 an Liszts fünfzigsten Todestag enthüllt.

40
Museumsgasse
, **Liszt**

Zum Andenken Liszts ist im Landesmuseum der „Blaue Salon" des Schottenstiftes in Wien, wo er gewohnt hat, rekonstruiert worden. Ein authentisches Bösendorfer-Klavier fehlt nicht.

Die ehemalige Orgel der Bergkirche ist, wie schon erwähnt, in diesem Museum aufgestellt worden.

41
Colmarplatz
Schubert △

Im Oktober 1828 genoß Franz Schubert einen kurzen Aufenthalt in Eisenstadt *allwo er Haydns Grabmal aufsuchte und dabei ziemlich lang verweilte*, so schrieb sein Bruder Ferdinand, mit dem der bereits todkranke Komponist eine dreitägige Wanderung unternahm. Einen Monat später wurde er selbst begraben.

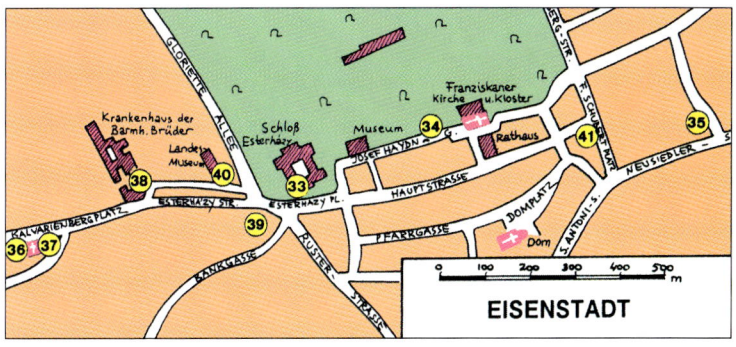

EISENSTADT

Daß man überall in Österreich an passender und unpassender Stelle Schubert-Steine aufgestellt und Schubert-Linden gepflanzt hat, darf nicht davon abhalten, den letzten Ausflug seines Lebens – der ja auch auf Haydn verweist – hier zu erwähnen.

ESZTERHÁZA
42
Haydn

Wie oben gesagt, bezog Fürst Esterházy 1766 eine neugebaute Sommerresidenz. Die Bezeichnung „Sommerresidenz" stellte sich bald als eine Untertreibung heraus. In den Jahren bis 1790 wurde der Hof für jeweils mehr als ein halbes Jahr an diesen abgelegenen Ort verlegt, so sehr gefiel es dem Fürsten, sich dort aufzuhalten. Die Musiker in seinem Gefolge waren weniger begeistert. Mit Ausnahme Haydns, der im Musikerhaus über eine

5

Schloß Eszterháza

geräumige Suite verfügte, mußten sie ihre Familien in Eisenstadt lassen. Es dürfte hinlänglich bekannt sein, wie Haydn mit seiner „Abschieds"-Sinfonie die Aufmerksamkeit seines Herrn auf diese alljährliche Quälerei gelenkt hat. Der Saal, in dem diese Komposition und andere Haydnsche Musik erklang, ist zu besichtigen. Das prachtvolle Schloß wurde nach Jahrhunderten der Vernachlässigung restauriert und das „Muszikaház", Haydns Wohnung, mit einer großen Relieftafel geschmückt. Obwohl der ehemalige Glanz nicht völlig wiederhergestellt werden konnte – das berühmte Theater ist verschwunden und der nach Versailles modellierte Park verfallen –, lohnt sich ein Besuch in *Estoras*, wie Haydn bisweilen schrieb, trotz der beträchtlichen Entfernung (fast 50 km südöstlich von Eisenstadt, schon in Ungarn gelegen).

Haydns Wohnung, Muzsikaház in Eszterháza

BURGENLÄNDISCHE ORTSCHAFTEN

RAIDING
43
Lisztstraße 42
* Liszt

Franz Liszt wurde 1811 im Esterházyschen Meierhof zu Raiding, damals Doborján, geboren. Hier verbrachte das Einzelkind seine ersten zehn Lebensjahre. Bald zeigte sich nicht nur sein pianistisches Talent, sondern auch sein Sinn für massenwirksame Effekte – er sprengte einen Ofen mit Pulver aus der Jagdtasche des Vaters. Nach einem öffentlichen Auftritt als Pianist (nicht als Sprengmeister) bekam er einige Stipendien, die der Familie ermöglichten, 1821 nach Wien umzuziehen. Dort kümmerte sich Carl Czerny zwei Jahre lang um die (in seinen Worten) *zum Klavierspiel höchst günstig organisierten Finger des Knaben*.

Liszt ist Österreich bald untreu geworden, aber manchmal kehrte er aus Nostalgie in seine Heimat zurück, erstmals 1840, zum letzten Mal 1881, als aus Anlaß seines 70. Geburtstags eine Gedenktafel enthüllt wurde. (Eine zweite Tafel *weihte dem deutschen Meister das deutsche Volk*; diese scheint aus einer eher

Raiding, Liszts Geburtshaus

bedenklichen Zeit zu stammen.) Im Inneren des Hauses wird mittels Hunderten von Bildern, Notendrucken usw. das Leben des Künstlers veranschaulicht. Die Austellung umfaßt weiter eine Briefmarken- und Münzsammlung zum Thema Liszt, einige Skulpturen und aus der Raidinger Kirche das Orgelpositiv mit dem schön marmorierten Gehäuse, für das er 1840 eine beträchtliche Summe spendete.

5

Tárogató-Spieler in Raiding

Unterfrauenheid, Taufkirche Liszt

Unterfrauenhaid
Dorfkirche: Liszt

LOCKENHAUS

Schloß + Kirche 🎵

Die oben genannte Kirche war nicht seine Taufkirche. Das Taufbecken findet man im benachbarten Ort Unterfrauenhaid.

Der lettische Geiger Gidon Kremer, ein Spitzeninterpret ohne Starallüren, hat 1982 ein privates Kammermusikfestival ins Leben gerufen. Dabei hat er sich insbesondere als unermüdlicher Förderer verkannter Komponisten erwiesen. Die Konzerte (jeweils im Juli) finden in der mittelalterlichen Burg Lockenhaus und in der Kirche statt. Durch die ausgefallene Programmgestaltung und die informelle Atmosphäre hat das Musikfest einen einzigartigen Stellenwert in der musikalischen Welt erlangt.

Lockenhaus spielt auch eine Rolle in der Haydn-Forschung. Dort befand sich einst die fürstlich-Esterházysche Papiermühle, aus der Haydn lange Zeit hindurch sein Notenpapier bezog. Der Lockenhauser Hirsch, das übliche Wasserzeichen, leistet beim Feststellen der Authentizität seiner Manuskripte gute Dienste.

Wasserzeichen der Lockenhauser Papiermühle
(I. G. Wallner, O. Wenko)

MÖRBISCH

Seebühne 🎵

Der Weinbau- und Touristenort Mörbisch ist durch einen Damm mit dem Neusiedler See verbunden. Dort ist nach Bregenzer Vorbild eine Seebühne erbaut worden, auf der alljährlich während der Sommerferien eine Operette aufgeführt wird.

FRAUENKIRCHEN
Hauptstraße
* Mosonyi 🗒

Die Sehenswürdigkeiten von Frauenkirchen sind die 1687 von Pál Esterházy gestiftete Wallfahrtskirche und der Kalvarienberg daneben. Nicht sehenswürdig, aber für diesen Führer unumgänglich, ist der prosaische Geschirrladen, in dem Michael Brand(t), alias Mosonyi Mihály, 1815 geboren wurde. Der deutschsprachige Brand begann seine musikalische Laufbahn in der oben genannten Kirche und beendete sie als geschätzter Meister in Budapest, nachdem er 1856 dazu übergegangen war, ungarische Texte zu vertonen und drei Jahre später seinen Namen in Mosonyi geändert hatte, d. h. „aus dem Komitat Moson", wozu Boldogasszonyfalva (der ungarische Name seines Geburtsortes) gehörte. Die Ungarn verehren ihn als einen der Begründer und leidenschaftlichen Fürsprecher ihrer Nationalmusik.

Tafel am Geburtshaus Mosonyis

Der musikalischste Sohn von Kittsee (ung. Köpcsény), Joseph Joachim, hat sich hingegen ganz dem deutschen Musikleben gewidmet. Er gab als Siebenjähriger sein Debüt in Pest, entwickelte sich aber in Leipzig und Hannover zu einem der prominentesten Violinisten und Dirigenten seiner Zeit. Seine Kompositionen hört man selten. Bekannter ist seine Freundschaft mit Brahms, für den er als Berater, Interpret und Verbreiter seiner Musik viel bedeutet hat. Eine Gedenktafel an seinem Geburtshaus fehlt nicht.

Im ehemaligen Batthyány-Schloß Kittsee ist seit 1974 ein Museum untergebracht, das der Volkskultur Ost- und Südosteuropas gewidmet ist und der Musik, vor allem den Instrumenten, viel Beachtung schenkt.

KITTSEE
48
Preßburger Straße 7
* Joachim

Schloß: 🏛

HAYDN-STÄTTEN IN NIEDERÖSTERREICH

Eine schlichte Bauernhütte, in der ein so großer Mann geboren wurde! So lautete Beethovens Kommentar zu einer Abbildung von Joseph Haydns Geburtshaus im niederösterreichischen Rohrau, direkt an der ungarischen, heute burgenländischen Grenze. Das Haus wurde 1728 von dem Wagner Matthias Haydn bezogen; 1732 wurde hier sein Sohn Joseph, 1737 dessen Bruder Michael – von dem noch die Rede sein wird (→ 8.01) – geboren. Durch Feuer, Ausbau und wiederholte Renovierung würde die einst einfache Bauernhütte inzwischen die anspruchsvollsten Wohnungssuchenden zufriedenstellen. Es empfiehlt sich, den idyllischen Hoftrakt mit seinem typisch pannonischen Laubengang und die stimmungsvollen Räume, in denen das Haydn-Museum untergebracht wurde, auf sich wirken zu lassen. Dabei findet Haydn selbst den treffendsten Ton: *mein Sel. Vatter ware seiner profession ein wagner, und unterthan des grafen Harrachs, ein von Natur aus grosser liebhaber der Music, Er spielte ohne eine Notte zu kennen die Härpfe, und ich als ein Knab von 5 Jahren sang ihn alle seine simple kurze stücke ordentlich nach, dieses verleitete meinen Vatter mich nach Haimburg zu dem schull Rector meinen anverwandten zu geben, um allda die Musicalischen anfangs gründe samt andern Jugentlichen Nothwendigkeiten zu erlernen.* Dieser Text verweist en passant auf andere Haydn-Stätten in der Umgebung.

In dem Schloß des Grafen Harrach diente auch die Mutter Haydns; vor ihrer Ehe war sie dort als Köchin tätig. Die gräfliche Familie, stolz auf ihre Verbindung zu Haydn, setzte ihm schon 1793 ein Denkmal im Schloßgarten, dem sie 1838 eine Büste hinzufügte. Seit 1887 steht dieses Denkmal auf dem Marktplatz des Dorfes, bei der Pfarrkirche, in der die Brüder Haydn getauft wurden und an deren Südwand sich die Grabstätte der Eltern befindet.

Haydns Schule in Hainburg steht nicht mehr, die Stadt mit der mittelalterlichen Stadtmauer ehrt ihn mit einem Renaissancebrunnen.

ROHRAU
49
Brucker Str. 60
🏛 * Haydn

5

Marktplatz
▲ Haydn

🛈 Kirche
Eltern Haydns
▲ Haydn

50
Marktplatz
▲ Haydn

Haydn-Geburtshaus Rohrau

MANNERSDORF
51
Schubertplatz
Haydn

Die letzte Station östlich Wiens ist Mannersdorf im Leithagebirge, damals ein beliebter Kurort. In den 1750er Jahren folgte der junge Haydn seinem Lehrer Porpora, immer wenn dessen reichste Schülerin, die Geliebte des venezianischen Gesandten, in Mannersdorf weilte und Porpora ihr nachreiste, um die gewinnträchtigen Gesangstunden nicht unterbrechen zu müssen. Haydn begleitete die Sängerin am Klavier, musizierte auch für andere Gäste und begegnete renommierten Musikern wie Gluck und Wagenseil.

Das folgende Bild von Mannersdorf ist einem Deckengemälde im Schloß entnommen, das 1753–55 von einem unbekannten Künstler angefertigt wurde; genau zu dieser Zeit soll Haydn sich hier aufgehalten haben. Das Badegebäude (rechts vom Schloß) trägt heute den Namen Perlmooserhof und sieht anders aus als früher. Seit dem Haydnjahr 1932 prangt hier eine geschmackvoll gestaltete Gedenktafel, deren Text, wie wir es öfter erleben, nicht ganz den historischen Tatsachen entspricht.

Mannersdorf

6 – Österreich Nord
(Nieder- und Oberösterreich)

Übersichtskarten S. 138 und S. 160

NIEDERÖSTERREICH MITTE

ATZENBRUGG

❶

Schloß
Schubert

Die Schubert-Stätte Schloß Atzenbrugg war früher im Besitz des Stiftes Klosterneuburg. Ein gewisser Josef Derffel, der als Dorfrichter und Gutsverwalter der Stiftsherren das Haus bewohnte, lud jährlich zu einem dreitägigen Sommerfest zahlreiche Gäste ein, unter denen sich auch sein Neffe Franz von Schober und dessen Freunde befanden. Vier Mal, in den Jahren 1820–23, war Schubert hier mit von der Partie. Mit Tanz und Musik, Gesellschaftsspielen und kulinarischen Genüssen flogen die Stunden nur so dahin. Zeit zum Komponieren blieb kaum, nur die sechs *Atzenbrugger Deutsche* entstanden 1821, angeblich in dem Salettl auf dem künstlich aufgeschütteten Hügel im Schloßpark. Dieses „Schuberthäuschen" ist heute hinter Dickicht versteckt, aber gut erhalten und den Besuchern des Museums zugänglich.

Atzenbrugg

Das Museum im ersten Stock des Schlosses unterscheidet sich von den Wiener Schubert-Gedenkstätten: Hier erscheinen insbesondere diejenigen im Rampenlicht, die mit dem Komponisten zeitlebens freundschaftlich verbunden waren und als Inspiratoren, Gönner und Förderer zu seinem nachträglichen Ruhm entscheidend beigetragen

Atzenbrugg Anfang des 19. Jahrhunderts

haben. Es handelt sich um mehrere Freundeskreise: nicht nur die bekannten „Schu-
bertiade-Gesellen" (Schober, Kupelwieser, Bauernfeld, Mayrhofer, Schwind, Spaun,
Vogl), sondern auch der Kreis um Sonnleithner, Grillparzer und Fröhlich sowie befreundete Komponisten wie Lachner, Hüttenbrenner und Aßmayr werden hervorgehoben.

Die Restaurierung des noch 1977 einsturzgefährdeten Schlosses und die Einrichtung der Ausstellung sind nicht ohne Schwierigkeiten gewesen, das Resultat ist aber
stimmungsvoll und aufschlußreich – ein „must" für Musikliebhaber. Für Veranstaltungen wie die jeweils in Mai, Juni und September abgehaltenen Schubertiaden sind
die Räumlichkeiten aber bis auf weiteres noch nicht ideal.

SANKT PÖLTEN

❷
Bei St. Georgen
Schloß Ochsenburg:
Schubert

In September 1821 reisten Schubert und Schober zum zweiten
Mal in diese Gegend, diesmal bis Sankt Pölten, wo Schobers
Onkel Johann Nepomuk von Dankesreither Bischof war.

Sie hielten sich hauptsächlich in Schloß Ochsenburg, der
Sommerresidenz des Bischofs, auf, die acht Kilometer südlich der
Stadt von einer paradiesischen Anhöhe auf das Traisental her-
abblickt. Dort konnten sie in Ruhe an ihrem gemeinsamen Projekt, der Oper *Alfonso und Estrella*, arbeiten. *Ich hätte nur
gewünscht, du wärest dagewesen und hättest die herrlichen
Melodien entstehen hören,* so schrieb Schober an Spaun. Mit seinem Textbuch war Schober der lyrischen Natur seines Freundes
sehr weit entgegengekommen, leider auf Kosten der dramaturgischen Entwicklung. Der Resultat war köstlich, aber einer Oper
recht unähnlich. Viel später bekannte Schober, er hätte seinen
Text *in sehr glücklicher Jugendschwärmerei, aber auch in sehr
großer Unschuld des Geistes und des Herzens geschaffen.* Schubert gab die Hoffnung, mit dem Musiktheater das große Publikum
zu erobern, niemals auf.

Ochsenburg, Schubertbrunnen

Der Schubertbrunnen vor dem Eingangstor der Ochsenburg symbolisiert *Schuberts ewigen Liederquell*.

Wenn die zwei Freunde in der Stadt Quartier machten, wohnten sie im Wirtshaus „Drei Kronen" (Gedenktafel). Die heutige Landeshauptstadt hatte auch damals ein reges Gesellschaftsleben vorzuweisen, und die Freunde besuchten Bälle und Konzerte. Am Bichlerhaus ist auf einer Gedenktafel zu lesen, daß hier die erste Schubertiade stattfand; vorher hatte es allerdings schon Privatveranstaltungen rund um Schuberts Musik gegeben.

❸
Domplatz 7
Schubert

Rathausgasse 2
Schubert

6

Bei Ochsenburg

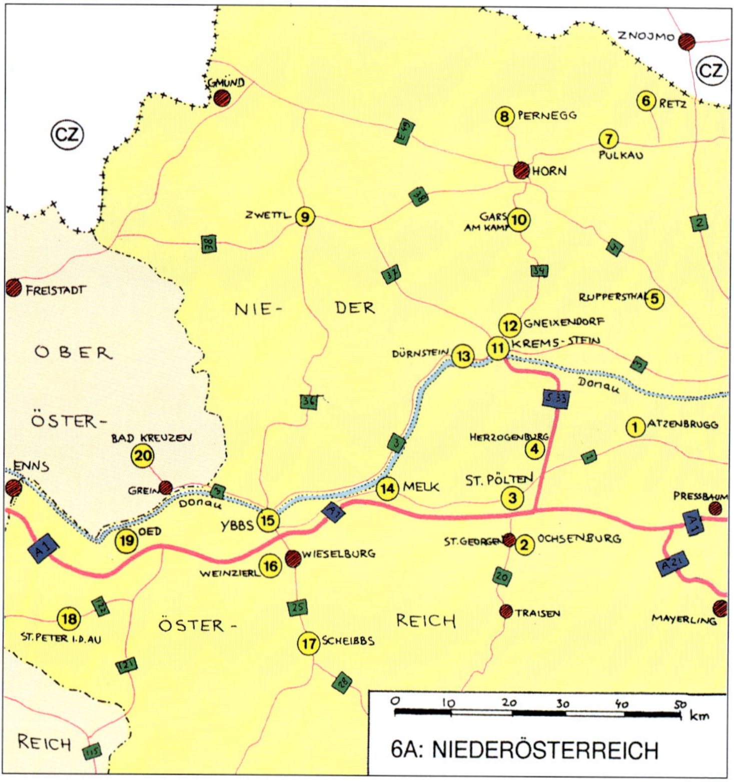

6A: NIEDERÖSTERREICH

Prandtauerstraße 2
🏛 **(Schubert)**

HERZOGENBURG
4
Stift

Mit einem „Biedermeierzimmer" im Historischen Museum wird die Erinnerung an Schuberts Aufenthalt in Sankt Pölten wachgehalten.

Von der Orgel, die Johann Hencke 1752 für die damalige Stiftskirche in Herzogenburg baute, sind in klanglicher Hinsicht nur die Positive (12+5 Reg.) erhalten. Unversehrt blieb der herrliche zartgrün-goldene Prospekt, der so kunstvoll konstruiert, geschnitzt und geschmückt wurde, daß er erst 1780 vollendet war. Die lange Arbeit hat sich gelohnt.

WALDVIERTEL UND KAMPTAL

RUPPERSTHAL

Nr. 109
* Pleyel

Nr. 108
Schulhaus

Es ist vielleicht ein Schock für frankophile Leser zu hören, daß die ruhmreiche Pianofirma Pleyel von einem Österreicher gegründet wurde. Ignace Pleyel kam 1759 als Ignaz zur Welt, das 24. von 38 Kindern einer Lehrerfamilie. Seine Laufbahn führte ihn von seiner niederösterreichischen Heimat über Wien, Italien, Straßburg und London nach Paris. Hier ließ er sich 1795 endgültig nieder, gründete einen Musikalienhandel und Musikverlag sowie 1807 eine Pianofortefabrik, die allerdings erst von seinem Sohn Camille zu großer Blüte gebracht wurde. Auch seine geradezu massenhaft produzierten und damals sehr populären Kompositionen beweisen, daß Pleyel die Talente als Musiker und als Geschäftsmann in sich vereinte.

Sein Geburtshaus neben der Kirche von Ruppersthal – ein großes Wohnhaus für eine große Familie – steht noch (Gedenktafel). Im schlichten Schulhaus nebenan soll einmal eine Pleyel-Gedenkstätte eingerichtet werden, aber Geldmangel hat diesen Plan bisher vereitelt. Der alte Bau ist heruntergekommen.

RETZ

Hauptplatz 12
Beethoven

Nahe der tschechischen Grenze liegt das malerische Retz. Dort lebte die Familie Lamatsch, zu der Johanna van Beethoven gehörte, die Schwägerin des Komponisten und Mutter seines Neffen Karl (→ 5.21). Beethoven besuchte Retz um das Jahr 1818, nicht aus Liebe zu dieser Familie – er haßte Karls Mutter (*Die Königin der Nacht*), – sondern wegen einer Erbschaft, die seinem Pflegesohn zugefallen war und die wahrscheinlich das Familienhaus am Hauptplatz umfaßte. Eine Gedenktafel erinnert hier an Beethovens Aufenthalt. Außerdem wird Johanna auf einer Gedenktafel an der Kirche erwähnt. Vor einiger Zeit tauchte sie sogar in dem Film *Immortal beloved* auf, als … Beethovens „ferne Geliebte".

PULKAU &
PERNEGG

6

Beachtung aller Orgelkenner und -liebhaber verdienen zwei form- und klangschöne zweimanualige Instrumente, die die Jahrhunderte unversehrt überdauert haben.

Pulkau
St. Michael

In der romanischen, 1674 barockisierten Michaelskirche von Pulkau baute Mattias Jeßwanger 1764 eine Orgel, deren Gebläse im Originalzustand erhalten ist; das heute üblicherweise von Elektromotoren übernommene Handwerk (eher: Fußwerk) des Bälgetreters ist hier noch auszuüben. Übrige technische Daten: 22 Register, kurze Oktaven, Spanbälge.

Pernegg
St. Andreas

Erheblich älter ist die mit feiner Schnitzarbeit geschmückte Orgel in der ehemaligen Stiftskirche St. Andreas zu Pernegg; sie wurde 1654 von Michael Prackh gebaut und mit 17 Registern ausgestattet. Der Pedalumfang beträgt drei Oktaven. Das gotische Gewölbe der prachtvollen Kirche schmücken musizierende Engel.

ZWETTL

Stift

Die Denkmalorgel des Zisterzienserstiftes Zwettl baute 1731 Johann Ignaz Egedacher in das dreigeteilte, von Matthias Götz gebaute Gehäuse ein. Der monumentale Prospekt ist unverändert erhalten; Egedachers Orgel wurde 1880 romantisiert und 1912 nochmals modernisiert, soll aber 1991 in den ursprünglichen Zustand zurückgeführt worden sein.

GARS AM KAMP
10

Jedermann kennt *Dichter und Bauer* und *Leichte Kavallerie*, aber über ihren Schöpfer Franz von Suppé wird selten gesprochen. Gars jedenfalls ist stolz darauf, daß der Vater der Österreichischen Operette nach einem ersten Aufenthalt im Jahre 1876 den Marktflecken zu seiner Sommerresidenz bestimmte.

Gars am Kamp, Suppè-Villa

Haangasse 27
Suppè

Kremser Straße 40
Suppè

Zuerst bewohnte er ein Mietshaus, in dem 1878 sein Meisterwerk *Boccaccio* entstand. Im selben Jahr kaufte er zwei Bauernhäuser, die er in den nachfolgenden Jahren in ein stattliches Herrenhaus im dalmatinischen Stil umbauen ließ. Über dem Eingang sieht man die Noten seines Liedes *O du mein Österreich*, das den Österreichern eine „zweite Nationalhymne" wurde. Für lange Zeit befand sich in diesem Haus eine Gedenkstätte mit zahlreichen Erinnerungsstücken aus dem Nachlaß des Meisters, aber seit dem der Hausbesitzer den Raum nicht mehr zur Verfügung stellt, kann die Gemeinde das wertvolle Material nicht mehr ausstellen. Im Suppè-Jahr 1995 – er wurde 1895 in Split (Dalmatien) geboren – wurde es im Heimatmuseum gezeigt.

WACHAU

Es lohnt unbedingt, die abwechslungsreiche Landschaft, die zwar nicht blaue, aber gewiß schöne Donau, die uralten Weindörfer und malerischen Städte der Wachau zu besuchen; noch einiges Wissenswertes ist aus dem Bereich der Musikgeschichte hinzuzufügen.

Manchmal bekommt die Mutter eines geliebten Komponisten ihre eigene Gedenktafel. Im Falle der Mutter Franz Liszts sind anscheinend nationalistische Bestrebungen mit im Spiel. Während die Zwistigkeiten um Liszts Ahnenreihe andauern, wird gerne betont, daß Maria Anna Lager im urösterreichischen Krems geboren wurde. Außer dem gut erhaltenen Geburtshaus von Frau Liszt wird noch ein zweites Wohnhaus ihrer Familie erwähnt. Ein schöner Bau, diesmal ohne Gedenktafel, aber mit einer Marienstatue von 1740 geschmückt.

Krems und Stein bilden heute eine Gemeinde. Auch Stein bietet ein reizvolles Stadtbild. Der Göttweigerhof steht dort seit dem 14. Jahrhundert fast unverändert. Im Innenhof ehrt eine Tafel den vorklassischen Kirchenmusiker J.G. Zechner, der seine Laufbahn im Stift Göttweig begann und dreißig Jahre lang den Steinschen pied-à-terre der Mönche bewohnte.

Mit dem Namen Köchel ist der Musikliebhaber sicherlich bestens vertraut. Ludwig Ritter von Köchel wurde 1800 in Stein geboren, war Jurist, Amateur-Botaniker und -Mineraloge, bis er in den Bann der Musik Mozarts geriet und 1862 mit seinem *Chronologisch-Thematischen Verzeichnis sämtlicher Tonwerke Wolfgang Amadé Mozarts*, kurz KV, sich die musikalische Welt für immer zu Dank verpflichtete. Das 1721 als Stadtpalais des Bürgermeisters erbaute Mazzettihaus wird als seine Geburtsstätte angegeben; hier herrschte bestimmt keine Armut! Allerdings: Hätte Köchel nicht über ein Privatvermögen verfügt, so wäre das KV niemals zustandegekommen.

Krems, Köchel-Haus

KREMS UND STEIN
⑪
Dominikanerplatz 5
* Mutter Liszts

Unt. Landstraße 4
Fam. Lager

Göttweigerhof-
gasse 7
Zechner

Schürerplatz 8
* Köchel

Die Gegenden, worin ich mich jetzt aufhalte, erinnern mich einigermaßen an die Rheingegenden, die ich so sehnlich wieder zu sehen wünsche, da ich sie noch in meiner Jugend verlassen, so schrieb Beethoven aus Gneixendorf bei Krems an Schott's Söhne in Mainz.

Johann van Beethoven, Ludwigs jüngster Bruder, war als Apotheker zu Wohlstand gekommen und kaufte 1819 das Gneixendorfer Landgut. Der barocke Wasserhof ist sehr verkommen, im Garten liegen Autowracks herum. Hingegen ist der stattliche Nebenbau, in dem ein Beethovenzimmer eingerichtet wurde, gut erhalten. Obwohl die Möbel und prächtig gemalten Papiertapeten nicht direkt aus Beethovens Zeit stammen, schaffen sie doch die richtige Atmosphäre. Die ausgestellte

GNEIXENDORF **6**
⑫
Schloßstraße 19
Wasserhof:
Beethoven

Gneixendorf, Beethovenmuseum

Totenmaske des Komponisten weist auf die traurigen Folgen seines Aufenthaltes hin.

Beethoven nämlich, der mit dem Bruder und besonders mit der Schwägerin schlecht auskam, unternahm seine Reise nach Gneixendorf im Herbst 1826. Der Landaufenthalt sollte seinen Gesundheitszustand verbessern; außerdem wollte er sich mit seiner Familie aussöhnen und seinem Pflegesohn beistehen, seine persönliche Krise zu überwinden (→ 5.21). Nach zwei Monaten, am 1. Dezember, reiste er jedoch Hals über Kopf ab und fuhr in einer offenen Kalesche nach Wien zurück; eine ernsthafte Erkältung beschleunigte seinen Tod im März 1827.

Schloßstraße 6
Beethoven-Museum

In Gneixendorf arbeitete er an einem neuen Finale seines Quartetts op. 130 und an seiner letzten vollendeten Komposition, dem Quartett op. 135. Die Überschrift des Finales *Der schwer gefaßte Entschluß* und das Motto *Muß es sein? Es muß sein!* hat man unterschiedlich gedeutet. Sind sie Ernst oder Ironie? Das letzte Bekenntnis des heroischen Kämpfers? Eine versteckte Anspielung auf eine Inspirationsblockade beim Komponieren des Finales? Oder beziehen sie sich auf die Entlohnung der Putzfrau?

Anfang Schloß-
straße
Beethoven △

Wo die Schloßstraße in die Hauptstraße des Dorfes mündet, hat man dem Meister ein Denkmal gesetzt, das dieses Motto enthält.

DÜRNSTEIN
⓭
Burg
Blondels Lied

Fährt man stromaufwärts an der Donau entlang, so kommt man bald an der Burgruine Dürnstein vorbei. In den Jahren 1192–93 wurde hier der englische König Richard Löwenherz gefangengehalten, weil er während des dritten Kreuzzuges Leopold von Österreich gekränkt hatte. Die Geschichte berichtet, daß der Ort seiner Gefangenschaft erst entdeckt wurde, als der befreundete Trouvère Blondel de Nesle ein Lied, das nur den beiden bekannt war, von den Kerkergewölben her beantwortet hörte. Darauf wurde Richard nach Trifels in der Pfalz (Deutschland) überführt, wo er 1194 gegen ein Lösegeld freigelassen wurde.

Schumann vertonte *Blondels Lied*, eine Dichtung von J.G. Seidl, in der der Freikauf allerdings auf *Dürrenstein* stattfindet. Auf dem Trifels wird man Ihnen erzählen, die ganze Geschichte habe sich dort abgespielt.

Dürnstein

Stift Melk

MELK
⑭
Stift
Albrechtsberger,
Mozart, Stadler

Hinter dem imposanten Barockstil des Benediktinerstiftes verbirgt sich eine tausendjährige Geschichte. Von der Musik seiner Frühzeit zeugt das *Melker Marienlied* aus dem XII. Jahrhundert. Daß gerade hier einmal zu liturgischer Enthaltsamkeit aufgefordert wurde (*Melker Reform*, 1418), war in den nachfolgenden Zeiten kaum mehr zu bemerken; der musikalische Glanz kam immer dem künstlerischen gleich. Von allen Epochen läßt sich das 18. Jahrhundert, in dem der Bau vollendet wurde, am besten vergegenwärtigen.

Hier war Albrechtsberger als Chorknabe (1749–54) und als Organist der Stiftskirche (1759–65) tätig. Als der junge Kaiser Joseph II. sich 1765 in Melk aufhielt, zeigte er sich beeindruckt von einem Mönch, der sich zu der Begleitung von Mandora und Orgel als Maultrommelvirtuose erwies. Albrechtsberger vergaß diesen Vorfall nicht und widmete später als Hoforganist seinem Brotherrn zwei Konzerte für Maultrommel, Mandola und Orchester. Eine markante Persönlichkeit war der Prälat-Musiker Abbé Maximilian Stadler, der 1748 in Melk geboren und 1766 in das Stift eingetreten war, schließlich aber infolge der Säkularisation in Wien landete. Er war ein tüchtiger Komponist – Schüler Albrechtsbergers – und ein aufgeklärter Geist, der mit den Wiener Klassikern in freundschaftlicher Beziehung stand. Er ist der *Signor Abbate* in Beethovens bekanntestem Kanon. Mozart hatte Stadler schon früh kennengelernt, als jener erstmals 1767 mit seinem Vater Melk besuchte und, wie man sagt, an seinem Spiel auf der Orgel der Stiftskirche erkannt wurde. Mozarts *Musikalisches Würfelspiel* KV Anh. 294 ist wahrscheinlich von ähnlichen Experimenten Stadlers inspiriert. Nach Mozarts Tod unterstützte der Abbé Constanze dabei, den Nachlaß zu ordnen.

Heute ist eines der Klosterzimmer der Musikgeschichte des Stiftes gewidmet. Um Pfingsten und in den Sommermonaten finden Konzerte statt.

NIEDERÖSTERREICH SÜDWEST

YBBS AN DER
DONAU
⑮
Promenade 7
Mozart 📄

Für eine Weile soll Leopold Mozart zu Wort kommen:

Den folgenden Erchtag Mittags [5. Oktober 1762] kamen wir nach Ips, wo 2 Minoritten und ein Benediciner, die mit uns auf dem schif waren, hl: Messen lasen, unter welchen unser Wolferl sich auf der Orgel so herumtummelte und so gut spielte, daß die P:P: Franziscaner, die eben mit einigen Gästen bey der Mittagstafl sassen, samt ihren Gästen das Essen verliessen, dem Chor zulieffen, und sich fast zu Todt wunderten …

An diesen Vorfall erinnern eine Gedenktafel an der Stelle des 1784 aufgehobenen Franziskanerklosters und ein Ölbild von Heinrich Lossow von 1864, das sich in der Oberösterreichischen Landesgalerie in Linz (→ 42) befindet.

Pfarrk. St. Lorenz
🎹

Die Orgel der ehemaligen Frauenkirche, heute Pfarrkirche St. Lorenz, stammt von Bartholomäus Heintzler (1725) und ist eine Augenweide, hat aber ihren klanglichen Reiz eingebüßt.

W. A. Mozart, Ölbild von Heinrich Lossow

6

Das Schloß Weinzierl ist von großer musikhistorischer Bedeutung.

   Zur musikalischen Unterhaltung des Besitzers Karl Joseph
Edler von Fürnberg waren in den Jahren 1757–59 sein Pfarrer,
sein Gutsverwalter, Anton Albrechtsberger (ein Bruder des Komponisten) und Joseph Haydn schon öfter zusammengekommen,
als der Schloßherr Haydn 1759 aufforderte, etwas für dieses ad-

WEINZIERL
16
Schloß Weinzierl
 **Haydn**

Schloß Weinzierl

hoc-Ensemble zu komponieren. Daraufhin entstanden die Divertimenti Op. 1, die als seine ersten Streichquartette bezeichnet werden und einen Meilenstein in der Musikgeschichte setzten. Fürnberg tat ein weiteres: auf seine Empfehlung hin bekam der junge Musiker beim Grafen Morzin in Böhmen seine erste feste Stellung.

Man gelangt nach Weinzierl, wenn man von Wieselburg Richtung Steinakirchen fährt. Im gut erhaltenen Schloß hat heute eine Landwirtschaftsschule ihren Sitz. Der jetzt überdachte Innenhof bildet die zentrale Halle. An der Wand wird die Geschichte des Hauses auf zahlreichen Tafeln veranschaulicht, wobei Haydn keineswegs vergessen wurde; zwei Fotocollagen und eine Gedenktafel sind ihm gewidmet.

SCHEIBBS
17
Hauptstraße 38
***** **Schmelzer**

Wann genau Johann Heinrich Schmelzer von Ehrenruef geboren wurde, ist nicht bekannt – es soll um 1620 gewesen sein –, wohl aber, wo: Der Sohn des Bäckermeisters erblickte das Licht der Welt in dem südlichen Eckhaus „im obersten Marckht" von Scheibbs. In den 40er Jahren tauchte er in Wien auf, wo er 1679 zum Hofkapellmeister ernannt wurde, als erster Einheimischer nach niederländischen und italienischen Vorgängern. Einige Monate später erlag er in Prag der Pest; sein Nachfolger war wieder ein Italiener, Draghi. In der Entwicklung einer eigenständigen österreichischen Instrumentalmusik nehmen Schmelzers Tanzsuiten und Sonaten eine wichtige Stellung ein. Eine Gedenktafel an seine Geburtsstätte ist ihm leider nicht vergönnt.

SANKT PETER
IN DER AU
18
Marktplatz 13
***** **Zeller**

In einer stattlichen Arztwohnung in St. Peter wurde 1842 Carl Zeller geboren. Seine Laufbahn ist bemerkenswert: Der ehrwürdige Jurist und „k.k. Ministerialkonzipist" beim Kulturministerium war zugleich der Schöpfer berühmter Wiener Operetten wie *Der*

St. Peter in der Au: Geburtshaus Carl Zeller

Vogelhändler, und seine Melodie *Schenkt man sich Rosen in Tirol* ist allgemein bekannt. Das Geburtshaus dient heutzutage als Gendarmerie und Bezirksgericht, aber ein Zimmer im Untergeschoß beherbergt eine Sammlung Zelleriana.

Der weitläufige Bauernhof, den man erreicht, indem man von Oed aus in Richtung Schweinberg fährt und nach 2,5 km rechts abbiegt, war seit 1625 der Stammsitz der Familie Bruckner. Als letzter dieses Namens wurde 1715 Josef Bruckner, der Urgroßvater des Komponisten, hier geboren. Später übernahm Josefs Schwester Barbara den Hof mit ihrem Ehemann Johann Hagler, während Josef sich mit Hilfe seines Erbteils selbständig machte.

OED-PYHRA
19
Pyhra Nr. 33
Brucknerhof

Brucknerhof

Noch heute ist der Brucknerhof im Besitz der Familie Hagler; 1951 wurden die Gebäude umgebaut, dennoch hat der Hof seine urwüchsige Grandeur nicht verloren.

BAD KREUZEN
20
Bruckner-Wander-
weg

Eine Bruckner-Erinnerung ganz anderer Art bietet der ruhige Kurort Bad Kreuzen. Hier unterzog sich Bruckner vom 8. Mai bis zum 8. August 1867 einem „Naturheilverfahren". Gegen Ende seiner Tätigkeit in Linz, auf die wir bald zurückkommen werden, war er zusammengebrochen. Die Arbeitsbelastung, die geringe Anerkennung und die vergeblichen (Be-)Werbungen um eine bessere Stellung und um eine Ehefrau – zwei Angelegenheiten, die zwar verlockend, aber auch beängstigend waren – verursachten schließlich seine, wie er selbst sagt, *Gänzliche Verkommenheit und Verlassenheit – gänzliche Entnervung und Überreiztheit.*

Bad Kreuzen

Durch die Kur erholte er sich tatsächlich. Daß er hier seine f-Moll-Messe komponierte, wie auf der Tafel behauptet wird, ist unrichtig; er hat hier allenfalls mit ersten Skizzen begonnen. Musizieren, studieren oder arbeiten durfte er nicht, nur spazierengehen. Und da im Dorf keine direkten Spuren seines Aufenthalts mehr vorhanden sind, bleibt auch dem heutigen Bruckner-Pilger nichts anderes übrig, als einen Spaziergang in der heilsamen Landschaft zu unternehmen. Der Bruckner-Wanderweg zum Pfarrerwald (3,5 km, ausgeschildert) lohnt sich.

„BRUCKNERLAND"

Im Bundesland Oberösterreich ist Bruckner so sehr Protagonist der musikhistorischen Szene, und zugleich spielt dieses Land in Bruckners Leben eine so wichtige Rolle, daß sich für einmal die Möglichkeit bietet, eine Biographie unzerstückelt darzubieten, ohne die Topographie allzusehr durcheinanderzubringen. In diesem Abschnitt und am Anfang des nächsten findet man alle Stationen seines Lebens aus den Jahren 1824–1868 in chronologischer Folge.

JUGENDZEIT

Anton Bruckner wurde 1824 in Ansfelden geboren, als ältester Sohn eines Dorfschulmeisters. Das Geburtshaus wurde im vorigen Jahrhundert aufgestockt, im jetzigen gründlich renoviert und 1971 in ein Museum umgewandelt. Die vielen Ausstellungsstücke, die nur in Einzelfällen (z. B. das Clavichord aus Windhaag) direkt von Bruckner stammen, veranschaulichen die Lebensumstände des Knaben, das damalige Schulwesen und die Bedeutung des Komponisten.

ANSFELDEN
㉑
Augustinerstraße 3
🏛 * Bruckner

Eine Treppe führt vom tiefer gelegenen Haus unmittelbar zur Pfarrkirche hinauf, wo Taufbecken und unansehliche Orgel als Leitsterne sein künftiges Leben vorzeichnen. In dieser Kirche betätigte er sich als junger Organist. Neben ihr befindet sich die Grabstätte des Vaters. Unter den Kastanien des Dorfplatzes steht seit 1924 eine Büste des Komponisten.

Geburtshaus Bruckner, Ansfelden   *Bruckner-Tafel in Hörsching*

6

HÖRSCHING
22
Brucknerplatz 1
Bruckner

LINZ-EBELSBERG
23
Florianerstraße 2
Mutter Bruckner

24
Linz
Hofgasse 23
Präparandie

WINDHAAG
25
Am Schulberg 7
Bruckner

Da Ansfelden dem begabten Knaben wenig Möglichkeiten zur Entfaltung bieten konnte, wurde er 1835 einem ebenfalls begabten Verwandten, Johann Baptist Weiß, anvertraut. Auch er wohnte in einem Schulhaus, das noch erhalten ist. Dieser Weiß war ein recht unkonventioneller Kerl, dessen Hingabe an die Musik und dessen improvisatorische Talente den jungen Anton begeisterten und sogar zu Kompositionsversuchen anregten. (Bruckner hielt diesen Lehrer immer in Ehren und war entsetzt, 1850 zu hören, daß Weiß sich das Leben genommen hatte.)

Krankheit und Tod des Vaters (1837) veranlaßten tiefgreifende Änderungen. Antons Mutter siedelte mit den jüngeren Kindern nach Ebelsberg bei Linz um (sie starb dort 1860). Anton selbst wurde als Sängerknabe in das Stift Sankt Florian und als Pflegesohn in die Lehrerfamilie Bogner aufgenommen. Diesen Ort würde er zeitlebens als seine wahre Heimat betrachten, und er kehrte häufig dorthin zurück. Wir werden St. Florian besuchen, sobald Bruckners dortiges Lehrer- und Organistenamt 1845–55 zur Sprache kommt (→ 28).

Der Stimmbruch des Chorknaben führte 1840 zwangsläufig zu seiner Entlassung, und seine Berufswahl wurde unumgänglich. Wahrscheinlich wäre er am liebsten in das Kloster eingetreten, angesichts seiner Zukunft hätte er sich natürlich für das Musikstudium entscheiden müssen; er wählte aber den Lehrerberuf, *wia da Vater*, in seinen Worten.

Die sog. Präparandenkurse, Vorläufer der Lehrerausbildung, wurden in der Linzer „k.k. Haupt- und Musterschule" gehalten. Die Institution wurde 1805 gegründet und befand sich in dem alten Jörgerschen Freihaus am Osthang des Schloßhügels. Dort wurde der „Tonerl" mit etwa 40 gleichaltrigen Mitschülern in nur einem (!) Jahr auf den Beruf vorbereitet, dort erwarb er im August 1841 das Diplom. Es handelte sich nicht um ein Internat; die Knaben lebten in der Stadt, Bruckner in einem Haus in der Pfarrgasse, das im Zweiten Weltkrieg verwüstet wurde. Die Schule ist dagegen erhalten und wird natürlich auch in unseren späteren Rundgang durch Linz aufgenommen (32).

SCHULGEHILFENZEIT

„Tonerls" erste Stellung gab ihm Grund genug, seine Berufswahl zu bereuen. Im weit von seiner Heimat entfernten Windhaag, nahe der böhmischen Grenze, war er einer verständnislosen Bauerngemeinschaft und einem unsympathischen Vorgesetzten ausgeliefert. Meister Franz Fuchs sprang auf feudale Weise mit seinem siebzehnjährigen Famulus um und frustrierte den „halbverrückten Schulgehilfen" unaufhörlich.

Das mit zwei Bruckner-Gedenktafeln versehene Schulhaus steht am Ende des Dorfes. Die längliche Straßenfront wirkt etwas nüchtern, die Rückseite am Bach mit dem „Brucknerstein", auf dem er gerne mit Violinspiel oder Kompositionsversuchen eine schöne Stunde verbrachte, mutet idyllischer an. Das Haus ist dem Publikum nicht zugänglich.

Schulhaus in Windhaag

Bruckners Aufenthalt in Windhaag dauerte keine sechzehn Monate. In offenen Konflikt mit Fuchs geraten, wurde er durch die Vermittlung des ihm wohlgesinnten Stiftsherrn von St. Florian im Januar 1843 nach Kronstorf versetzt.

Die neue Stellung war *in jeder Weise ein Avancement*. Die Bedingungen waren zwar ähnlich, aber bald stellte sich heraus, daß Bruckner in Kronstorf höher geschätzt, herzlicher bewirtet und ihm großzügiger freigegeben wurde als im engstirnigen

KRONSTORF
㉖
Brucknerplatz 9
Bruckner

Windhaag. Außerdem war er in sein Heimatland zurückgekehrt; er konnte St. Florian und seine Familie in Ebelsberg öfter besuchen und seine musikalischen Kenntnisse erweitern. In Enns fand er einen fähigen Musiklehrer und in Steyr eine neue Inspirationsquelle: die Musik Franz Schuberts, die dort besonders gepflegt wurde, seit Schubert in den 20er Jahren mehrmals in dem Ort zu Gast gewesen war.

Das Schulhaus mit dem Brucknerzimmer ist zugänglich (Anmeldung im gegenüberliegenden Rathaus). „Zimmer" ist allerdings ein großes Wort für jene fünf bis sechs privaten Quadratmeter neben dem Klassenraum unter dem Dach. Der Platz scheint ihm gereicht zu haben, im Alter erinnerte er sich: *Dort in mein Kammerl, wo i a immer g'sessen hab, is ma alleweil gut ganga.* Ein Spinett, Leihgabe eines Dorfbewohners, stand im Unterrichtsraum.

Neben der Lehrtätigkeit gehörten Mesner- und Organistendienste in der Pfarrkirche zu seinen Aufgaben. Die kleine Orgel

Kronstorf, Brucknerhaus und Kirche

6

Brucknerplatz
Pfarrkirche 🏛

aus Bruckners Zeit wurde 1879 durch ein zweimanualiges Instrument von Matthias Mauracher ersetzt. Mauracher war Bruckners bevorzugter Orgelbauer, von dem aber nur wenige Orgeln unversehrt erhalten sind, da ihre typisch romantische Disposition später nicht mehr gefiel. Kronstorf ist stolz, noch über eine zu verfügen. Von den 11 Registern gilt Philomela 8' (Nachtigall) als eine Mauracher-Spezialität.

ENNS
27
Kirchenplatz 5
Zenetti 📄

Dreimal wöchentlich besuchte Bruckner seinen Musiklehrer in Enns – eineinhalb Stunden zu Fuß. Der Organist und Regenschori Leopold Edler von Zenetti war ein wenig fortschrittlicher, aber tüchtiger Musiker, der dem lernbegierigen jungen Mann ein erstes musiktheoretisches Fundament verschaffte. Sein Haus – nicht so vornehm wie sein Name – ist im ursprünglichen Zustand erhalten.

SANKT FLORIAN

28
Marktplatz 2
Bruckner 📄

Im September 1845 konnte Bruckner die Stellung einnehmen, nach der er sich schon länger sehnte: Lehrer in St. Florian. Er zog abermals in das Schulhaus, das er vor fünf Jahren verlassen hatte. Es steht unten im Dorfe; in der rechten Hälfte (heute das Postamt) könnten die Klassenräume gewesen sein, Bruckners Privaträume befanden sich im linken Teil – eine Gedenktafel unter dem Fenster weist darauf hin. Besucher haben keinen Zugang.

Enns, Wohnung Zenettis

St. Florian – Stiftskirche

Das Augustiner Chorherrenstift Sankt Florian gehört zu den prachtvollsten Baudenkmälern des 18. Jahrhunderts. Quellen über die ältere Klostergeschichte (ab 800), insbesondere musikalische, sind aber rar. Als um das Jahr 1750 die riesige neue Bibliothek eingerichtet wurde, scheint man die derzeit nicht mehr verwendeten Musikalien – und das bedeutete damals alle nicht mehr „aktuelle" Musik – mit dem Schutt abtransportiert zu haben.

**Stiftskirche
Bruckner,**

ORGELGESCHICHTE

Ein Denkmal der Tonkunst ist die große Orgel der Stiftskirche mit ihrer bemerkenswerten Baugeschichte. Sie wurde 1774 von dem aus Slowenien gebürtigen Fr.X. Chrismann gebaut. Mit ihren drei Manualen, 74 Registern und 5230 Pfeifen war es die größte Orgel Österreichs. Sie war es noch immer, als ein Jahrhundert später ein Umbau durchgeführt wurde, der wesentliche Änderungen der Disposition und die die Erweiterung auf vier Manuale umfaßte. Ein weiterer Umbau, 1931, brachte wieder neue Register, elektrische Traktur und eine Kegellade; vom ursprünglichen Charakter des Instruments war wenig übrig geblieben.

Während des 2. Weltkrieges wurde das Stift von den Nazibehörden enteignet und an die Berliner Rundfunkgesellschaft verpachtet. Diese wollte eine Art „Bruckner-Bayreuth" ins Leben rufen und die Orgel in eine moderne Konzertorgel verwandeln. So weit ist es nicht gekommen. Im Gegenteil, mit dem dritten Umbau (Zika, 1945–51) versuchte man, etwas von dem ursprünglich glanzvollen Klang zurückzugewinnen. Das heutige Instrument (elektr. Traktur, 103 Reg., 7343 Pfeifen) ist ein Kompromiß; nicht nur Chrismann sollte zu seinem Recht kommen, sondern auch Bruckner, der berühmteste Spieler dieser Orgel. Zwar war es die Chrismann-Orgel gewesen, die den Chorknaben und den Schüler Anton Kattingers begeistert hatte und auf der er ab 1848 als Kattingers Nachfolger seine spielerischen Qualitäten zeigen konnte. Aber an die schwere Traktur und sonstige Unbequemlichkeiten hatte er weniger schöne Erinnerungen bewahrt, und er – gewiß kein Orgelpurist – war denn auch derjenige gewesen, der zum ersten Umbau angeregt und dazu Mauracher empfohlen hatte.

Es gibt noch eine Mauracher-Orgel, in der Marienkapelle. Sie wurde im Auftrag eines bescheidenen Gärtners und Kalkanten (= Orgeltreter) des Stiftes gebaut. Dies war Bruckners jüngerer Bruder Ignaz, der nach Antons Tod das Geld seiner Erbschaft auf ehrenvolle Weise verwenden wollte. (Die beiden Brüder hatten sich immer gut verstanden. Ignaz († 1913) wurde auf dem Friedhof von St. Florian begraben, ebenso wie zwei seiner Schwestern.)

Ein noch bescheideneres Instrument ist das Pedalharmonium, das Bruckner 1869–71 für die Orgelstunden am Wiener Konservatorium benutzte, es darauf als Privateigentum erwarb und am Ende seines Lebens seinem Arzt vererbte. Schließlich gelangte es nach St. Florian, wo es mit Ausnahme der Jahre 1968–77, in denen es der Laurentiuskirche in Enns-Lorch geliehen wurde, bis heute aufbewahrt wird.

6

Wie gesagt, fand auch Anton in St. Florian seine letzte Ruhestätte, aber nicht auf dem Friedhof. Den Grabstein gewahrt man im
Boden der Stiftskirche, direkt unter der Orgelbank und über dem
Zinksarkophag mit seinen Überresten, der, von unzähligen Schä-
deln und Gebeinen früherer Verstorbener umgeben, in der Kryp-
ta aufgestellt ist.

An die dreizehn Kaiserzimmer im Stiftgebäude schließt sich
das sog. Brucknerzimmer an, in dem Möbel aus seiner letzten
Wohnung einen Platz fanden, einschließlich des Bösendorfer-Flü-
gels, den er 1848 von dem Sekretär des Stiftes geerbt und seine
ganze Laufbahn hindurch benutzt hatte. Das eigentliche Arbeits-
und vorübergehend auch Wohnzimmer Bruckners war das heute
nicht allgemein zugängliche Musikzimmer Nr. 4.

In den letzten Florianer Jahren kam Bruckner, der nun als
Berufsorganist tätig war und auch eifrig weiterkomponierte
(*Requiem* und andere Chorwerke), zu der Überzeugung, daß nicht
das Lehramt, sondern die Musik seine Zukunft bestimmen würde.
St. Florian wurde zu eng; nach langem Zögern wagte er 1855 den
Sprung nach Linz.

LINZ

Linz ist weniger höfisch geprägt als die übrigen Musikzentren der
Republik – Graz, Salzburg und Wien. Lediglich von 1485 bis 1493
residierte im Linzer Schloß Kaiser Friedrich III. In der Linzer Musikgeschichte vor 1750 ist der aus Flandern stammende Hofkapellmeister Arnold von Bruck (= van Brugge) der bekannteste Name;
er lebte hier von 1548 bis zu seinem Tode 1553. Während später
keine Geringeren als Mozart, Beethoven und Schubert zu Gast
gewesen waren, wurde Linz jedoch in erster Linie Brucknerstadt.

Die oberösterreichische Landeshauptstadt ernannte 1894
ihren früheren Dom- und Stadtorganisten zum Ehrenbürger. Ganz
problemlos war Bruckners Verhältnis zu dieser „Durchgangssta-
tion" auf dem Weg vom geliebten St. Florian in das heißbegehrte
Wien nicht gewesen. Trotzdem ist nicht zu leugnen, daß die Linzer
Periode (1855–68) ihn musikalisch am stärksten geprägt hat.

Zum ersten Mal war Bruckner ausschließlich als Berufsmusiker tätig und bereitete sich systematisch auf eine Komponisten-
laufbahn vor. Das Studium bei Sechter – schon 1855 angefangen, ab 1857 regelmäßig – ist durch jährliche Zeugnisse dokumentiert, die ihn nacheinander als „Lehrer", „einsichtsvollen und
redlichen Fortpflanzer" und schließlich als „Meister" der Musiktheorie bezeichneten. Im November 1861 bestand Bruckner die
Abschlußprüfungen, mit glänzendem Erfolg. Darauf unterwarf er
sich dem klassisch-formalen Kompositionsunterricht des Linzer
Kapellmeisters Otto Kitzler, der ihm aber auch die Ohren für die
unklassischen Klänge Wagners öffnete und ihn zum Experimen-
tieren anregte. Kitzlers „Freispruch" erfolgte im Juli 1863. Noch
in Linz entstanden die ersten Meisterwerke: die „nullte" und die
erste Sinfonie, die Messen in d, e und f. Aber mehr als je zuvor

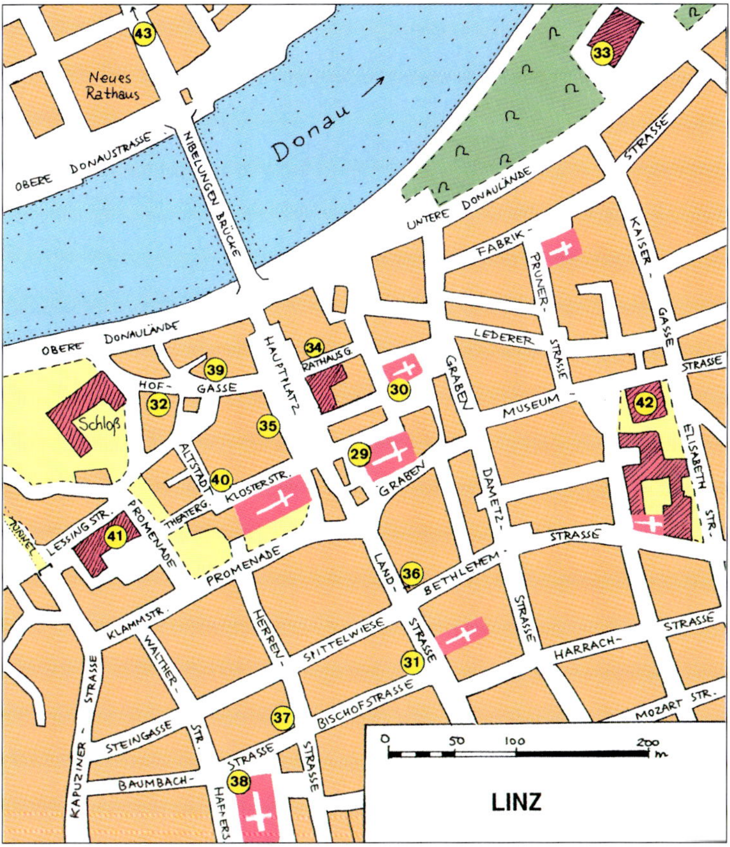

[Map of Linz with numbered markers: 43, 33, 34, 39, 32, 35, 30, 29, 42, 40, 41, 36, 31, 37, 38. Labels include: Neues Rathaus, Donau, OBERE DONAUSTRASSE, NIBELUNGEN BRÜCKE, UNTERE DONAULÄNDE, OBERE DONAULÄNDE, HAUPTPLATZ, HOF GASSE, RATHAUS G., FABRIK-STRASSE, PRUNER-STRASSE, LEDERER-STRASSE, KAISER-GASSE, STRASSE, MUSEUM-STRASSE, Schloß, ALTSTADT, THEATERG., KLOSTERSTR., PROMENADE, GRABEN, DAMETZ-STRASSE, ELISABETH-STR., LESSING STR., TUNNEL, KLAMMSTR., WALTHER-STRASSE, HERREN-, SPITTELWIESE, LAND-STRASSE, BETHLEHEM-STRASSE, STRASSE, HARRACH-STRASSE, KAPUZINER-STRASSE, STEINGASSE, BISCHOFSTRASSE, STRASSE, MOZART STR., BAUMBACH-STRASSE, HAFNER-STRASSE, LINZ. Scale bar: 0, 50, 100, 200 m]

zog es Bruckner nach Wien. *Ich bin hier oft sehr mißmutig und traurig. Falsche Welt – jämmerliche Pagage* (1864). Erst im Herbst 1868 wurde er, nach einer schweren Krise (→ 20), zum Hoforganisten „in Expektanz" und zum Professor am Wiener Konservatorium ernannt. Die Querelen würden nicht aufhören, sondern nur ein höheres Niveau erreichen ...

Im Dezember 1855 trat Bruckner seinen Dienst als Organist der beiden Hauptkirchen von Linz an. Die Domkirche war im 17. Jahrhundert als St. Ignatiuskirche für die Jesuiten erbaut und 1785 dem neugegründeten Bistum zur Verfügung gestellt worden. Seit ein neuer Dom ihre Funktion übernommen hat (→ 38), wird sie „Alter Dom" genannt. Die Orgel wurde 1790 von Fr.X. Chrismann

AUF BRUCKNERS
SPUREN
㉙
Domgasse:
Alter Dom
 **Bruckner**

erbaut, aber 1865–67 von J. Breinbauer nach Bruckners Spezifikationen verändert.

30 Pfarrplatz:
Pfarrkirche
Bruckner 🗐, 🏛

Die ursprünglich gotische Stadtpfarrkirche ist die zweite Brucknerkirche in Linz. An beiden Gebäuden befinden sich Relieftafeln zu seiner Ehre. Die Orgel, 1853 von Ludwig Moser erbaut (2 Manuale, 38 Register) und 1879 – also nach Bruckners Zeit – mit einem Manual und zwei Registern erweitert, kann nur mit einigem Vorbehalt als Bruckner-Orgel betrachtet werden.

Die Suche nach Bruckners Wohnungen ist weniger ergiebig. Am wichtigsten wäre das Mesnerhaus der Stadtpfarrkirche, das aber nicht mehr existiert. Nur vorübergehend hatte der Ex-Florianer im barocken Florianerhaus gewohnt, in dem sich heute eine Buchhandlung niedergelassen hat.

Orgel der Stadtpfarrkirche

31 32
Landstraße 22
Florianerhaus
Bruckner
Hofgasse 23
Präparandie
Bruckner 🗐
33
Unteres Donau-
gelände
Brucknerhaus, Δ

Das Haus, in dem der angehende Lehrer 1840–41 lebte, wurde bei einem Bombenangriff zerstört, die Schule, in der er seine Lehrerausbildung machte, ist wiederum erhalten (vgl. 24). Auf einer Gedenktafel ist zu lesen, daß außer Bruckner auch Rainer Maria Rilke hier studiert hat.

Seit dem Brucknerjahr 1974 – und nach einem halben Jahrhundert von ständig wechselnden Plänen – verfügt die Stadt endlich über ein vorzügliches Konzerthaus, das Brucknerhaus getauft wurde. Architekt war der Finne Heikko Siren, die Orgel ist vom holländischen Orgelbauer Flentrop. In der Nähe wurde zugleich eine Büste Bruckners enthüllt. Alljährlich im September findet ein Brucknerfestival statt, zu dessen Eröffnung jeweils das große Volksfest *Klangwolke* veranstaltet wird,

Präparandie

ein audio-visuelles Spektakel mit Feuerwerk, Lasershow und Riesenlärm.

Eine bescheidene Erinnerung an Bruckner ist schließlich die Gedenktafel am Rathaus. An dieser Stelle müssen wir uns von ihm verabschieden, damit die restliche Musikgeschichte nicht aus dem Blickfeld gerät.

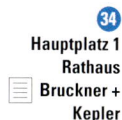

Hauptplatz 1
Rathaus
Bruckner +
Kepler

SONSTIGE
MUSIKSTÄTTEN

Eine zweite Gedenktafel am Rathaus ehrt den Astronom Johannes Kepler, der in diesem Führer auch einen gerechten Platz einnimmt. Seine in Linz verfaßte und gedruckte Abhandlung *Harmonices Mundi Libri V* (1619) ist ein Standardwerk über die kosmische Harmonie und deren tönendes Abbild: die Musik. Der verbindende Faktor ist hier die Zahl. In den Zahlenverhältnissen der Intervalle und Akkorde kommt das gleiche Prinzip zum Ausdruck wie in denen des Kreislaufs der Himmelskörper. Diese Idee, im 6. Jahrhundert v. Chr. von Pythagoras aufgenommen und im Mittelalter weit verbreitet („musica mundana"), inspirierte auch spätere Generationen. Die musiktheoretischen Schriften Hans Kaysers und die Kepler-Oper *Harmonie der Welt* sowie die Sinfonie gleichen Namens von Paul Hindemith sind Beispiele aus unserer Zeit; auch in manchen außereuropäischen Kulturen werden gleichartige Ideen noch vertreten.

Kepler wohnte wenige Schritte vom Rathaus entfernt.

Rathausgasse 5
Kepler

Hauptplatz 34
Beethoven

Ebenfalls am Hauptplatz befand sich der Gasthof „Stadt Frankfurt". Eine Gedenktafel weist auf Beethovens Aufenthalt im Jahre 1812 und sogar auf die Komposition der achten Sinfonie hin. Die Richtigkeit dieser Angabe ist nicht nachzuweisen, wohl aber zwei Beethoven-Adressen: Herrengasse 34, wo er am Flügel phantasierte, und Hauptplatz 8, wo er bei seinem Bruder Johann weilte. Die zwei Häuser stehen nicht mehr; „Hauptplatz 34" könnte eine Vermischung der beiden Adressen sein!

Alarmiert von einer Nachricht über das Vorhaben seines Bruders, eine Frau von bedenklicher Sittlichkeit vor den Traualtar zu führen, war Beethoven spornstreichs nach Linz gereist, wo Johann sich als Apotheker am Hauptplatz niedergelassen hatte (das Haus „Zur goldenen Krone" wurde 1872 abgerissen). Er konnte die Heirat nicht verhindern. Wie wir bereits wissen (→ 12), würde er 16 Jahre später seinen inzwischen wohlhabenden Bruder in Gneixendorf besuchen. Das Paar war also trotz vieler Unkenrufe noch immer zusammen.

An dem klotzigen Nachfolgegebäude des einstigen „Burgerhofs" – ein mittelalterliches Spital, das 1786 in ein Mietshaus umgewandelt und in unserem Jahrhundert abgerissen wurde – ist vermerkt, daß Schubert 1819 hier weilte. Korrekt wären die Jahresangaben 1823 und 1825; er war zu Gast bei der Schwester und dem Schwager seines Freundes Josef von Spaun.

6

Landstraße 15
Schubert

Spauns Mutter und Geschwister wohnten 1819 noch in einem schönen, gut erhaltenen Haus, an dem sich keine Gedenktafel findet. Hier hatte Schubert 1819 verkehrt und wahrscheinlich auch gewohnt. Besuche in den Jahren 1823 und 1825, als Maximilian

Herrengasse 24
Spaun

38
Neuer Dom

von Spaun noch immer in diesem Haus lebte, sind ebenso wahrscheinlich. Die Schubert-Gedenktafel wäre hier besser am Platz.

Unweit der letztgenannten Adresse steht der neugotische Neue Dom, zwischen 1862 und 1924 errichtet und der größte Kirchenbau Österreichs. Die 1968 von dem hervorragenden dänischen Orgelbauer Marcussen gelieferte Orgel wirkt mit ihrem 32-Fuß in der Front genau so großartig wie das riesige Gebäude. Das viermanualige Instrument, mit mechanischer Traktur, ist ein erstklassiges Beispiel zeitgenössischer Orgelbaukunst.

Wer früher zwischen Wien und Salzburg reiste, machte immer auch in Linz Station. So hat auch Mozart die Stadt häufig besucht. Zwei seiner dortigen Besuche sind dokumentarisch belegt und hinterließen greifbare Erinnerungen.

Linz, im Hintergrund Mozarts Quartier in der Hofgasse

39
Hofgasse 14
Mozart

Der erste war im September 1762 mit Vater und Schwester. Leopold schreibt: *Wir wohnen bei einem gewissen Kiener. Wir sind sehr wohl bedienet. Es sind 2 Jungfern, die nach dem Tode ihrer Ältern die Wirthschaft fortführen, und die meine Kinder so lieben, daß sie uns alles thun, was nur immer in ihren Kräften ist. Meine Kinder setzen übrigens alles in Verwunderung; sonderheitlich der Bub ...* Das ehemalige Gasthaus „Zur Dreifaltigkeit" steht unweit von Bruckners Lehrerseminar, an einer der schönsten Ecken der Stadt.

40
Altstadt 17
Mozart

Im zweiten Fall handelt es sich um eine Unterbrechung der Rückreise aus Salzburg, wo Mozart im Herbst 1783 erstmals mit Constanze Vater Leopold besucht hatte. Jetzt kommt er selbst zu Wort: *... Dienstag als den 4ten: November werde ich hier im theater academie geben. – und weil ich keine einzige Simphonie bey mir habe, so schreibe ich über hals und kopf an einer Neuen, welche bis dahin fertig seyn muß. – Nun muß ich schlüssen, weil ich nothwendigerweise arbeiten muß ...* Er traf am 30. Oktober ein, drei Tage später war die „Linzer" Sinfonie vollendet. Das Haus, in dem diese Meisterleistung vollbracht wurde, ist ebenfalls erhalten. Als „Starhembergisches Freihaus" im 17. Jahrhundert errichtet, war es 1779–89 im Besitz eines Mitglieds der gräflichen Familie Thun, der man in der Musikgeschichte häufiger begegnet (auch bei Chopin, Smetana u. a.). Es diente viele Jahre als Fremdenverkehrsamt.

Das Theater, von dem Mozart spricht, steht nicht mehr; das heutige wurde 20 Jahre nach seinem Auftritt eröffnet und 1958 umgebaut und erweitert, ohne sein klassizistisches Aussehen zu verlieren. Architektonisches Vorbild war 1803 das um zwei Jahre ältere „Theater an der Wien" gewesen. Einer der Initiatoren war der Stadtturnermeister, Stadtpfarr-Kapellmeister, Musikschuldirektor, Konzert- und Theaterunternehmer, Musikskribent, -Händler und -Verleger, kurzum der vielseitige Fr.X. Glöggl.

🄬 Promenade 39
♫ Landestheater

Das heutige Angebot des Stadttheaters umfaßt alle Gattungen des Musiktheaters. Die meisten Konzerte finden im Brucknerhaus (s.o.) statt.

Das Oberösterreichische Landesmuseum Francisco-Carolinum, das über mehrere Gebäude in der Stadt verteilt ist, verfügt über eine beträchtliche Musikalien- und Instrumentensammlung. Die Grundlage bildeten Schenkungen des obengenannten Glöggl (1835) und des Stiftes Kremsmünster (1839). Die Instrumentensammlung umfaßt an die 250 Stücke überwiegend europäischer Herkunft. Vergessen Sie nicht das Mozart-Bild aus Ybbs (→ 15)!

🄬 Museumstraße 14
🏛 Instrumente

Das Bruckner-Konservatorium ist ein moderner Gebäudekomplex von 1970 und befindet sich im Stadtteil Urfahr, nördlich der Donau.

🄬 Wildbergstraße 18
Konservatorium

OBERÖSTERREICH NORD

6

In geographischer Hinsicht überschneidet dieser Abschnitt einen Teil des „Brucknerlandes"; die dort bereits behandelten Brucknerstätten bleiben hier außer Betracht.

Am Südufer der Donau, 8 km westlich von Linz, steht die Zisterzienserabtei Wilhering. Das Innere der Abteikirche Mariä Himmelfahrt gilt als ein einzigartiger Höhepunkt des Rokokostils. Auf dem Chor sieht man rechts die Kanzel, links ihr Gegenstück: die einmanualige Seitenorgel des Nikolaus Rum(m)el d. Ä. aus dem Jahr 1746. Über der Kanzel thront der Stifter des Zisterzienserordens, St. Bernardus; über der Orgel König David. Werden rechts die Glaubenswahrheiten verkündigt, so bewährte sich links zu deren Einprägung die Musik. Die Orgel verfügt über 11 Register und war ein Lieblingsinstrument Bruckners. Das Unheil einer „Verbesserung", die 1928 vorgesehen war, ist dem Rokokoinstrument er-

WILHERING
🄬 Stiftskirche

6B: OBERÖSTERREICH

spart geblieben. Die größere Hauptorgel stammt aus dem Jahr 1884 und ist nicht weiter beachtenswert. In der Kirche finden Konzerte statt, zum Teil im Rahmen des Linzer Brucknerfestes.

EFERDING
45
Schaumburgstraße 6
* J. N. David

In Eferding wurde 1895 der Komponist Johann Nepomuk David geboren. Seine Laufbahn weist Parallelen mit Bruckners auf: Florianer, Schullehrer und Musikstudent, Organist, schließlich Komponist und Kompositionslehrer. Er wurde von Josef Marx unterrichtet, aber auch von Schönberg beeinflußt. Sein umfangreiches Œuvre zeigt einen stark polyphonen Charakter und ist manchmal von den Klanggesetzen der Orgel geprägt. David siedelte 1934 nach Deutschland über und starb 1977 in Stuttgart.

WAIZENKIRCHEN
46
Dr.-W.-Kienzl-Str. 1
* Kienzl

Im Geburtsjahr Davids erklang zum ersten Mal *Der Evangelimann* von Wilhelm Kienzl, eine Oper, deren merkwürdige Mischung von Wagnerianismus und naiver Romantik mit den Opern seines deutschen Zeitgenossen Humperdinck zu vergleichen ist. An den vielen Gedenktafeln, die immer wieder an den *Evangelimann* erinnern (Wien, Vöcklabruck, Aussee, Graz), ist die große Popularität dieses Werkes abzulesen. Kienzls übrige Werke, die eine ähnlich stilisierte Volkstümlichkeit aufweisen, hört man selten; die erste Nationalhymne der Österreichischen Republik, die er auf einen Text des Staatskanzlers Karl Renner komponiert hatte, fand nie großen Anklang und wurde 1945 ersetzt. Das Haus in Waizenkirchen, in dem er 1857 geboren wurde, ist heute ein Kienzl-Museum.

Die Stiftskirche Mariä Himmelfahrt in Schlägl (Aigen im Mühlkreis) verfügt über die älteste Orgel Oberösterreichs. Sie wurde 1634 von Andreas Putz in ein eindrucksvolles Gehäuse Georg Obermayers eingebaut. Das im Renaissancestil gehaltene Instrument umfaßt 2 Manuale, Pedal und 22 Register, darunter 7- bis 10-fache Mixturen. An der Rückwand des Gehäuses befinden sich der Spieltisch sowie ein dreiteiliger Prinzipalprospekt. Wie im frühen Orgelbau üblich, liegen nicht die oberen bzw. unteren Pfeifenenden, sondern die Labien auf einer waagerechten Linie.
 Nach einer bewegten Geschichte voller Feuersbrünste und Umbauten wurde dieses Orgeldenkmal 1960 vom schweizer Orgelbauer Th. Kuhn in seiner ursprünglichen Form wiederhergestellt.

SCHLÄGL
47
Stiftskirche

Ebenfalls am Rande des Böhmerwaldes, gleich an der tschechischen Grenze, liegt Haslach a.d. Mühl, wo sich tatsächlich vier Museen befinden. Eines ist der mechanischen Musik gewidmet; Drehorgeln, Spieldosen, automatische Klaviere, Orchestrien usw. vom Barock bis zur Gegenwart werden hier gezeigt.

HASLACH A.D. MÜHL
48
Windgasse 9
Mech. Instr.

Wenige Kilometer östlich von Linz, in Steyregg, stand bis zu seiner Vernichtung im 2. Weltkrieg das 1778 errichtete Neue Schloß. Dort waren im Juli 1825 Schubert und Vogl einige Tage zu Gast. An eine Familie berichtete Schubert: *In Steyereck kehrten wir bei der Gräfin Weißenwolf ein, die eine große Verehrerin meiner Wenigkeit ist, alle meine Sachen besitzt und auch manches recht hübsch singt. Die Walter Scott'schen Lieder machen einen so überaus günstigen Eindruck auf sie, daß sie sogar merken ließ, als wäre ihr die Dedication derselben nichts weniger als unangenehm ...* Unter den fünf Liedern aus Walter Scotts *The Lady of the Lake* in einer Übersetzung von D.A. Storck ist das berühmte *Ave Maria*; die Lieder wurden tatsächlich der Gräfin gewidmet. Eine Gedenktafel prangt an der Außenmauer des Schloßparks.

STEYREGG
49
Neues Schloß
Schubert

6

STEYR

Wichtiger sind Schuberts Verbindungen zu Steyr. Zwei seiner Freunde – Vogl und Mayrhofer – wurden hier geboren. Schubert selbst besuchte die Stadt in den Jahren 1819, 1823 und 1825.

Häuser in Steyr

Stadtplatz 34
Schubert

Die Altstadt von Steyr ist eine der schönsten Österreichs. Ein Blickfang am herrlichen Stadtplatz ist das spätgotische „Bummlerhaus"; das ebenfalls gotische Nebenhaus, Nr. 34, bekam wie viele Häuser am Platz eine klassizistische Fassade. Hier fand Schubert 1819 für zwei Monate eine Unterkunft. Außer seinem

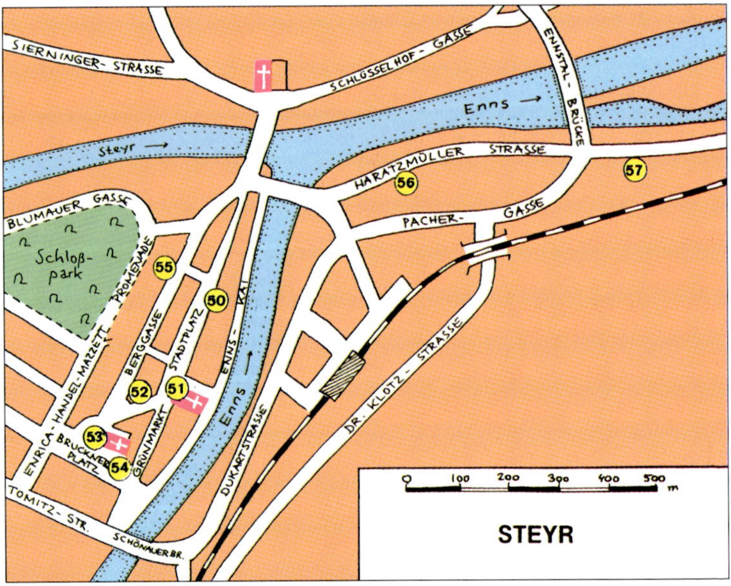

Gastgeber, Dr. Albert Schellmann, lebten hier mehrere Familien; Schubert zählte insgesamt *acht Mädchen, beynahe alle hübsch. Du siehst daß man zu tun hat.* Gespeist wurde im Hause Nr. 11, in dem Vogl eingekehrt war, während man bei dem wohlhabenden Musikfreund Silvester Paumgartner vor allem musizierte. Dieser Vorfahr des bekannten Befürworters der Salzburgischen Mozartpflege, Bernhard P., war der Auftraggeber des *Forellenquintetts*, das allerdings nicht mehr hier, sondern in Wien komponiert wurde. Im Hause Paumgartners wohnte Schubert während seiner späteren Besuche. Nur am letzten der drei „Schuberthäuser" am Stadtplatz ist eine Gedenktafel angebracht.

Am Ende des Platzes steht die Dominikanerkirche. An der damaligen evangelischen Schulkirche wirkte 1609–25 der aus Württemberg gebürtige Komponist, Organist und Orgelmacher Paul Peuerl. Fleißige Hausmusikanten kennen gewiß seine Tanzsuiten; er soll die ersten deutschen Variationssuiten (d. h. vier Tänze, auf derselben Melodie basierend) komponiert haben. Er verließ die Stadt 1625 aus Angst vor Verfolgung wegen seines protestantischen Glaubens. Über sein weiteres Leben ist nichts bekannt.

In einem Haus zwischen Stadtplatz und Stadtpfarrkirche wurde am 5. November 1787 Schuberts Freund Johann Mayrhofer geboren. (Die Gedenktafel gibt versehentlich den 22. Oktober an.) Er war 1818–20 Schuberts Stubenkamerad (→ 1.61, 64); 47 Lieder und zwei Opernlibretti seiner Hand wurden von Schubert vertont. *Mayrhofer versicherte oft, seine Gedichte seien ihm erst lieb und klar, wenn Schubert sie in Musik gesetzt*, liest man in den Erinnerungen Josef Spauns. Er war ein Melancholiker, der seine Stellung am Wiener Zensuramt verabscheute und sich 1836 das Leben nahm.

Geht man nun die schmale Straße, in der Mayrhofers Geburtshaus steht, weiter hinauf, so erreicht man die über die Dachlandschaft hinausragende Stadtpfarrkirche Hl. Ägydius und Hl. Koloman. Den Kirchenchor leitete um 1820 Schuberts Bewun-

Stadtplatz 11
Schubert

Stadtplatz 16
Schubert

51
Stadtplatz
Dominikanerkirche

52
Pfarrgasse 12
* Mayerhofer

53
Brucknerplatz
Pfarrkirche,
Δ Bruckner

6

Mesnerhaus mit Brucknerstiege in Steyr

derer Paumgartner. Daß Schubert ihm Kirchenkompositionen zur Verfügung stellte und daß sie hier schon frühzeitig erklangen, ist sehr wahrscheinlich. Sie dürfen hier noch häufig aufgeführt worden sein, als einige Dezennien später der Kronstorfer Schulgehilfe Anton Bruckner die Stadt besuchte, lernte er doch gerade hier Schuberts Musik kennen. Ihn lockte auch die Chrismann-Orgel, von der nur ein Teil des Pfeifenwerks für das heutige Instrument verwendet wurde.

Brucknerplatz 4
Pfarrhof
Bruckner

Intensivere Beziehungen zwischen Steyr und Bruckner wurden am Ende seines Lebens geknüpft, als sein Lieblingsschüler und Freund Franz Bayer Regenschori der Stadtpfarrkirche war. *Hier schuf Dr. Anton Bruckner in den Ferienmonaten der Jahre 1886–1894 seine letzten großen Werke*, jauchzt eine Gedenktafel am Pfarrhof. Anders gesagt: Hier war Bruckner (erst seit November 1891 Dr. Anton Bruckner) in der erwähnten Periode ein willkommener Gast, hier arbeitete er an der Vollendung der achten und an der neunten Sinfonie und hier feierte er außerdem seinen 70. Geburtstag. Manchmal erklomm er auch die malerische Außentreppe des mittelalterlichen Mesnerhauses, in dem sein Freund Bayer lebte; sie wird heute „Brucknerstiege" genannt. Am selben Platz steht schließlich das älteste Brucknerdenkmal Österreichs. Es wurde schon 1898, ein Jahr nach seinem Tode, errichtet. Die meisterhafte Büste ist ein Werk Viktor Tilgners (sie wurde 1899 auch für das Denkmal im Wiener Stadtpark verwendet). Beinahe müßig zu erwähnen, daß der alte Pfarrplatz seitdem Brucknerplatz heißt.

Brucknerplatz 6
Mesnerhaus
Brucknerstiege

Erinnerungen an das Eisengewerbe, seit Menschengedenken die Haupteinnahmequelle Steyrs, aber auch an die kulturelle und musikalische Vergangenheit bietet das 1612 erbaute Lagerhaus „Innenberger Stadel", jetzt Heimathaus.

54
Grünmarkt 26
 Heimathaus

Eine der ältesten erhaltenen Schaubühnen Österreichs ist das 1792 in der ehemaligen Cölesterinenkirche eingerichtete Alte Theater.

55
Berggasse
Altes Theater

In einer Straße der Vorstadt Ennsdorf (nur durch eine Brücke von der Altstadt getrennt) begegnen wir noch zweimal Schuberts Freundeskreis. Das 1586 erbaute Lustschloß Engelhof war zu Schuberts Zeit im Besitz der Familie Schellmann, bei der er 1819 wohnte, und wurde

56
Haratzmüller-
straße 66–68
Engelhof, Schubert

Steyr, Engelhof, vom Industriekomplex überragt

gewiß von ihm besucht. Hinter dem malerischen alten Bau erhebt sich heute der enorme Fabrikkomplex der Steyr-Daimler-Puch-A.G. – ein eigenartiger Anblick.

In derselben Straße wurde 1768 Johann Michael Vogl geboren. Schon als k.k.Hofopernsänger ein Idol Schuberts, tat er sich bald als Interpret von Liedern Schuberts hervor. Vogl war auch der treue Reisegefährte in Oberösterreich. Von hier schrieb Schubert seinem Bruder Ferdinand über das gemeinsame Musizieren: *Die Art und Weise, wie Vogl singt und ich accompagnire, wie wir in einem solchen Augenblick Eins zu sein scheinen, ist diesen Leuten etwas ganz neues, unerhörtes.*

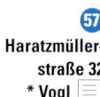

Haratzmüller-straße 32
***** Vogl

OBERÖSTERREICH SÜD

BAD HALL

Mit Komponieren allein kann sich ein junger Musiker sein Brot nicht verdienen. Während der Arbeit an *Das Klagende Lied* nahm der zwanzigjährige Gustav Mahler sich einen Theateragenten namens Gustav Lewy und bekam durch dessen Vermittlung bald seine erste Stellung: Kurkapellmeister in dem 1873 eröffneten Sommertheater von Bad Hall. In dem wackeligen Musentempel mit 188 Plätzen sollten *die besten und neuesten Operetten und Lustspiele* aufgeführt werden, vorzugsweise nicht bei Beleuchtung sondern nachmittags, da der Holzbau feuergefährdet war. Mahlers Aufgabe umfaßte die verschiedensten Tätigkeiten: neben Dirigieren auch das Administrieren, Putzen und Babysitten. Die Gage betrug 1 Gulden pro Tag, minus 5 % für Lewy.

Aus der Gagenliste des Haller Theaters

Nicht nur die materiellen Verhältnisse waren jämmerlich, auch das künstlerische Niveau war so deprimierend, daß Mahler Bad Hall nach einer Saison verließ. Aber der Taktstock gefiel ihm, und die harte Schule würde seiner künftigen Laufbahn zugute kommen.

Das heutige Bad Hall trägt Mahler anscheinend nicht zur Schau. Das Holztheater wurde schon 1883 geschlossen und schließlich abgerissen; kein Denkmal, keine Gedenktafel. Jedoch findet sich eine Würdigung für Robert Stolz, der hier niemals weilte, dessen Musik aber sichtlich mehr geschätzt wird. Ein erstrangiges Mahler-Jubiläums-Konzert zog 1980 gerade zwanzig Zuhörer an, während die jährlichen Operettenfestspiele Tausende in das 1883 erbaute und 1958 renovierte neue Theater locken. Man denke aber nicht, Mahler sei vergessen. Im Heimathaus steht seine Büste, und einige Vitrinen veranschaulichen die Haller Theatergeschichte und die Periode Mahler.

Von den Vorbereitungen zu diesem Buch angeregt, hat der Museumsstab erstmals ausfindig gemacht, wo Mahler einquar-

Trinkhalle
Stolz

Eduard-Bach-Str. 4
Heimathaus (Mahler)

Pfarrkircherstr. 11
Mahler

tiert war. Dazu hat man seinen Brief vom
21. Juli 1880 an A. Spieler herangezogen: *Als
Kuriosum, lieber Freund, schreib ich Dir auf
diesem Carton. Das Haus, über das ich das
Kreuz hingemalt habe, ist mein Wohnort.* Erst
jetzt stellte sich heraus, daß das Ortsbild im
Briefkopf sich nicht auf Bad Hall, sondern auf
den Nachbarort Pfarrkirchen bezieht. Das mit
einem Kreuz bezeichnete Haus konnte nun
identifiziert werden. Es steht noch, eine
Gedenktafel ist vorgesehen.

*Kurtheater Bad Hall
um 1880 (Mahler)*

KREMSMÜNSTER
60
Abtei ⛪
Schubert, Bruckner

Das Benediktinerstift Kremsmünster, dessen Geschichte auf das
8. Jahrhundert zurückgeht, ist in Größe, Bedeutung und barocker
Prachtentfaltung mit St. Florian zu vergleichen, es bietet außerdem noch einige bemerkenswerte Extras, wie den Fischkalter (um
1700) und die Sternwarte (um 1750; „ältester Wolkenkratzer").
Aber zur Musik:

Stift Kremsmünster

Vogl und Schubert (nach Moritz von Schwind)

Drei bekannte Komponisten waren hier öfter zu Gast. Als erster sei Michael Haydn genannt, dessen Kirchenkompositionen seit seinen wiederholten Besuchen nie wieder von den Kremsmünsterschen Notenständern verschwanden.

Schubert hatte schon als Knabe von Kremsmünster gehört, da einige seiner Mitschüler, darunter Vogl und Schober, im Konvikt, unterrichtet worden waren. Schubert selbst besuchte das Stift mehrmals. Im Tagebuch des Regenschori, Pater Beda Plank, liest man am 27. Mai 1825: *Gäste Herr Vogl, voriger Hofschauspieler, mit Herrn Schubert, Musikkompositeur, dessen Lieder Herr Vogl abends gesungen.*

Bruckner war erstmals 1849 in Kremsmünster, als man sein *Requiem* hier aufführte. Berühmt wurde seine Orgelimprovisation über vier Themen während der Elf-Jahrhundert-Feier des Stiftes im Jahre 1877. Ab 1883 machte er fast jährlich Besuche. Im Musikarchiv werden Autographe seiner Studienwerke und Skizzen anderer Kompositionen aufbewahrt.

Das Stift verfügt über weitere musikalische Schätze. Die Instrumentensammlung wurde größtenteils dem Linzer Landesmuseum übergeben (→ 42), aber verschiedene Lauten, Gamben und alte Streichinstrumente blieben hier; leider werden sie nicht ausgestellt. Auch die Chororgel von Jörg Hacker aus dem Jahr 1787 mit ihren interessanten Nebenregistern (Armeetrompete, Dudelsack, Kuckuck, Vogelgesang) befindet sich in Klausur, d. h. ist dem Publikum nicht zugänglich. Die große Orgel der Stiftskirche ist 1854–58 von Ludwig Mooser erbaut, seither aber stark verändert worden. Gerade im Jubiläumsjahr 1877 war man mit einer ersten Umgestaltung beschäftigt, so daß Bruckner auf einer halbfertigen Orgel improvisieren mußte.

Pfarrkirche Kirchberg 🏛

Interessanter ist die Freundt-Mooser-Orgel der Pfarrkirche in Kremsmünster-Kirchberg (man folge der Stiftsmauer Richtung Nordosten, dann links, bergauf). Die ursprüngliche Orgel von Leopold Freundt wurde 1682 für das Stift erbaut, 1855 aber veräußert. Man beauftragte Mooser, das Instrument an die Verhältnisse in Kirchberg anzupassen. Er ersetzte einige Register und schuf einen neuen Prospekt; Freundts zierliches Rückpositiv fügte er in die Brüstung ein, ließ es aber stumm. Gewiß drastische Eingriffe, dennoch wurde daraus eine charaktervolle Orgel, die von weiteren Modernisierungen verschont blieb. Die Wanderung nach Kirchberg lohnt sich ohnehin. Die Kirche ist ein Rokoko-Juwel, ihr Geläute von vier Glocken scheint zu den schönsten Österreichs zu gehören, und die Aussicht auf das Stift und die Voralpen ist unvergeßlich.

LAMBACH
61
Stift Mozart

Eine weitere Benediktinerabtei steht in Lambach, nur 20 km von Kremsmünster entfernt. Von größter künstlerischer Bedeutung sind die ab 1957 freigelegten Fresken aus dem 11. Jahrhundert. Eine von ihnen stellt die Epiphanie dar und hat ihr musikalisches Gegenstück in dem in Neumenschrift aufgezeichneten Lambacher Dreikönigsspiel, das in der prächtigen Stiftsbibliothek aufbewahrt wird. Dort befinden sich auch Manuskripte zweier *Lambacher Symphonien* von Vater und Sohn Mozart, beide in G-Dur. Wolfgang wurde die „alte Lambacher" (KV Anh. 221) zugeschrieben, Leopold die „neue". Jetzt wird behauptet, daß es gerade umgekehrt sein könnte. Die beiden Werke entstanden 1768/69 während eines Besuchs der Mozarts. Wolfgang hat auch 1783 das Stift noch einmal besucht.

Von der schönen Orgel der Stiftskirche, auf der Mozart spielte, eine Schöpfung des Christian Egedacher von 1657, ist leider nur der Prospekt erhalten geblieben. Interessant ist schließlich das Klostertheater von 1770, angeblich das älteste noch erhaltene Theater Österreichs.

SCHWANENSTADT
62
Stadtplatz 27
*** Süßmayr**

Bis vor einigen Jahren stand am Hauptplatz von Schwanenstadt noch die ursprüngliche Fassade des Geburtshauses von Franz Xaver Süßmayr, Schüler und Famulus Mozarts und der Fertigsteller von dessen *Requiem*. Die Obrigkeit hat den heutigen Besitzer, einen Juwelier, offenbar nicht daran gehindert, die historische Front abzureißen und die Gedenktafel zu beseitigen. Die Adresse sei trotzdem in der Hoffnung erwähnt, daß wenigstens die Gedenktafel wieder angebracht wird.

Außer als vorübergehender Aufenthaltsort Kienzls – an dem alten Mauthaus, das er 1893 bewohnte, wird natürlich die Arbeit am *Evangelimann* erwähnt – spielt diese Stadt eine Rolle im Leben Bruckners. Seine Schwester Rosalie war mit dem Gärtnermeister Hueber verheiratet; ein Blumengeschäft neben ihrem Haus wird heute noch von ihren Nachkommen geführt. Bruckner besuchte „Sali" und ihre Familie häufig in den Sommermonaten der 1880er Jahre und wohnte gelegentlich im Eisenhof, an dem sich eine Gedenktafel befindet. Hier arbeitete er 1884 an seiner längsten Komposition, der 8. Sinfonie. In einer „Brucknerstube" im Heimathaus findet man Erinnerungsstücke wie Photos und Briefe, den Schlapphut des Komponisten und den Tragesessel, in dem er am Ende seines Lebens noch Gottesdienste oder Konzerte besuchen konnte.

Vöcklabruck – *ein trauriges Nest*, meinte 1825 Schubert wenig schmeichelhaft – wird auch „das Tor zum Salzkammergut" genannt.

VÖCKLABRUCK
63
Vorstadt 16
Kienzl

Graben 15 a
Rosalie Bruckner

Stadtplatz 38
Bruckner

Hinterstadt 19
Heimathaus
(Bruckner)

6

Vöcklabruck: Bruckner-Tafel

7 – Intermezzo: Salzkammergut

Übersichtskarte S. 177

Das Salzkammergut bildete einst eine isolierte und halb-autonome Verwaltungseinheit, heutzutage ist es „nur" noch eine reizende Landschaft, die drei Bundesländern angehört. Als Sommerfrische hat es sich bei Komponisten außerordentlich beliebt gemacht.

GMUNDEN

Rathaus
Glockenspiel

In Gmunden wird der Musikfreund mit Schuberts *Forelle*, dem Trio aus Bruckners „Vierter" oder Brahms' Wiegenlied willkommen geheißen. Derartiges erklingt täglich vom Rathausglockenspiel. Dieses Glockenspiel ist nicht aus Metall, sondern aus Ton; Keramische Instrumente sind in der abendländischen Musik selten.

Gmunden, Rathaus

Franz-Schubert-Park
Schubert ▲

Am Platz neben dem Rathaus – die Bezeichnung „Park" trifft kaum zu – steht Schuberts Büste, der schon zwei frühere Denkmäler (1901 und 1926) vorausgegangen waren. Schubert berichtet Ende Juli 1825: ... *war aber 6 Wochen in Gmunden, dessen Umgebungen wahrhaftig himmlisch sind, und mich, so wie ihre Einwohner, innigst rührten und mir sehr wohl taten* ... Einige dieser Einwohner sind zu erwähnen:

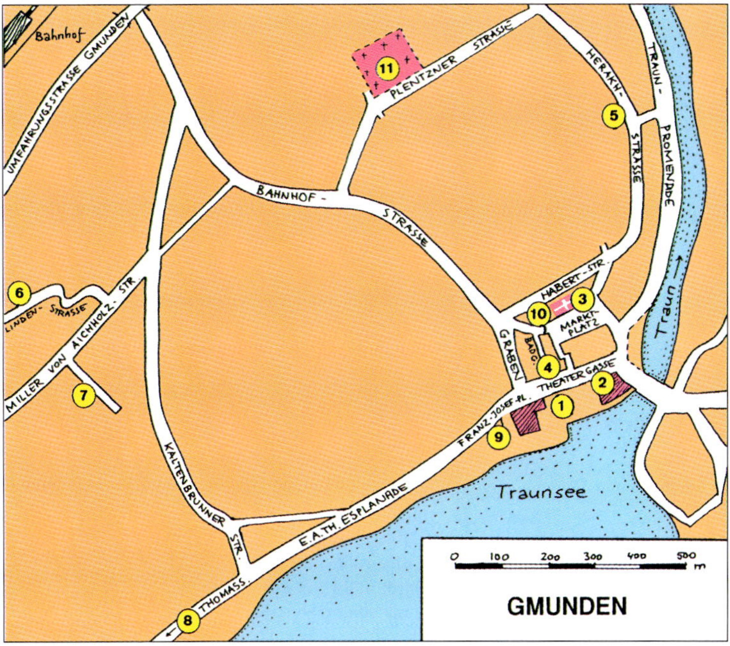

Hofrat von Schiller, k.k. Salzoberamtmann und *der Monarch des ganzen Salzkammergutes*, wie ihn Schubert nannte, residierte im Kammerhof, in dem auch etliche Schubertiaden stattfanden. In

Kammerhof
🏛 **Brahms, Gold-mark**

Brahms-Zimmer

❸ Kirchplatz
Schulhaus:
Schubert, Gyrowetz

❹
Badgasse 2
Schubert
Badgasse 5
Bartók

❺
Herakhstraße 15
Goldmark

❻
Lindenstraße 11
Schule; von Miller
(Brahms)

❼
Brahmsstöckel-
weg 12
(Brahms)

❽
Joh.-N.-David-Weg

❾ ❿ ⓫
Franz-Joseph-Platz
Pepöck ▲
Habertstraße 2
Habert

dem Gebäude ist heute das städtische Museum untergebracht, auf dessen Brahms- und Goldmark-Ausstellung bald eingegangen werden soll.

Weitere Bekannte Schuberts waren der Lehrer Johann Nepomuk Wolf und seine Tochter Nanette, mit der Schubert vierhändig zu musizieren pflegte. Die Wolfs wohnten im alten Schulhaus, wo einst ein anderer Komponist häufig geweilt hatte: Adalbert Gyrowetz, dessen Bruder Wenzel damals Stadtschulmeister war.

Schließlich sei Schuberts Gastgeber Ferdinand Traweger erwähnt. Die Tafel an seiner (heute völlig renovierten) Wohnung nennt fälschlich auch spätere Besuche Schuberts.

Auf der Gedenktafel des gegenüberliegenden Hauses liest man, daß hier Béla Bartók in August 1903 seine Sinfonische Dichtung *Kossuth* vollendete. In diesem Werk erweist sich der junge Komponist noch als feuriger Bewunderer von Richard Strauss.

Mein Geburtsland ist zwar Ungarn, Wien und Gmunden sind aber meine zweite Heimat. So äußerte sich nicht Bartók, sondern Karl Goldmark, der in Gmunden vierzig Sommer verbracht und die Mehrzahl seiner Werke komponiert hat, darunter eine Gmundener Sinfonie. Seine Wohnung der Jahre 1891–1914 trägt eine Gedenktafel, zudem sind einige Erinnerungsstücke im Kammerhof (2) ausgestellt, und zwar im dortigen Brahms-Gedenkraum.

Brahms hat eigentlich niemals in Gmunden gewohnt, aber er besuchte die Stadt aufgrund seiner Freundschaft zu Viktor von Miller zu Aichholz häufig von Bad Ischl aus. In dessen Villa, heute eine Volksschule („Brahmsschule"), verbrachte er manches Wochenende und begegnete auch Goldmark.

Nach Brahms' Tod erwarb Miller das gesamte Inventar des Ischler Brahmshauses (→ 31) und rekonstruierte die Quartiere seines Freundes wirklichkeitsgetreu in einem Gartenhaus unweit seiner eigenen Wohnung. An der Rückwand wurde ein schönes Medaillon angebracht. Von 1900 bis 1939 stand dieses „Brahmsstöckl" den Verehrern des Meisters offen. Das Haus steht noch, doch kann von einer Gedenkstätte keine Rede mehr sein. Die zahlreichen Exponate wurden in den Kammerhof (→ 2) gebracht, wo sie – leider nur zum Teil – ausgestellt werden. Das Medaillon wurde von den Bewohnern sogar beseitigt.

Bevor wir Gmunden verlassen, sei der Vollständigkeit halber noch einiges kurz erwähnt.

Johann Nepomuk David war von 1943 bis 1946 in der Villa Trauttenberg im Ortsteil Ort einquartiert, dort wo heute ein Weg nach ihm benannt ist. Ob es noch ein Schloß oder einen Bauernhof namens „Höselberg bei Gmunden" gibt, wo Erich Wolfgang Korngold die letzten Sommer vor seiner Auswanderung nach Amerika gelebt haben soll, war nicht zu ermitteln.

Schließlich wird die Aufmerksamkeit in der Innenstadt auf zwei lokale Kleinmeister gelenkt: Johannes Evangelista Habert (1833–96) wirkte hier ab 1861 als Kirchenmusiker, und der Operettenkomponist August Pepöck (1887–1967) war zeitlebens in Gmunden ansässig. Beide sind in Gmunden begraben.

TRAUNSEE

Noch einmal Schubert: Zu seinem Gmundner Freundeskreis gehörten auch Florian Max Clodi und dessen Tochter Thèrese: *2 mal hörte ich Vogl singen und Schubert spielen, es ist und bleibt ein göttlicher Genuß, diese beiden zu hören.* Diese Bewunderer bewohnten das große Schloß Ebenzweier in Altmünster, das heute – glänzend restauriert – eine Bildungsanstalt und ein Internat beherbergt. In dem nördlich vom Schloß gelegenen Garten befindet sich seit 1978 ein großer Schubertstein.

ALTMÜNSTER
⑫
Ebenzweierer Straße 17
Schubert ▤

In Altmünster kann man sich auf eine nur scheinbare Spur Richard Wagners lenken lassen. Es handelt sich um die Sommervilla „Traumblick" seiner Gönner Otto und Mathilde Wesendonck. Wagner war aber wahrscheinlich nie in Altmünster; als die Wesendoncks dieses Haus bezogen, war es zwischen Richard und Mathilde schon aus.

Hochholz Villa Wesendonck

Wie in Gmunden ist auch in Traunsee nicht alles ohne weiteres eindeutig festellbar. Der ewig umherstreifende Hugo Wolf hat in den Jahren 1883–98 unzählige Male im Salzkammergut geweilt, aber seine jeweiligen Unterkünfte konnten nicht vollzählig ausfindig gemacht werden. Seine enge Beziehung zu Melanie Köchert (→ 1.16) deckt eine Adresse in Altmünster auf, wo Wolf öfter geweilt haben soll, den Puchschacherhof. Vielleicht ist er mit dem heutigen Sommersitz der Köcherts am Hollereck identisch, hier war allerdings Josef Matthias Hauer (→ 3.20) ein regelmäßiger Gast.

Hochholz Hollereck: Köchert (Wolf) Hauer

Schloß Ebenzweier

7

13
Viechtau Nr. 7
Wolf

Des weiteren hat Wolf einmal etwas südlicher in Viechtau „beim Kreuzer" gewohnt. Viechtau gehört schon zu Traunkirchen.

TRAUNKIRCHEN
14
Pfarrei
Wolf

In Traunkirchen selbst ist Wolfs Wohnsitz eindeutig feststellbar. Die heutige Pfarrei war ursprünglich ein Klostergebäude aus dem Mittelalter und wurde 1622–1773 von Jesuiten bewohnt. Dort befindet sich das „Hugo-Wolf-Zimmer", in dem der Meister den Spätsommer 1891 sowie die zwei nachfolgenden Sommer verbrachte. Gerade in diesen Jahren quälte ihn eine gewisse schöpferische Unproduktivität. Auf dem Bösendorfer-Klavier, das ihm Melanie Köcherts Schwester Henriette nach Traunkirchen transportieren ließ, spielte er Beethovens Sonaten, und am 5. August

Traunkirchen, Pfarrei

1893 gestand der eingefleischte Wagnerianer: *Nach der berauschenden Narkose Wagnerscher Kunst dünkt mich Beethovens Musik wie Himmelsäther und Waldesduft.* Er blieb aber der „Narkose" treu.

Haus Nr. 3
Spaun

Vielleicht war Schubert einmal in Traunkirchen, gewiß aber sein Freund und einflußreicher Befürworter, Josef von Spaun. Er lebte von 1848 bis zu seinem Tode 1865 im alten Hofrichterhaus und ruht auf dem Traunkirchner Friedhof. Wer vom Friedhof nordwärts um die Kirche herumgeht, begegnet einer Tafel, auf der die Bürger Traunkirchens Spaun Dank erweisen für seinen – Schwimmunterricht (!).

Friedhof
Spaun

Haus Nr. 9
Russenvilla
Rubinstein

Vom Hofrichterhaus etwas weiter hinaufgehend, gelangt man an den Lärchenwaldweg, wo ein eigenartiger Bau aus grauem Stein, die sogenannte Russenvilla, auf Ort und See hinunterblickt. Hier lebte im vorigen Jahrhundert Fürstin Pantschoulidze, und um sie hatte sich eine russische Kolonie gebildet, an die sich manchmal der Komponist und Klaviervirtuose Anton Rubinstein anschloß. Der junge Rubinstein wohnte 1846–48 in Wien; später brachten ihn seine Tourneen hierher.

In der Biographie Arnold Schönbergs spielte Traunkirchen als sein bevorzugter Urlaubsort eine große Rolle. Während eines Aufenthalts in der damaligen Villa Josef, heute eine Frühstückspension, hat er im Juli 1921 das Prélude aus seiner Klaviersuite op. 25 geschaffen, seine erste dodekaphone Komposition. Aber auch das Streichquartett op. 7, dessen Uraufführung 1907 soviel Aufregung verursachte, war zwei Jahre zuvor am Traunsee entstanden. Zudem spielte sich 1908 großenteils hier das schon erwähnte „Gerstl-Drama" (1908, → 3.41) ab.

**Haus Nr. 29
Villa Josef
Schönberg**

*Traunkirchen,
Villa Josef*

7

Folkloristische Festivitäten wie die einzigartige Traunkirchner Seeprozession an Fronleichnam bieten die schönste Gelegenheit, Volksmusik und volkstümliche Kirchenmusik zu hören. Auf uralte Rituale geht der „Glöcklerlauf" zurück, der jeweils am 5. Januar eines Jahres in Ebensee abgehalten wird.

Hier, am südlichen Ende des wunderschönen Traunsees, begegnet man abermals Spuren von Hugo Wolf, erstmals im „Krähbauerhaus" in Rindbach (damals Rinnbach), in dem der Komponist 1883, '84, '89 und '90 längere Zeit Gast war, wenn die Köcherts ihren Sommerurlaub dort verbrachten. Das Haus steht noch, und auch der idyllische Charakter des Standorts ist erhalten geblieben.

*EBENSEE-
RINDBACH*
**⑮
Strandbadstraße 52
Wolf**

Wolf-Quartier, Ebensee-Rindbach

EBENSEE-ROITH
16
Alte Traunstraße 21
Wolf

Ebenso das Quartier in Roith, das Wolf 1891 bezog, aber aufgrund des Lärms eines Steinbruchs und *unentwegten Gegackers und Gekrächzes* vieler Tiere nach einigen Wochen verließ, um in die Traunkirchner Pfarrei (s. oben) umzuziehen. Dort sollte ihn nur die *große Brüllerei in der Kirche nebenan* mitunter stören.

ATTERSEE

UNTERACH
17
Haus Nr. 100
Wolf

STEINBACH
18
Seefeld 14
Mahler

Brahms und andere renommierte Musiker wie Weingartner, Schalk und Brüll sollen in Unterach am Attersee geweilt haben, Einzelheiten hierzu fehlen jedoch.

Mehr ist über Wolf bekannt. Manchmal zählte er, wie er es nennt, *zu den Insassen Unterachs und -wehs*. Im „Elendschusterhaus", das nicht erhalten ist, aber an dessen Stelle eine Tafel an Wolf erinnert, stand ihm 1888 und 1890 ein so geräumiges Appartement zur Verfügung, daß er einmal selbst den Gastgeber spielen konnte: *Sie können in sechs Betten schlafen und zu jeder Tageszeit speisen, da ich alles im Hause habe*, so lud er seinen Gönner Oskar Grohé ein. Die sechs *Alten Weisen* nach Gedichten Gottfried Kellers komponierte Wolf hier.

Die wohl interessanteste Musikerstätte des Salzkammergutes befindet sich in Seefeld bei Steinbach am Attersee. Mitte Juni 1893 bezog der Hamburger Kapellmeister Gustav Mahler mit seinen Geschwistern fünf Räume des Gasthofes Zum Höllengebirge, blieb den Sommer hindurch und komponierte Teile seiner 2. Sin-

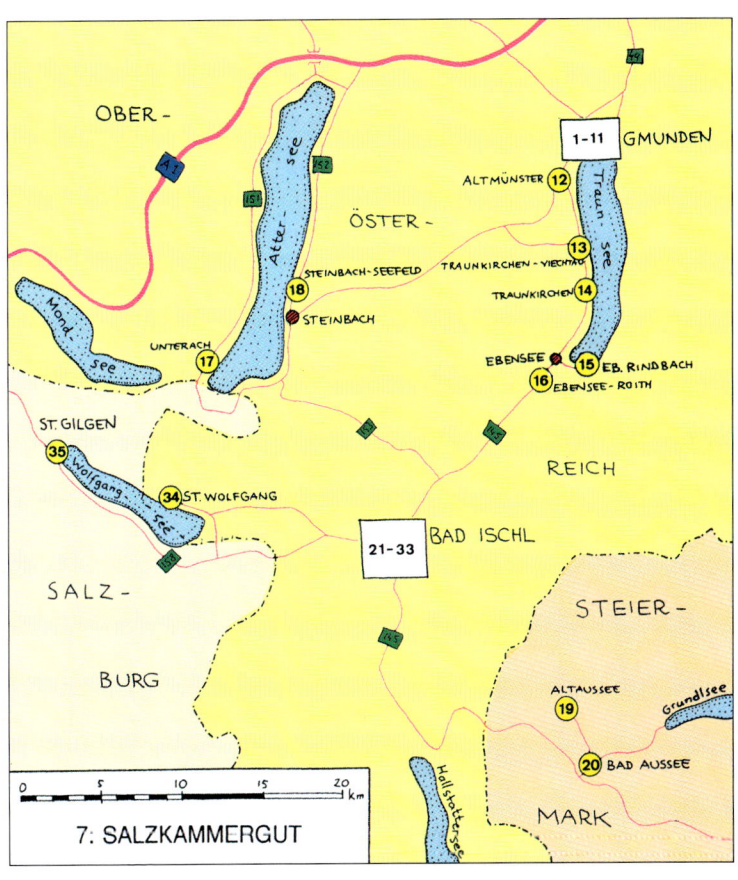

7: SALZKAMMERGUT

7

fonie sowie einige Wunderhorn-Lieder. Da Straßenlärm, Touristen und Mitbewohner ihn bei seiner Arbeit störten, weilte er am liebsten auf der großen Wiese zwischen Gasthof und See, zumindest solange, wie es ihm das in dieser Gegend ziemlich launische Wetter ermöglichte. So kam er auf die Idee, sich hier ein spezielles Komponierhäuschen errichten zu lassen, das ihm neben Ruhe auch Wind- und Regenschutz bieten würde. Im Einvernehmen mit dem Gastwirt wurde im Frühjahr 1894 für 395 Gulden und 74 Kreuzer ein „Musik-Pavillon" fertiggestellt. *Mein Häuschen (auf der Wiese), neu gebaut, ein idealer Aufenthalt für mich! Kein Laut in der weiten Runde! Umgeben von Blumen und Vögeln (welche ich nicht höre, sondern nur sehe).* Hier entstanden 1894–96 das Finale der 2. und die vollständige 3. Sinfonie, die eine Fülle von Naturlauten aufweist. Daß die wunderschöne Umgebung inspirierend auf den Komponisten gewirkt haben soll, ist diesmal keine hohle Phrase.

Der Gasthof, heute modernisiert und anders benannt, sieht von der Straße her noch aus wie vor hundert Jahren, außer daß hier 1955 eine Mahler-Gedenktafel angebracht wurde. Die Wiese und das Häuschen am See haben dagegen einiges durchgemacht: Die Wiese ist heute ein Campingplatz, und Mahlers Werkstatt war lange Zeit die Sanitäranlage der Camper, nachdem es als Waschküche und Schlachthaus gedient hatte. Schließlich wurde es 1984 demontiert, einige Meter entfernt in seiner ursprünglichen Gestalt wieder aufgebaut und als Mahler-Gedenkstätte eingerichtet. *Aufersteh'n, ja aufersteh'n wirst du –* so hatte doch das Finale der „Zweiten" prophezeit!

Mahlers Komponierhäuschen am Attersee

Nach 1896 konnte Mahler zu seinem Bedauern nicht mehr nach Steinbach zurückkehren, mit dem neuen Gastwirt war nicht gut Kirschen essen. Aber nach dem Muster seines Häuschens sollten später noch ähnliche Werkstätten erbaut werden, und zwar in Maiernigg und in Toblach/Dobbiaco. Bis dahin kehrte er noch einmal ins Salzkammergut zurück.

AUSSEERLAND

ALTAUSSEE
⑲
Fischerendorf 74
Villa Kerry: Mahler

Das Jahr 1897 bildet einen Wendepunkt in Mahlers Laufbahn. Am 11. Mai feierte er mit einer glänzenden *Lohengrin*-Aufführung sein Debüt an der Wiener Hofoper und wurde fünf Monate später deren Direktor. Doch zum Komponieren blieb nun keine Zeit mehr.

Um im Sommer 1899 die Arbeit an der 4. Sinfonie wieder aufnehmen zu können, mietete er eine Villa mit einer wunderschönen Aussicht auf den Altausseer See, die Villa Kerry. Aber das naßkalte Haus, die laute Dorfmusik und der Touristenwirbel machten ihm klar, wie sehr ihm sein Komponierhäusl fehlte. Bald sollte er wieder über eines verfügen (→ 9.12).

Fischerendorf 60
Seevilla: Brahms

Am 25. August 1882 führte Johannes Brahms mit einigen Freunden zwei seiner gerade vollendeten Kompositionen auf: das F-Dur-Streichquintett op. 88 und das Klaviertrio C-Dur op. 87. Zu den vielen Anwesenden zählten Goldmark, Hanslick, Kalbeck, Brüll und natürlich der Gastgeber, Dr. Lászlo Wágner, den Brahms in Budapest kennengelernt hatte und der in Altaussee eine Sommervilla besaß. Am 25. August 1982 wurde an die-

*Bad Aussee,
Kienzlstöckl*

ser Seevilla, inzwischen ein Hotel, eine Brahms-Gedenktafel enthüllt. Brahms besuchte Altaussee öfter, immer von seinem festen
Sommersitz Bad Ischl aus.

Bad Aussee kann nur einen Komponisten vorweisen, tut es
aber konsequent. Wilhelm Kienzl vollendete sein beliebtestes
Werk in einem schlichten Bau neben dem Hotel „Wasnerin";
dieses mit einem Evangelimann-Fresko ausgestattete „Kienzl-
Stöckl" ist durchaus sehenswert. Der wahre Kienzl-Fan wird auch
dessen andere Wohnung, das eine gute Aussicht gewährende
Kienzl-Plateau, den Kienzl-Saal im Kurhaus mit einem Portrait des
Komponisten und den Grabstein der *geliebten unentwegt treuen
Gattin und Pfadfinderin* Kienzls aufsuchen wollen. Lili Hoke, seine
1919 verstorbene erste Frau, wirkte 1882 als Sängerin bei der Bayreuther Uraufführung des *Parsifal* mit, wo sie ihren künftigen Ehemann kennen lernte.

BAD AUSSEE
20   **7**

**Lerchenreith 19
(Wasnerin)**
Kienzl

Lerchenreith 86
Kienzl

**Kurhaus: Kienzl-
Saal,** Kienzl

Pfarrkirche
Lily Kienzl

Altausseer See von der Terrasse der Seevilla

BAD ISCHL

Mitunter fragt man sich, ob Österreich wirklich eine Republik ist. Denn alljährlich wird in Ischl am 18. August der Geburtstag Kaiser Franz Josephs mit Kaiserdiner und Gedächnismesse gefeiert. Es heißt, er wäre niemals zur Welt gekommen, wenn seine Mutter sich nicht einer Ischler Salzkur unterzogen hätte. Jedenfalls wählte sich der Kaiser diesen vorher unbedeutenden Ort als Sommerresidenz, und ihm folgt bald eine bunte Gesellschaft von Höflingen, Künstlern und Snobs.

㉑
Stadtpfarrkirche
Bruckner

Hoforganist Anton Bruckner war manchmal auch hierunter, zuerst gelegentlich, in den Jahren 1888–92 aber jeden Sommer. Bei der Trauung einer Tochter des Kaisers, die 1890 in der Bad Ischler Pfarrkirche vollzogen wurde, wollte man nicht auf den Hoforganisten verzichten. Die Themen, über die er improvisieren sollte, mußten vorerst von dem Chef des Protokolls genehmigt werden, was sich als harte Nuß erwies. Der Erfolg war aber groß, und Bruckner konnte sogar 100 Dukaten kassieren. Er war dennoch enttäuscht, hatte er doch eine Auszeichnung erwartet: ... *a Geld hab'n s'ma göb'n! I' hab's in d'Lad' eing'feuert, i woaß nöt, liegt's no d'rin oder nöt ...* An der Stadtpfarrkirche wurde 1960 eine Brucknertafel angebracht. Die Mauracher-Orgel war 1888 die erste pneumatische Orgel Österreichs.

㉒
Lehárkai 12
Bruckner
㉓
Lehárkai 8
Lehár

In Bad Ischl wohnte ein alter Schulfreund Bruckners, Johann Nepomuk Attwenger, an dessen Hause eine Tafel hängt, die behauptet, daß Bruckner dort 1863–90 viele Sommer weilte.

Der Komponist Franz Lehár erwarb das Nachbarhaus, damals Villa Sabran. Seitdem verbrachte dieser wichtige Vertreter der späten, „silbernen" Operette hier die Sommermonate. Bevor er 1948 verstarb, hatte er die Wohnung samt dem ganzen Inventar der Stadt vermacht, mit der Auflage, alles *in dem Zustand zu belassen, in dem sie von der Legatarin übernommen wird*, und als Museum zu seiner Erinnerung zu führen. Daher kann man von Ende April bis Ende September den palastartigen Bau besuchen und sich über die Sammelwut des Meisters wundern. Man sieht hochwertige antike Möbel, Kunstgegenstände und Gemälde – aus dem 14. bis 20. Jahrhundert, obwohl Modernes fehlt – neben Souvenirs, Geschenken und übrigen „Nostalgia" wie den abgenutz-

*Lehár-Villa,
Bad Ischl*

ten Stoffelefanten, Lehárs Kuscheltier. Ein wenig abseits steht die „Quelle" all diesen Reichtums: das Klavier. Mit Musik hat die Ausstellung jedoch wenig zu tun, aber sie ist unterhaltsam.

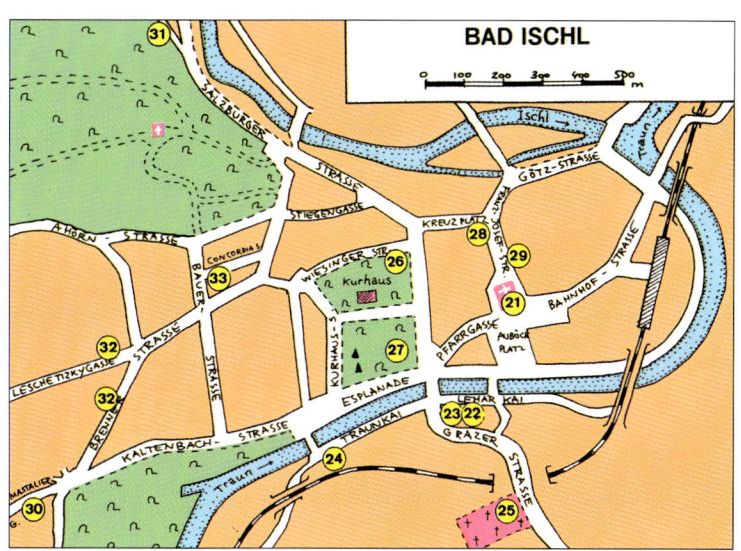

Unweit wohnte 1924–38 Lehárs jüngerer Freund und Mitarbeiter Richard Tauber (ebenfalls † 1948). Als Tenor ein hervorragender Mozartinterpret, verschrieb er sich später mehr der leichteren Muse.

Lehárs Grab findet man auf dem Bad Ischler Friedhof, wo auch Oscar Straus beerdigt wurde, nachdem er sich am Ende seines Lebens dauerhaft in Bad Ischl niedergelassen hatte. Seine Operette *Ein Walzertraum* hatte ihm internationalen Ruhm eingebracht, wobei dieser allerdings bescheidener blieb als jener von Strauß oder Strauss.

Seine Wohnung befindet sich unmittelbar beim Kurpark, der den geselligen Mittelpunkt der Stadt bildet.

Im Kurhaus werden die Operettenfestspiele (Sommer) und Ischler Kulturtage (Herbst) veranstaltet, Konzerte gibt es zudem im Musikpavillon. Im Park stehen Denkmäler von Emmerich/Imre Kálmán und natürlich Lehár.

Das alte Kurtheater wurde 1827 – noch in der Innenstadt – errichtet und erlebte seine goldene Ära, als es sich 1863–1914 „k.u.k. Hoftheater" nennen und Bühnengrößen leisten konnte. In den zwanziger Jahren wurde der Bühnenvorhang von der Filmleinwand verdrängt.

An derselben Straße liegt das Café Ransauer, hier sind zwei Gedenktafeln angebracht. Die eine gilt Robert Stolz, die andere Johann Strauß, der hier 1883–99 seinen Stammtisch hatte. Er lebte in der Kaltenbachstraße 36, sein Haus wurde aber um 1980 abgerissen.

㉔
Traunkai 17
Tauber

㉕
Grazer Straße
Friedhof
Lehár, O. Straus

㉖
Wiesingerstraße 1
O. Straus
Kurpark ㉗
Lehár + Kálmán,

㉘
Franz-Josef-Straße/
Kreuzplatz
ehem. Kurtheater

㉙
Franz-Josef-Straße 8
Strauß + Stolz

7

30
Mastaliergasse 5
Brahms △

31
Salzburger Straße 31
Brahms ▤

32
Leschetizkygasse 8
+ Brennerstraße 40
Leschetizky

33
Concordiastraße 3
Haenel-Pancera ▥

Um die Ecke hatte auch Brahms sein Quartier gefunden – Brahms und Strauß unterhielten in Ischl freundschaftliche Beziehungen –, aber auch dieses Haus steht nicht mehr. Die verwitterte Brahmsbüste im Garten des Nachfolgegebäudes ist hoffentlich noch erhalten.

Die spätere Brahmswohnung wurde vor kurzem stark modernisiert, ihr Inventar haben wir bereits in Gmunden wiedergefunden (→ 2). Brahms wählte Ischl erstmals 1880, dann 1882 und ununterbrochen 1889–97 zum Sommeraufenthalt. *Es ist wirklich schön da, und man hat keine gesellschaftlichen Verpflichtungen und auch entschieden billiger als sonstwo. Daß halb Wien hierher kommt, verdirbt mir's einstweilen nicht – mir ist ja das ganze Wien durchaus nicht zuwider! Ja, vor dem halben Berlin oder Leipzig würde ich wohl laufen.* Viele seiner Werke sind hier entstanden, z. B. die *Akademische Festouvertüre* und die *Tragische Ouvertüre* oder das wunderbare Klarinettenquintett und sonstige Kammermusik. In Bad Ischl verfaßte er 1891 sein Testament, worin er außer Schwester, Stiefmutter und Haushälterin auch viele musikalische Institutionen bedachte. Der Wiener „Gesellschaft der Musikfreunde" vermachte er seine Bücher und Noten. Daneben ist die Sammlung von Haydn-, Mozart-, Beethoven-, Schubert- und Schumann-Autographen von unschätzbarem Wert.

Der polnische Klavierpädagoge Theodor Leschetizky (Leszetycki) war gewiß ein interessanter Mensch, er heiratete vier seiner Schülerinnen, nacheinander natürlich. Selbst Schüler Czernys und Sechters, unterrichtete er u. a. Paderewski, Schnabel, Elly Ney. Er war mit Anton Rubinstein befreundet. Ab 1879 lebte er in Wien (→ 4.33) und während des Sommers in Bad Ischl, zuerst in der Brennerstraße; später kaufte er sich eine Wohnung, die noch immer im Besitz der Nachkommen ist.

Ein fesselndes „Heirats-Leben" kann man auch der Pianistin Ella Pancera nicht abstreiten. Ihr erster Ehemann war der Klavierfabrikant Blüthner, ihm folgte der Inhaber des Hesse-Verlags, dessen Alleinerbin sie war. Der letzte war der begeisterte Antiquitätensammler Ing. W. Haenel. Ihre Wohnung ist als „Haenel-Pancera-Familienmuseum" zugänglich. In der Anhäufung von Gegenständen ist dieses Museum mit der Lehár-Villa zu vergleichen, hier jedoch mehr nach Stilmerkmalen angeordnet (Maurisches Zimmer, Salon Louis XV. usw.). Ein zweiter Unterschied ist, daß die Musik eine größere Rolle spielt. Panceras Flügel wurde von ihrem ersten Schwiegervater speziell an ihre kleine Handbreite angepaßt. Bemerkenswert ist eine Stainer-Violine aus dem Jahr 1681, doch die größte Beachtung verdient die gläserne Tischplatte, unter der autographe Briefe, Widmungen und Visitenkarten zahlreicher Musiker ausgestellt sind, einige Schreiber seien genannt: Mendelssohn, Schumann, Brahms, Liszt, Grieg, Strauss u.v.a. Die Sammlung wird von Frau Johanna Haenel betreut, die das Haus – einst Besitz des Bruckner-Schülers J. Vockner – schon seit über 60 Jahren bewohnt. Es lohnt sich sehr, ihr einen Besuch abzustatten, denn ihre aufschlußreichen Erläuterungen während der Führung sind wahrlich aus erster Hand.

WOLFGANGSEE

Vor Abschluß dieses Kapitels soll noch am Wolfgangsee Halt gemacht werden. Das „Weiße Rößl" ist ein berühmter Gasthof, besonders seit ihm Ralph Benatzky 1930 durch seine hier spielende Operette *Im weißen Rößl* zu großer Popularität verhalf. Während des Abendessens im Restaurant erklingen noch immer seine Melodien. Weltberühmt wurde übrigens auch der „Nonnenchor" aus seinem *Casanova*. Der aus Mähren stammende und in der Schweiz verstorbene Benatzky wurde 1957 in Sankt Wolfgang begraben.

Am anderen Ufer des Wolfgangsees, bereits auf Salzburger Boden, liegt Sankt Gilgen. Den hübschen Mozartbrunnen vor dem Rathaus sollte man sich ansehen, wichtiger ist aber das Bezirksgerichtsgebäude. Hier wurde Weihnachten 1720 Anna Maria Pertl, die Mutter Mozarts, geboren. Später zog ihre Familie nach Salzburg („Prunnerhaus", Nr. 344, nicht erhalten), wo Leopold sie 1747 heiratete. Im St. Gilgner Gerichtshaus wohnte 1784–1801 auch ihre Tochter Maria Anna (Nannerl), die mit einem Amtsnachfolger ihres Großvaters verheiratet war. An dem schönen Bau erinnert eine Relieftafel an die beiden Frauen, die eine so wichtige Rolle in Mozarts Leben spielten. Während der Sommermonate ist das Gebäude als Gedenkstätte zugänglich.

ST. WOLFGANG
34
„Weißes Rößl"

Friedhof
 Benatzky

ST. GILGEN
35
vor dem Rathaus
Mozartbrunnen

Ischler Straße 15
Familie Mozart

Tafel in St. Gilgen:
Mozarts Mutter und Schwester

8 − Österreich West (Salzburg und Tirol)

SALZBURG

Die reiche Kunststadt Salzburg und ihre bezaubernde Lage bedürfen keiner Empfehlung. In musikalischer Hinsicht ist Salzburg vor allem als Festspielstadt und als Geburtsort Mozarts weitbekannt; dieses Bild ist zu einseitig.

Salzburg war an erster Stelle ein ehrwürdiges kirchliches Zentrum, über das ab dem 7. Jahrhundert ein Bischof und von 798 bis 1803 ein Fürst-Erzbischof regierte. Das Musikleben hielt Schritt mit der Machtentfaltung des Hofes. Während der Spätzeit des Minnesangs, am Ende des 14. Jahrhunderts, lebte hier ein Hans oder Hermann, bekannt unter dem Namen Mönch von Salzburg, Komponist des *Martinsradels*, des ältesten deutschen Kanons. Um 1500 wirkten hier wichtige Musiker wie Finck und Hofhaimer. Paul Hofhaimer war der berühmteste Organist seiner Zeit; er diente zuerst Kaiser Maximilian I. und wirkte von 1519 bis zu seinem Tode 1537 in Salzburg.

Im Anfang des 17. Jahrhunderts zählte die Hofkapelle stolze 79 Mitglieder. Die erste Opernaufführung auf deutschem Boden fand 1614 in Salzburg statt. Die berühmte 53stimmige *Missa Salisburgensis*, lange Zeit Orazio Benevoli zugeschrieben und mit der Einweihung des neuen Doms (1628) in Zusammenhang gebracht, wurde vermutlich nicht 1628, sondern 1682 und angeblich von Heinrich Ignaz Franz Biber komponiert, der von 1673 bis zu seinem Tod 1704 in Salzburg als Komponist und Violinvirtuose tätig war. (Nicht sein bestes, wohl aber sein bekanntestes Werk ist die programmatische *Sonata representativa*, voller schmetternder Tiere, marschierender Soldaten und adeliger Tänzer.)

Neben Biber muß Georg Muffat erwähnt werden, 1678–90 Hoforganist in Salzburg. Die Familie Muffat war schottischer Herkunft; Georg wurde 1653 in Mégève (Savoyen) geboren, studierte in Paris bei Lully und in Rom bei Corelli und Pasquini, starb im bayrischen Passau und gilt − als österreichischer Meister.

Der Reihe bedeutender Musiker schloß sich um 1740 der Schwabe Leopold Mozart an. Er war Vize-Kapellmeister des Hoforchesters, weiter Komponist, Autor des von Interpreten und Musikforschern noch immer häufig herangezogenen Buches *Versuch einer gründlichen Violinschule* (Augsburg 1756) und schließlich Lehrer und „Manager" seines genialen Sohnes. Dieser stand von 1772 bis 1781 auf der Lohnliste des Hofes, konnte sich aber in seiner Heimat weder einleben noch bewähren, obwohl seine Leistungen als Komponist (alles bis KV 380!) und Interpret schon sein Genie offenbart hatten. Es sei bemerkt, daß die beiden Mozarts wegen der vielen Reisen die Tätigkeit am Hofe ständig unterbrechen mußten.

Für das damalige Salzburg hat Michael Haydn mehr bedeutet. Dieser jüngere Bruder Josephs kam im Alter von 25 Jahren nach

Leopold Mozart

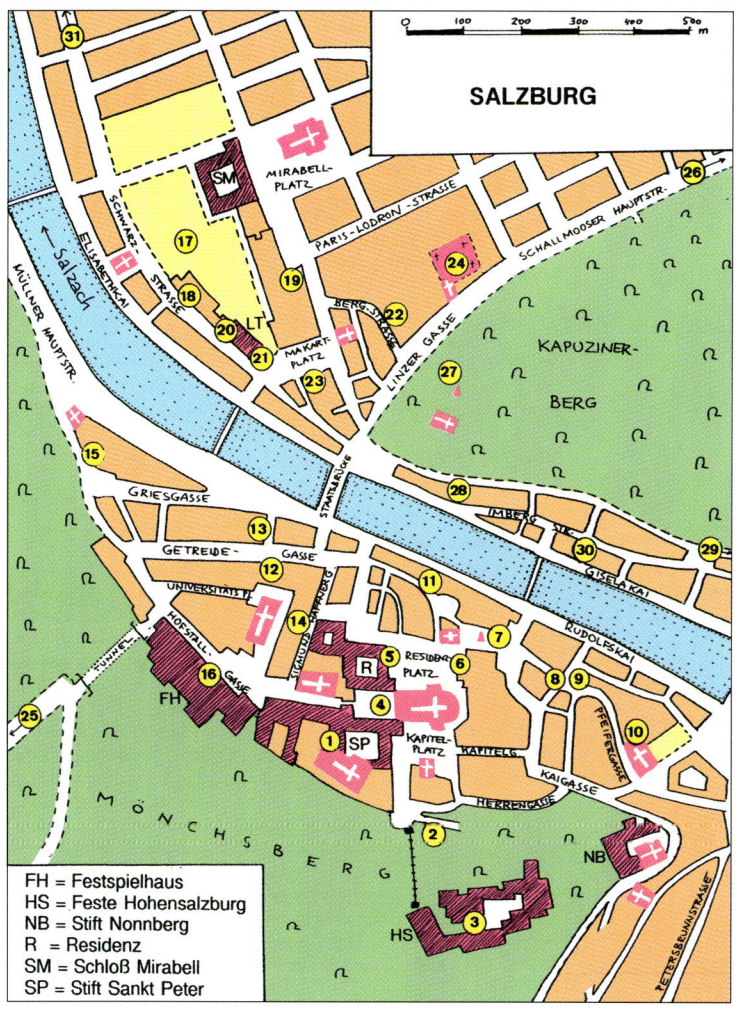

FH = Festspielhaus
HS = Feste Hohensalzburg
NB = Stift Nonnberg
R = Residenz
SM = Schloß Mirabell
SP = Stift Sankt Peter

8

Salzburg und diente als Konzertmeister (neben L. Mozart) und als Domorganist (nach Wolfgang). Michael stand damals nicht so sehr im Schatten seines Bruders; seine Kirchenkompositionen waren ungemein beliebt, da sie den aufgeklärten Ansichten jener Zeit bestens entgegenkamen.

Michael Haydn war der letzte Meister des alten Salzburg. Seit der letzte Fürst-Erzbischof Hieronymus von Colloredo (1772–1803) dem Musikleben vielerlei Einschränkungen auferlegt hatte, war der musikalische Glanz der Stadt verblichen; in den nachfolgenden Jahren wurde Salzburg musikalische Provinz. Auf Schubert machte die Stadt 1825 *einen etwas düsteren Eindruck … Auf den Plätzen, deren es viele und schöne gibt, wächst zwischen den Pflastersteinen Gras, so wenig werden sie betreten …* Bemerkenswert ist, daß in Schuberts ausführlichen Salzburger Notizen der Name Mozart gänzlich fehlt. Für ihn war Mozart eben doch ein Wiener Meister. Wußte er, daß Constanze sich bereits 1821 samt dem ganzen Nachlaß ihres Ehemannes in Salzburg niedergelassen hatte?

Erst mit der Veranstaltung „Dommusik und Mozarteum" (1841) und dem ersten Mozartfest mit der Enthüllung des Denkmals (1842) kam der hiesige Mozartkult in Gang, und der Komponist wurde anstelle des Heiligen Rupert und Virgils zum Patron der Stadt. Die Überstellung des Wiener „Zauberflötenhäuschens" hierher (1874) bestätigte es: Salzburg hatte den verlorenen Sohn auf Kosten Wiens zurückerobert. Ihre Rolle als unbestrittenes Zentrum der Mozartpflege nützt die Stadt zwar kommerziell aus, erfüllt sie aber auch beispielhaft unter der Leitung unzähliger Forscher, Interpreten und Lehrer, von denen Bernhard Paumgartner einer der bedeutendsten war (→ 2.38).

SALZBURG: LINKES SALZACHUFER

STIFT ST. PETER
❶
Stiftskirche
M. Haydn △, ⛪

Wenn das römische Juvavum außer Betrachtung gelassen wird, fängt die Stadtgeschichte mit dem Bau des Benediktinerstiftes St. Peter an. Der gesamte Komplex umfaßt Kirche und Kapellen, Friedhof und Klostergebäude im Herzen der Stadt. Die Musik ist hier reichhaltig vertreten.

In der Stiftskirche wirkten 1783 Wolfgang und Constanze Mozart an der Uraufführung der Messe c-Moll KV 427 mit; im Rahmen der Festspiele erklingt diese Messe jährlich am selben Ort. Die Orgel wurde 1805 von Abbé Vogler, dem Lehrer Webers und Meyerbeers, einem „Simplifikationssystem" seiner Erfindung unterworfen: Mittels Kombinationstönen und anderer „Kunstgriffe" konnte er die Pfeifen mehrfach verwenden und so auf eine geringere Anzahl reduzieren. Die Erfindung blieb hinter den Erwartungen zurück, und nach weiteren Umarbeitungen ist heute nur noch der Orgelprospekt von 1616 interessant. In der Kirche befinden sich eine Tafel für Nannerl Mozart und ein pompöses Denkmal für Michael Haydn; ihre Grabstätten sind auf dem malerischen Friedhof des Stiftes, bei dem Eingang der Katakomben. Auch Hofhai-

Salzburg: Grab M. Haydn, Peterskirche

Geldmangel behinderten Modernisierungen in späteren Jahren zählt das elektrische Werk heute 120 Register, darunter noch 23 des ursprünglichen Instrumentes. Der Prospekt ist größtenteils erhalten. Eine Musikmesse gibt es jeden Sonntag um 10 Uhr.

Im Dommuseum befindet sich ein kurioses „Claviorganum", eine Kombination von Orgel und Spinett, die vielleicht zum Bau des obengenannten „Pansymphonicums" inspiriert hat.

In einer Unterführung am Domplatz wird der Organist Georg Muffat mit einer Gedenktafel in lateinischer Sprache geehrt (dort wird fälschlicherweise behauptet, er sei im elsässischen Sélestat geboren; es muß heißen Mégève in Savoyen).

❺
Residenzplatz:
Residenz
Mozart ♪

An den Dom grenzt die Residenz der Kirchenfürste an. Als Aufführungsstätten vieler Kompositionen Mozarts gelten Audienzsaal (Instrumentalmusik) und Carabinierisaal (*La finta semplice*); Rittersaal und Konferenzzimmer dienen heute als Konzertsäle.

❻
Residenzplatz/
Mozartplatz
Glockenspiel ♪

Vom Turm des sogenannten Neubaus an der anderen Seite der Residenz erklingt täglich um 7, 11 und 18 Uhr das Glockenspiel, das der Antwerpner Michael de Haze 1702 für die niederländische Stadt Breda angefertigt hatte, das aber nach einem Jahr für 6 000 Gulden an die Salzburger verkauft wurde. Der Salzburger Uhrmacher Jer. Sauter baute die Spielmechanik.

❼
Mozartplatz
Mozart ▲

Auf dem benachbarten ehemaligen Michaelsplatz, heute Mozartplatz, steht das Denkmal des Meisters von der Hand des Bildhauers L. Schwanthaler. Es wurde 1842 enthüllt, in Anwesenheit der beiden Söhne Mozarts, Carl und Franz Xaver. Letzterer, der sich Wolfgang Amadeus nennen ließ und in Lemberg –

Mozartplatz 8
Constanze M. †

Lwów in der Ukraine – als Musiker wirkte, komponierte für diese Gelegenheit eine Festkantate. Seine Mutter Constanze war nicht dabei, sie war einige Monate zuvor in Salzburg verstorben; mit

Mozartplatz 4
Inst. f. Musikwissen-
schaft

ihrer Schwester Sophie Haibel hatte sie ihre letzten Jahre in der Mozartstadt gelebt. Nebenan ist das musikwissenschaftliche Institut der Universität.

BÜRGERSTADT

❽
Papagenoplatz
Papag.-Brunnen ▲

Östlich des Mozartplatzes steht ein zweites Mozartdenkmal, der „Papagenobrunnen" mit der Bronzefigur des Vogelfängers (Hilde Heger 1960).

❾
Pfeifergasse 18
Hofhaimer ▤

Weiter in der Pfeifergasse wird man auf die letzte Wohnung Paul Hofhaimers aufmerksam gemacht.

❿
Kajetanerplatz
Kirche: ⛪

Am Ende dieser Straße erhebt sich die Kajetanerkirche. Die Orgel von J.Chr. Egedacher von 1696 ist mit einem Manual und 9 Registern ein verhältnismäßig kleines Werk, aber der Prospekt erstreckt sich über die ganze Breite des Barockbaus. Wer Zutritt zu der Empore bekommt, kann die kunstvoll ausgeschnitzten Tasten und Registerzüge bewundern.

⓫
Judengasse 8
Schubert ▤

In den Ladenstraßen nordwestlich des Mozartplatzes begegnet man zuerst Schubert, der 1825 im Hause Judengasse 8 Gast des Bürgermeisters Pauernfeind war: Dort befindet sich eine Gedenktafel. Schubert wohnte aber auf der gegenüberliegenden Seite, in Nr. 9 („Zum Mohren").

Am Rathausplatz vorbei beginnt die Getreidegasse mit Mozarts Geburtshaus. Obwohl die Front etwas anders aussieht als in Mozarts Tagen, ist der Rest des ursprünglich mittelalterlichen Hauses nahezu unverändert. Es war im Besitz der mit den Mozarts befreundeten Familie Hagenauer. (Wenn die Mozarts Europa durchquerten, liefen ihre Kontakte mit der Heimat über den Spezereienhändler Lorenz Hagenauer.) Sie wohnten von 1747 bis 1773 im dritten Stock, wo 1751 Nannerl und 1756 Wolfgang geboren wurden. Schon 1880 wurde hier ein Museum eingerichtet, dessen Exponate größtenteils aus Schenkungen von Mozarts Witwe und Söhnen besteht: Autographe, Gemälde, persönliche Gegenstände und Instrumente des Meisters, darunter – besonders wertvoll – sein bevorzugter Konzertflügel (Walter, um 1780). Im zweiten Stock veranschaulichen über 100 Dioramen die Geschichte der Inszenierungen von Mozarts Opern. Der erste Stock wird für Sonderausstellungen, das Dachgeschoß als Archivraum verwendet.

⓬
Getreidegasse 9
 *** Mozart**

Mozart-Geburtshaus
Salzburg

Diesem Haus schräg gegenüber wurde 1778 Sigismond Ritter von Neukomm geboren. Schüler der beiden Haydn-Brüder und von Joseph wie ein Sohn behandelt, komponierte er selbst über tausend Werke. Seine Laufbahn führte ihn durch die ganze Welt. In Paris, das seine zweite Heimat wurde, starb er 1858. Er war einer der Initiatoren des Salzburger Mozartdenkmals.

⓭
Hagenauerplatz
 *** Neukomm**

In einem ehemaligen Mauthaus beim Rathausplatz lebte von 1690 bis zu seinem Tode 1704 der Komponist Biber (s. o.), wie uns eine Gedenktafel mitteilt.

⓮
Sigmund-Haffner-
Gasse 2
Biber

Die Sigmund Haffner Gasse wurde nach einem Bürgermeister Salzburgs benannt, dessen gleichnamiger Sohn der Auftraggeber für zwei Meisterwerke Mozarts; die *Haffner-Serenade* war für die Vermählung seiner Schwester im Jahre 1776, die *Haffner-Sinfonie* zu seiner Nobilitierung im Jahre 1782 bestimmten.

Sigmund-Haffner-
Gasse 6
Haffner

Unweit des Haffnerhauses lebte die Familie des Bergwerkbesitzers und Eisenhändlers Robinig von Rottenfeld. Leopold Mozart war ein Freund der Eltern, Wolfgang und Nannerl verkehrten häufig mit den Kindern Luise und Georg-Sigmund. Das Divertimento KV 334 von 1780 soll dem Vater gewidmet sein. Die Robinigs werden in diesem Kapitel noch einmal erwähnt werden (→ 26).

Sigmund-Haffner-
Gasse 14
von Robinig

8

Eine sehenswerte Sammlung alter Musikinstrumente, darunter die Hammerflügel Michael Haydns, findet man im Museum Carolino Augusteum.

⓯
Museumsplatz 1
 **Instrumente**

16
Hofstallgasse 1
Festspielhäuser

Schon im vorigen Jahrhundert wurden gelegentlich Musikfeste rund um Mozarts Musik veranstaltet. Die *Nozze di Figaro* in einer Aufführung der Wiener Hofoper unter Gustav Mahler (1906) war ein Vorbild der kompromißlosen Spitzenleistungen, die eine jährliche Tradition wurden, nachdem 1917 eine Salzburger Festspielhausgemeinde gegründet und 1924 das erste Festspielhaus in der ehemaligen Winterreitschule gebaut war.

In der Nachkriegszeit fanden die ersten Opern-Uraufführungen statt (von Einem, Orff, Strauss). Hinter der erhaltenen Fassade des Hofmarstalls wurde ein größeres Festspielhaus in den Mönchsberg gebaut, das 2170 Zuschauern Platz bietet; es wurde 1960 eröffnet. Die musikalische Leitung hatte damals der gebürtige Salzburger Herbert von Karajan, der 1967 noch ein zweites Festival ins Leben rief, die Osterfestspiele. Das hohe künstlerische Niveau der Salzburger Musikfeste wird allgemein gerühmt; ihre Exklusivität, ihr Glamour und Konservativismus haben auch Kritik hervorgerufen. Der neue Chef Gérard Mortier (seit 1991) ist bestrebt, andere Wege zu beschreiten, unter Beibehaltung der Qualität. Neben dem Großen Haus werden das Kleine Festspielhaus, das aus dem ersten von 1924 hervorging, und die barocke Felsenreitschule für die Veranstaltungen benutzt.

RECHTES SALZACHUFER

17
Schloßpark Mirabell
Gartentheater

Ein eigenartiger Aufführungsort für Opern ist das Garten- oder Hecken-Theater, das zu Anfang des 18. Jahrhunderts im Bastionsgarten errichtet wurde und dessen Bühne – ein kulissenartiges Gebüsch – erhalten ist. Hier wurden 1719 mit großem Aufwand *Dafne* von Caldara und 1825 Webers *Freischütz* aufgeführt.

18
Schwarzstraße 26
Mozarteum, Bibl. M.,

Gleich daneben – jedoch hinter einem verschlossenen Gitter – steht das berühmte „Zauberflötenhäuschen", einst Mozarts Werkstätte auf dem Gelände des Wiener „Freyhauses auf der Wieden" (→ 2.52). Von dort wurde es 1874 nach Salzburg gebracht, wo es zunächst unweit des Mirabellplatzes, dann auf dem Kapuzinerberg und schließlich hier einen Platz fand. Dieser Teil des Bastionsgartens gehört zum Mozarteum.

Die Entstehung des ehrwürdigen Instituts geht auf das Jahr 1841 zurück, aber erst seit 1880 trägt es seinen heutigen Namen „Internationale Stiftung Mozarteum" (ISM). Zu ihren Aufgaben gehören die möglichst vollständige Sammlung aller Mozart-Erinnerungsstücke, die Förderung der Mozartforschung und die Herausgabe und Aufführung von Mozarts Werken. Seit 1956 veranstaltet sie neben den Festspielen ihr eigenes Musikfest, die Mozartwoche (Januar). Das Mozarteums-Gebäude beherbergt zwei Konzertsäle und die weltweit bedeutsamste Mozart-Spezialbibliothek.

19
Mirabellplatz 1
Hochschule

Auch die Hochschule für Musik und darstellende Kunst, die ebenfalls den Namen Mozarteum trägt, benutzt das Gebäude, ihr Hauptsitz ist aber am Mirabellplatz. Sie ist, wie das Mozarteumsorchester, ein selbständiges Institut.

Salzburg, „Zauberflötenhäuschen"

Opern und Ballette in Spitzenaufführungen (auf CD) und künstlerische Inszenierungen (im kleinen) bietet das Marionettentheater, ein „Minimundus des Musiktheaters", den Anton Aichler 1913 gründete und den seine Nachkommen bis heute betreuen. Die Illusion wirkt perfekt, auch (nicht: nur) Kinder sind begeistert.

Das Landestheater wurde 1893 erbaut und ist mit den Theatern der Hauptstädte anderer Bundesländer zu vergleichen. Die Veranstaltungen sind, im Gegensatz zu jenen der Festspielhäuser, ganzjährig und bezahlbar. Der Ursprung des Hauses ist das fürsterzbischöfliche Hoftheater, das 1775 im Ballhaus am Hannibalplatz (heute Makartplatz) errichtet wurde und in dem u. a. Schikaneder und Hugo Wolf wirkten.

Schwarzstraße 24
Marionettentheater

Schwarzstraße 22
Landestheater

Salzburg, Hannibalplatz (nach G. Petzold, um 1840)

8

❷❷
Bergstraße 8
Wolf 📄

Der 21jährige Wolf bezog im November 1881 eine Wohnung, ging aber mit wenig Ambitionen an die Arbeit als Chordirektor und zweiter Kapellmeister. Die Chorprobe einer Operette brach er einmal ab mit den Worten: *Ach was, laßt das Zeug stehen, lieber spiel ich was aus Tristan vor.* Kein Wunder, daß er sich bald mit dem Intendanten überwarf. Am 16. Januar 1882 kündigte er, war das Theater doch nichts anders als ein *Saustall, … mehr eine Intriganten- als Kunstschule.*

❷❸
Makartplatz 8
Tanzmeisterhaus
Mozart 📄 🏛

Die Mozarts siedelten 1773 von der Getreidegasse in das geräumigere „Tanzmeisterhaus" schräg gegenüber dem Theater um. Die Mutter starb 1778, Wolfgang verließ Salzburg 1780, und Nannerl heiratete 1784, so daß Leopold die letzten drei Jahre seines Lebens allein in der Acht-Zimmer-Wohnung lebte. Bis zum Bombenangriff im Oktober 1944 stand das Haus unversehrt. Nach dem Krieg wurde die Ruine des zerstörten rechten Teils trotz vieler Proteste abgerissen und durch ein klobiges Bürohaus ersetzt; den erhaltenen linken Teil mit dem Tanzmeistersaal richtete die ISM als Gedenkstätte ein.

Es war eine Überraschung, 1994 das Bürohaus abgerissen vorzufinden: Man hat entschieden, das Tanzmeisterhaus in seinem ursprünglichen Zustand wieder herzustellen! Zur Finanzierung dieses Projekts hat die ISM Sponsoren gewinnen können und eine „Bausteinaktion" ins Leben gerufen. Im neuen (alten) Westflügel wird das „Mozart Ton- und Film-Museum", eine umfangreiche Sammlung von Ton- und Bildträgern mit Aufführungen Mozartscher

Salzburg, Makartplatz (Foto von 1994)

Werke, dem Publikum zugänglich sein.

❷❹
Linzer Gasse
S. Sebastian
Fam. Mozart ⛪ +
Weber

Leopold Mozarts Lebensabend war einsam, und auch eine letzte Ruhestätte inmitten der Seinigen war ihm nicht vergönnt. Seine Frau wurde in Paris, Wolfgang in Wien und Nannerl auf St. Peter beigesetzt; Leopold ruht auf dem Friedhof St. Sebastian. „Gesellschaft" leisten ihm seine Schwiegermutter, eine ihm unbekannte Enkelin und einige Mitglieder der von ihm mißbilligten Familie

Salzburg, Sebastiansfriedhof

Weber: Constanze, ihr Mann und ihre Tante Genovefa; letztere war die Mutter Carl Marias. Die falsche Angabe auf Constanzes Stein, ihr Geburtsort sei Freiburg und nicht Zell, wird mittels eines zusätzlichen Schildchens korrigiert.

Die Grabstätte der beiden Schwestern Constanzes ist nicht auf dem Sebastiansfriedhof. Aloysia Lange, Mozarts erste große Liebe, und Sophie Haibel, die treue Stütze an Mozarts Sterbebett, wurden im Familiengrab des befreundeten Domkapellmeisters Taux bestattet, das sich auf dem Kommunalfriedhof im äußeren Westen der Stadt befindet.

㉕
Siebenheimer Straße
Kommunalfriedhof

Einmal auf dem Sebastiansfriedhof, könnte man sich die Grabstätte der Familie Robinig (→ 14) ansehen. Interessanter ist aber ihr schönes und gut erhaltenes Landhaus im Stadtteil Schalmoos bei Gigl. Die Mozarts waren dort öfter zu Gast. Der Robinighof liegt nicht im Bereich des Stadtplans. Die Linzer Gasse geht ostwärts in die Schalmooser Hauptstraße über; kurz vor dem Ende links fängt die Robinigstraße an.

㉖
Robinigstraße 35
Robinighof

Eine letzte Mozartstätte findet man noch am Kapuzinerberg. Dort, wo bis 1947 das Zauberflötenhäuschen stand, ist eine Büste Mozarts aufgestellt worden: das dritte Mozart-Denkmal Salzburgs.

㉗
Kapuzinerberg
Δ Mozart

Das Geburtshaus des Textdichters der *Stillen Nacht*, Josef Mohr, ist mit einer Gedenktafel geschmückt. Den Spuren des Komponisten dieses Liedes im Salzburgerland werden wir bald nachgehen.

㉘
Steingasse 9
* Mohr *Stille Nacht*

Schloß Arenberg ist dem Gedächtnis des Dramaturgen und Mitgründers der Festspiele Max Reinhardt gewidmet. Es beherbergt das Festspielarchiv und bietet Raum für theatergeschichtliche Ausstellungen.

㉙
Arenbergstraße 8–10
Max Reinhardt

In einer schönen Villa wohnte von 1928 bis zu seinem Tod im Jahre 1933 der niederländische Komponist Jan Brandts Buys. Er entstammte einer Familie, die acht namhafte Musiker hervorbrachte. Es war Edvard Grieg, der ihn anregte, Kompositionsunterricht zu nehmen. Er wurde 1893 Auslandskorrespondent einer niederländischen Zeitung, und Österreich wurde seine zweite Helmat. Mlt elnlgen seiner Opern, z. B. *Die Schneider von Schönau* (1916), war er erfolgreich, Lilli Lehmann sang seine Lieder, und für sein Klavierkonzert erhielt er 1899 den Bösendorferpreis. In Salzburg wird er sehr geschätzt (Büste im Mozarteum), in Holland hat er sich kaum durchgesetzt.

㉚
Imbergstraße 8
Jan Brandts Buys

Ebenfalls in Salzburg starb 1949 der deutsche Meister Hans Pfitzner. Dieser erzkonservative Denker, aber vielseitige Komponist, wurde von den Nazis als arische Alternative Mahlers herausgestellt. Man hätte ihm keinen schlechteren Dienst erweisen können.

㉛
Haunspergstraße 33
Pfitzner

Carl Orff war in Nazi-Kreisen zum Glück nicht unumstritten. Wie er mit seinem *Schulwerk* (ab 1930) im elementaren Musikunterricht eine Integration der motorischen und musikalischen Fähigkeiten zu erreichen suchte und wie er dabei ein spezielles, aus dem Stegreif bespielbares Schlagzeug verwendete, war schon zu revolutionär. Eine zeitgemäße Umsetzung dieser Ideen bildet die Grundlage der Lehrerausbildung am Salzburger Orff-

㉜
Frohnburgweg 55
Orff-Institut

8

Hellerbrunner Allee 53 Studentenheim

Institut, eine 1961 gegründete Zweigstelle der Hochschule Mozarteum. Das Institutsgebäude ist das Nebenhaus der barocken Frohnburg, die als Studentenheim des Mozarteums dient. Eine Oase der Ruhe am südlichen Stadtrand.

SALZBURG: UMGEBUNG

S.-Anif Park Hellbrunn: Monatsschlößl, Steintheater

Es sind nur zwei, drei Kilometer von der Frohnburg zum spätmanieristischen/frühbarocken Lustschloß Hellbrunn. Hierher kommen wieder die Touristen in Scharen, angezogen von dem italienischen Ambiente und den berühmten Wasserspielen. Auf dem Wege zum Monatsschlößl Waldems kommt man am Steintheater (1615) vorbei, das – abgesehen von den römischen Theatern – als das älteste Freilichttheater Mitteleuropas gilt und in der Frühgeschichte der Oper auf deutschem Boden eine Rolle gespielt haben soll, obwohl exakte Daten fehlen. Im Monatsschlößl selbst (auch 1615 erbaut) ist das Salzburger Volkskundemuseum untergebracht.

PLAIN

S.-Plainberg Wallfahrtskirche (Mozart)

Nördlich von Salzburg erhebt sich der Plainberg mit der Wallfahrtskirche Maria Plain. Seit der Krönung des Gnadenbilds (1751) findet hier eine jährliche Festwoche vom fünften bis sechsten Sonntag nach Pfingsten statt. Für ein solches „Plainer Krönungsfest" soll Mozart 1779 seine *Krönungsmesse* komponiert haben. Der Berg war ein bevorzugter Ausflugsort der Mozarts. Die Aussicht über die Musikstadt, die wir nun verlassen werden, ist wunderbar.

MICHAELBEUERN

Benediktinerabtei M. Haydn, Diabelli

Die Benediktinerabtei von Michaelbeuern verfügt über eine Folkloresammlung, die für Liebhaber der Volksmusik und des Brauchtums interessant sein kann. Zwischen dieser Abtei und Michael Haydn bestanden enge Beziehungen; einer der Mönche, M. Rettensteiner, war ein guter Freund des Salzburger Musikers, und die Abtei besitzt dann auch etliche Autographe seiner Hand. Daß M. Haydn Anton Diabelli unter-

Maria Plain

richtet hat, ist kein Zufall: dieser lebte einige Zeit im Internat für Chorknaben, das 1510 in Michaelbeuern gegründet wurde und bis heute fortbesteht.

Anton Diabelli wurde 1781 in der Kustodenwohnung der Lorenzkirche von Mattsee geboren. Klavierspieler kennen ihn als Komponist einfacher vierhändiger Sonaten. Von größerer Bedeutung ist, daß er 1817 in Wien einen Musikverlag gründete. Er verlegte nicht nur Gitarrenmusik unter dem Titel *Apollo am* (!) *Damentoilette*, sondern war auch der Hauptverleger Schuberts. Eine bemerkenswerte Initiative war die Sammlung *Vaterländischer Künstlerverein*, für die fünfzig Komponisten – unter ihnen Schubert, Mozart jr., Sechter, Czerny und der junge Liszt – jeweils eine Variation über ein Walzerthema Diabellis lieferten. Das Thema inspirierte Beethoven zu den großartigen 33 Diabelli-Variationen op. 120.

Noch einmal begegnet man Mattsee in der Musikgeschichte. Arnold Schönberg mußte hier einen Ferienbesuch abbrechen, weil ein Gemeindebeschluß Juden den Aufenthalt in dieser Gemeinde untersagte. Dies geschah nicht etwa in den Jahren 1938–45, sondern – 1921!

Gerade an Weihnachten im Jahre 1818 streikte die Orgel der Nicolauskirche in Oberndorf an der Salzach. Deshalb erklang während der Nachtmesse ein neues *Kirchenlied auf die heilige Christnacht* für Solisten, Chor und Gitarrenbegleitung, eilig getextet und in Musik gesetzt von Vikar Josef Mohr und dem Schullehrer und Organist Franz Xaver Gruber; die erste Zeile lautete *Stille Nacht,*

Schulhaus Niederarnsdorf

heilige Nacht. An der Stelle der Kirche steht nun eine Kapelle, die ganzjährig – vor allem aber am 24. Dezember – unzählige Besucher anzieht.

Der Komponist wohnte Im drei Kilometer entfernten Arnsdorf. Das Schulhaus, erbaut 1771, aber noch immer als Schule in Gebrauch, beherbergt ein Museum in Grubers ehemaligen Wohnräumen. Am Dorfplatz steht ein Gruberbrunnen (1987), und vom Kirchturm erklingt ein Gruber-Glockenspiel (1961).

Gruber siedelte 1833 nach Hallein über und starb dort 1863 im Alter von 76 Jahren. Vor der Tür seiner dortigen Wohnung wurde er beigesetzt. Sein Nach-

Stille-Nacht-Kapelle

8

Keltenmuseum
Stille Nacht

laß, darunter das Autograph des berühmten Weihnachtsliedes, andere Kompositionen und seine Gitarre, wird in Hallein aufbewahrt. Dort findet, ebenso wie in Oberndorf, am Heiligen Abend eine Gedenkfeier mit Ansprachen, Ehrenwache, Glockengeläute, Gesang und Blasmusik statt.

Wie das Lied weltberühmt wurde, ist eine andere Geschichte. Im Grunde verdankt man sowohl sein Entstehen wie auch seine Verbreitung einer mangelhaften Orgel. In Kürze: es war ein Orgelbauer Mauracher (uns wohlbekannt, → 6.26), der es in Oberndorf, als er eine Orgel reparierte, hörte und darauf in Tirol bekanntmachte. Die dortigen Volksmusikanten sorgten für die Verbreitung. Das Lied ist aber nicht in Laufen in Tirol entstanden, wie auch schon zu hören war. Das Mißverständnis liegt wohl auf der Hand: Oberndorf war damals Stadtteil vom bayrischen Laufen am linken Salzachufer.

SALZBURGERLAND SÜD

40
Wagrain
J. Mohr 🏠

Im Anschluß an die *Stille Nacht*-Geschichte sei auch das Grab Josef Mohrs im entfernten Wagrain erwähnt; an seinem Geburtshaus in Salzburg sind wir bereits vorbeigekommen (28).

RADSTADT
41
Stadtplatz
Hofhaimer-
Brunnen 🔺

Das Leben Paul Hofhaimers dagegen endete in Salzburg und begann 1459 in Radstadt, unweit Wagrains; dort wurde der Sohn des Salzamtverwalters und Stadtorganisten geboren. Seit 1886 befindet sich am Rathaus eine „Gedenk- und Ehrentafel", die übermütig behauptet, daß Hofhaimer auch das Regale erfand. Auf dem Platz wurde 1987 außerdem ein „Hofhaimer-Brunnen" errichtet. Die Suche nach weiteren Spuren wird einigermaßen erschwert, da man sich über den Standort des Geburtshauses nicht einig ist. Während die Gemeinde die Anschrift Stadtplatz 17 angibt, äußert sich der Kulturverein nuancierter. Das Geburtshaus war, der Überlieferung nach, das sog. Lederhäusl außerhalb der Stadtmauer, das im Zuge von Gleisbauten im vorigen Jahrhundert niedergerissen wurde. Da aber Vater Hofhaimer ein Bürger der Stadt war, ist davon auszugehen, daß er auch innerhalb der Stadtmauern gewohnt hat. Spätere Forschungen haben tatsächlich eine solche Adresse ans Licht gebracht. Auch hier kann der Komponist geboren sein; ein Graffito weist darauf hin. Wie dieses Haus die vielen Jahrhunderte überstanden hat, bleibt unerwähnt. In der Nähe befinden sich allerdings noch gotische Wohnhäuser.

Hoheneggstraße 8
Hofhaimer 🗒

Ermutigend ist, daß ein Reiseführer „Hoheneckgasse 6" – angeblich das Nachbarhaus – als schönes gotisches Wohnhaus aufführt.

Der Charakter unserer Rundreise hat sich inzwischen geändert. Bis Salzburg reihten sich die Spuren der musikalischen Vergangenheit fast ununterbrochen aneinander, seither sind sie dünner gesät, es ist mit größeren Abständen und ausgedehnten „weißen Flecken" zu rechnen. Über die Ursachen kann man streiten – ungünstigere „Infrastruktur", größere Entfernung zu Wien? –, aber die Tatsache ist unleugbar: Im Westen und Süden Österreichs hat sich die (klassische) Musikkultur keinen so festen Platz geschaffen wie im Norden. Der landschaftliche Reiz bietet einen angenehmen Ausgleich dafür.

BADGASTEIN

Hotel Straubinger
Schubert

Von Mai bis Oktober 1825 unternahm Schubert seine große Reise durch Oberösterreich und das Salzburgerland, von der schon an verschiedenen Stellen berichtet wurde. Um den 20. August herum war er mit Vogl in Badgastein, wo er wahrscheinlich drei Wochen in der Straubinger-Hütte wohnte. Vogl machte dort eine Kur, während Schubert die Landschaft genoß und komponierte: Hier entstanden die Klaviersonate in D-Dur (D 850), einige Lieder (D 851–4) und ein Orchesterwerk, das verschollen ist, die *Gmunden-Gasteiner-Symphonie*. Man hat lange Zeit vermutet, es handele sich dabei um die Orchestrierung eines Klavierwerks; heute geht man davon aus, die rätselhafte Komposition sei identisch mit der Großen C-Dur-Sinfonie.

Das heutige Hotel Straubinger hält die Erinnerung an Schubert wach. Badgastein ist übrigens der von Wien am weitesten entfernte Ort, den Schubert je besuchte.

Ein tragischer Vorfall, der sich am 15. September 1945 hier in Mittersill ereignete, ist in die Musikgeschichte eingegangen. Folgendes geschah:

MITTERSILL

Die amerikanische Besatzungsarmee hatte in ihrem Kampf gegen den Schwarzmarkthandel an diesem Abend einen Fisch an der Angel. Ein Mann namens Benno Mattel wurde in seiner Küche auf frischer Tat ertappt. Nachdem dieser verhaftet war, verließ einer der Soldaten den Raum und stieß in der Dunkelheit auf eine Gestalt, durch die er sich so bedroht fühlte, daß er drei Schüsse abfeuerte. Das zusammenbrechende Opfer war der Komponist Anton Webern. Er hatte mit seiner Frau in den letzten Tagen des Krieges die Mödlinger Wohnung verlassen und war nach Mittersill gezogen, wo die beiden Töchter wohnten. Die eine war mit jenem Benno Mattel verheiratet. Webern dürfte von den Geschäften seines Schwiegersohnes nichts gewußt haben und hatte lediglich das Haus einen Augenblick verlassen wollen, um draußen seine Zigarre zu rauchen. Da trafen ihn die tödlichen Schüsse.

Die Sache wurde nicht anders erledigt, als zu erwarten war. Mattel wurde zu einem Jahr Gefängnis verurteilt. Der Soldat bezeugte, er hätte im Notwehr gehandelt; sein Stubenarrest dauerte wenige Tage. Webern wurde auf dem örtlichen Friedhof beigesetzt (seine Frau folgte ihm 1949). Das zierliche schmiedeeiserne Grabkreuz, das 1955 das erste hölzerne Kreuz ersetzt hatte, wurde 1972 leider gegen einen klobigen Stein ausgetauscht, während die Gemeinde die Grabstätte als Ehrengrab übernahm.

Friedhof
Webern

8

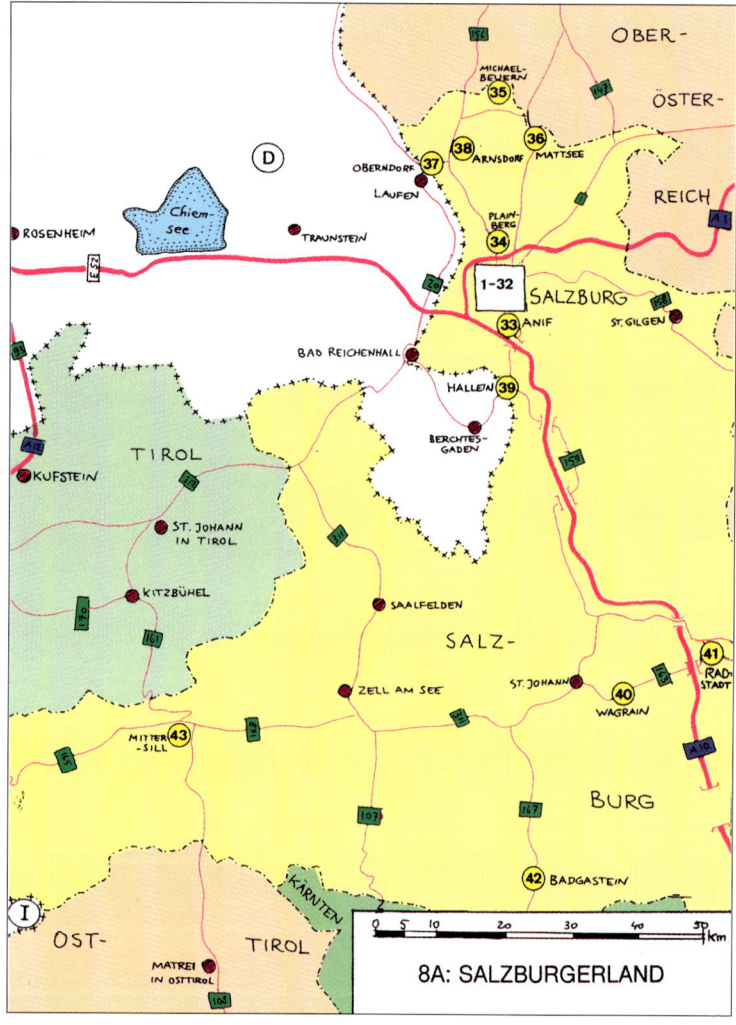

8A: SALZBURGERLAND

Das Haus, vor und in dem sich diese Vorfälle abspielten, steht nicht mehr. Die Gedenktafel (s. Abbildung) enthält eine rätselhafte Formel aus der Antike in der Gestalt eines Doppel-Palindroms: der Satz kann in vier Richtungen (von links oben und rechts unten, waage- sowie senkrecht) gelesen werden. Was bedeutet die Formel, und weshalb wurde sie hier verwendet? Deutet die Zahl Vier auf die vier Hauptgestalten einer Zwölftonreihe hin? Symbolisiert sie die künftige Bedeutung des Komponisten (Sator = Sämann) und die ingeniös-konzentrierte Form Webernscher Werke, an die man niemals völlig herankommen wird? (Mögliche Übersetzung: *Sämann Arepo hält seine Werke zurück; du drehst nur im Kreis.*) War die Formel ein Wahlspruch des Komponisten?

Es sei bemerkt, daß auf dem Grab „Webern", auf der Tafel „von Webern" zu lesen ist (→ 9.35).

Anton-Webern-Gasse 2
Webern

Webern-Tafel

TIROL

Im Bürgerturm der Festung Kufstein, unweit der bayrischen Grenze, wurde 1931 *zum frommen Gedenken aller im Weltkriege gefallenen Helden Österreichs und Deutschlands* eine riesengroße Orgel aufgestellt, die fast 6 km weit zu hören ist. Die Arbeit geht auf die Tradition des „Hornwerks" zurück und ist mit dem „Salzburger Stier" (→ 3) zu vergleichen. Der aus 1813 Pfeifen bestehende Klangkörper befindet sich unter dem Dach des Turmes hinter einer Öffnung, der viermanualige Spieltisch 90 Meter tiefer in einem eigenen Häuschen. Der Entfernung wegen darf sich der Organist nur auf seine Finger verlassen und keinesfalls seinen Ohren vertrauen, die der Klang ja viel zu spät erreicht. Die Orgel wird täglich gespielt – man erkundige sich beim Verkehrsamt.

Allerliebste mama, mein herz ist völig entzücket, aus lauter vergnügen, weil mir auf dieser Reise so lustig ist …, so beginnt der älteste datierte Brief Wolfgang Mozarts. Er wurde am 14. Dezember 1769 in Wörgl einem Schreiben seines Vaters hinzugefügt. Vater und Sohn waren auf dem Wege nach Italien.

Die Unterkunft der Mozarts in Wörgl ist nicht bekannt. Einer der Gasthöfe, wie z. B. die „Alte Post", kommt in Betracht oder die Häuser der auf Umwegen bekannten Familien Eder und Mölk: das Heiligenhaus – ein alter Holzbau in der Friedhofstraße –

KUFSTEIN
44
Festung, Bürgerturm
Heldenorgel

WÖRGL
45
(Mozart)

8

oder das Baßlergut, heute Molkerei, in der Bahnhofstraße. Da genaue Informationen fehlen und da das Städtchen durch seine vielen Neubauten und Gewerbebetriebe wenig Mozartisch anmutet, soll es dabei bleiben.

In und um Wörgl wird alljährlich ein Internationales Sommerseminar für Gesang abgehalten, die Academia Vocalis Tirolensis.

BRIXLEGG
46
Matzenpark
Schloß Lipperheide
Wolf

Im Westen von Brixlegg erhebt sich die mittelalterliche Burg Matzen mitten in einem 17 Hektar großen idyllischen Naturpark, den der deutsche Pressemagnat und Kunstsammler Franz Freiherr von Lipperheide ab 1883 nach und nach zusammenkaufte. Da er die Burg selbst nicht erwerben konnte, errichtete er in der westlichen Ecke des Parks das neogotische Schloß „Neu-Matzen", das bald zu einem Treffpunkt vieler Künstler und Freunde wurde.

Reith 12 Percha
Jagerhäusl
Wolf

Zu den Gästen des Freiherrn und seiner Gemahlin Frieda zählten der Geiger Joseph Joachim und 1895 Hugo Wolf, der hier seine Oper *Der Corregidor* komponierte. Er traf Mitte Mai dort ein und wohnte zuerst im Schloß. Da ihn aber das Vogelgezwitscher störte, zog er sich in ein „Jagerhäusl" in einem anderen Teil des Parkes zurück, wo ein Diener die frechsten Sänger mit einer Flinte vertrieb. Dort führte er, wie er seiner Mutter berichtete, *ein fleißiges, ruhiges und glückliches Dasein*. Im Juli war die Oper fertig, die Arbeit der Instrumentation fiel ihm aber schwerer. An Rosa Mayreder, die Librettistin der Oper, schrieb er im Oktober: *... was ich mich mit dieser höllischen Arbeit plagen und schinden muß, das läßt sich gar nicht beschreiben*. Da er sich nicht davon abhalten konnte, *immer noch neue Kontrapunkte hinzuzumachen*, war die Partitur erst am 22. Dezember fertig.

Brixlegg, Jagerhäusl

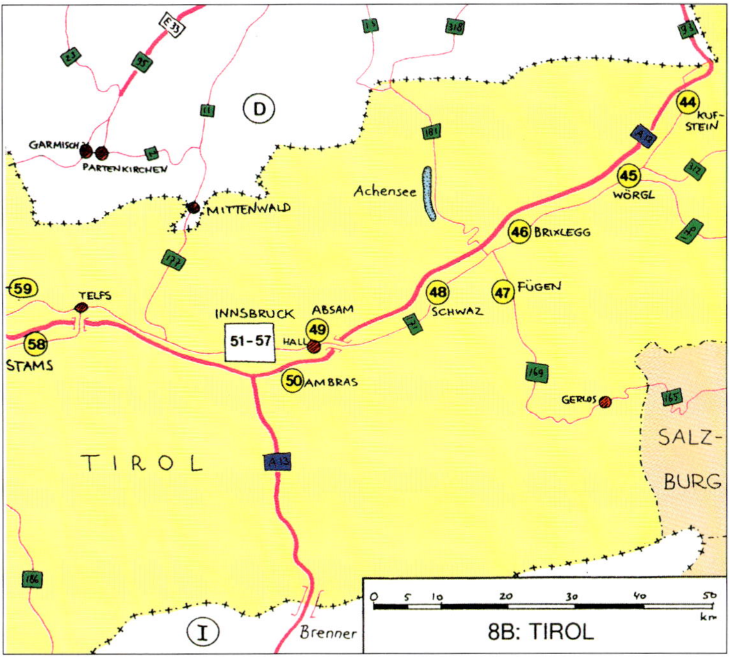

8B: TIROL

Das Jagerhäusl, das er ganz allein bewohnte und wo ihm Frühstück und Abendbrot serviert wurden, sowie das Schloß, in dem er gemeinsam mit seinen Gastgebern das Mittagessen genoß, sind vorzüglich erhalten. Schloß Lipperheide, wie es heute genannt wird, beherbergt eine Galerie. Von Brixlegg in Richtung Innsbruck gehend, kann man den gelben Bau links von der Bundesstraße nicht verfehlen. Wer dort in den Park hineingeht und sich immer rechts hält, erreicht nach ungefähr 500 Metern Wolfs Quartier.

Im prachtvollen Zillerthal in Tirol … gedeiht ein herrlicher Menschenschlag, … den der liebe Gott mit einem feinen musikalischen Gehör und mit ausgezeichnet guter Stimme begabt hat, lautet es um 1900 in der Ankündigung eines Konzerts der „Rainer-Sänger". Für den Viehhändler Joseph Rainer aus Fügen war der Auftritt einer jämmerlichen Pseudo-Tirolergruppe, dem er um 1820 in Leipzig beigewohnt hatte, der Anlaß, selbst eine Volksmusikgruppe zu gründen und die Welt mit der wahren Tiroler Volksmusik bekannt zu machen. Daraus wurde ein erfolgreicher Familienbetrieb, der über mehrere Generationen Tourneen veranstaltete und dessen Vorbild andere Familien (Strasser, Leo u.v.a.) nachfolgten. Die Musik des Zillertals eroberte London,

FÜGEN
47

8

203

Die Rainer-Sänger aus Fügen im Zillertal

Petersburg und bereits 1839 die USA. Das Repertoire setzte sich zunächst aus Jodlern und Schnadahüpfln (kurze halbimprovisierte Lieder) zusammen, später kamen anspruchsvollere und nicht-tirolische Gesänge dazu. Sehr erfolgreich war – *Stille Nacht*; die Rainers hatten dieses Lied schon 1819 dem Orgelbauer K. Mauracher abgehört (→ 39), 1822 im Fügener Schloß vor der auserlesenen Gesellschaft des Kaisers Franz und des Zaren Alexander gesungen, bald in die Programme ihrer Tourneen aufgenommen und so weltbekannt gemacht.

Nicht nur Sänger, sondern auch eifrige Tänzer und Musikanten waren die Zillertaler, ihr Spiel auf Zither, Schwegel, Geigen und Giggalira (Xylophon) war gleichermaßen beliebt. Eine Spezialität waren die „Holzknittelkapellen", Blasorchester, in denen selbstgebastelte „hölzerne Blechinstrumente" gespielt wurden. Auch die übliche Blasmusik war selbstverständlich da, um den feierlichen Ereignissen der Gemeinde Glanz zu verleihen; heute sollen im Zillertal 80 Kapellen tätig sein.

Heimathaus
Volksmusik 🏛

Rathaus
(Mozart)

Im Heimatmuseum erfährt man mehr über diese Traditionen. In der schmucklosen Eingangshalle des Rathauses ist eine Vitrine der begabten Sängerin Veronika Rainer (1841–1927) gewidmet. Daneben steht, hinter Glas, der Spieltisch einer Orgel auf der Mozart 1772 musiziert hat, nicht aber in Fügen, sondern im Stift von Hall-in-Tirol; die Orgel von 1740 wurde nach der Aufhebung des Haller Damenstiftes 1786 für die Dekanatskirche in Fügen gekauft.

Fügen: Mozart-Vitrine ▶

SCHWAZ
48
Pfarrkirche
⛪ 🎵

Die Pfarrkirche „Unserer Lieben Frauen Himmelfahrt" in Schwaz ist als vierschiffige und zweichörige Hallenkirche (um 1500) eine architektonische Kuriosität. Die Orgel, die 1737 vom Franziskaner-Pater Gaudenz Köck vollendet wurde, unterstreicht mit ihren separat aufgestellten Teilen die einzigartige Raumwirkung. Durch Erweiterungen und Umbauten (1896, 1969) verfügt sie heute über 44 Register auf 4 Manualen und Pedal, mit elektrischer Traktur. Obwohl der ursprüngliche Klangcharakter preisgegeben wurde, hat diese Orgel einen guten Ruf unter den Musikliebhabern (viele Konzerte).

In Schwaz wurde 1532 die erste Meistersängerschule Österreichs gegründet, fand aber wenig Anklang und wurde bald wieder geschlossen.

HALL–ABSAM
49

Die sehenswerte Stadt Hall wurde bereits erwähnt (→ 47). Es empfiehlt sich, auf das interessante Programm der „Sommerkonzerte Hall" zu achten.

Pfarrkirche
Stainer 📄

Im Nachbardorf Absam lebte der berühmte Geigenbauer Jacob Stainer. Die Gedenktafel an der Außenmauer der Kirche, wo er begraben liegt, wurde 1893 wie ein fürstliches Wappen aus Bronze und Marmor gestaltet. Das Stainerhaus, einst Wohnung und Werkstatt des Meisters, kann besichtigt werden. Obwohl der Meister sein Handwerk in Cremona erlernte, schuf er einen eigenständigen Violintypus, dessen silberner Klang von vielen Kennern sogar den Instrumenten aus Cremona vorgezogen wurde. Stainer starb 1683 in geistiger Umnachtung. Die älteste Violine seiner Hand stammt aus dem Jahr 1638, die letzte aus dem Jahr 1682; diese wird in Innsbruck (→ 57) aufbewahrt. Daß der Geigenbau in dieser Gegend Tradition hat, ist bekannt – Mittenwald in Bayern liegt ganz in der Nähe.

Stainerstraße 7
Stainer 📄 🏛

Absam

INNSBRUCK

Die Aufgabe, den Leser in der Hauptstadt Tirols „herumzuführen", stellt vor große Probleme: Die großartige musikalische Vergangenheit der Stadt hat nur wenige Spuren hinterlassen. Die meisten interessanten Gebäude wurden stark verändert oder abgerissen; Denkmäler und Gedenktafeln sind nicht zu finden. Umgekehrt lassen sich die vielen vorhandenen historischen Gebäude kaum mit bedeutenden musikalischen Persönlichkeiten oder Ereignissen in Verbindung bringen. Das heutige schöne Innsbruck ist also nicht die historische Musikmetropole, mit der wir uns zuerst befassen werden.

Schon die mittelalterliche Stadt an der Kreuzung der Ost-West-Achse Tirols und der kürzesten Verbindungsstraße zwischen Italien und Deutschland wurde von vielen Musikern, wie dem Organisten Conrad Paumann und etlichen Minnesängern, besucht. Schon bald nachdem sich die Fürsten Tirols in Innsbruck niederließen (1420), verfügte es über eine eigene Kapelle. Als Organist wurde 1478 Paul Hofhaimer eingesetzt, der hier bis 1502 lebte. Zu den Musikern, die nur vorübergehend in Innsbruck wirkten, zählte 1484 und abermals um 1500 – nun in den Diensten Kaiser Maximilians – der Flame

Kaiser Maximilian   *Isaac: Innsbruck, ich muß dich lassen*

Henric Isaac, der mit seinem vierstimmigen Satz des Liedes *Insprugk, ich muß dich lassen* der Stadt ein klingendes und unsterbliches Denkmal setzte. Daß Landesfürst Maximilian von 1493 bis 1519 Kaiser des römischen Reiches war, bedeutete die wiederholte Anwesenheit der Reichskapelle Slatkonjas (→ 1.1).

Nichts erinnert an diese Epoche; die damalige Hofkirche St. Jacob wurde 1717, die Hofburg 1754–70 abgerissen. Die Wohnung Hofhaimers in der Sillgasse ist verschwunden; von Isaac keine Spur, geschweige denn von früheren Meistern.

Von 1519 bis 1665 regierten wieder die Landesfürsten. Vor allem unter Erzherzog Ferdinand II. (1567–95) blühte das Musikleben. In der Vokalkapelle wirkten niederländische Meister wie Bruneau, Regnart und Utendal. Inventarlisten geben Aufschluß über die höfische Instrumentalmusik. Der Hof verfügte über eine große Sammlung von

8

50
Innsbruck-Ambras
Schloß Ambras

Instrumenten, die nur zum Teil in der Hofkapelle oder zum Musizieren in den Wohnräumen benutzt wurden.

Die kostbarsten Exemplare befanden sich in der Kunst- und Wunderkammer des Schlosses Ambros, von wo sie leider 1806 nach Wien verbracht und in die Sammlung des dortigen Kunsthistorischen Museums aufgenommen wurden. Dennoch eignet sich dieses Schloß, und besonders der „Spanische Saal", der auch heute für Konzerte benutzt wird, um einen ersten Eindruck von der einstigen Prachtentfaltung zu gewinnen.

Schloß Ambras

51
Innsbruck
Universitätsstraße 2
Hofkirche:

Wichtiger ist die neue Hofkirche, die um 1560 errichtet wurde. Die Orgel erbaute Jörg Ebert aus Ravensburg, ebenfalls um das Jahr 1560. Sie befindet sich an der rechten Seite des Presbyteriums

Hofkirche Innsbruck

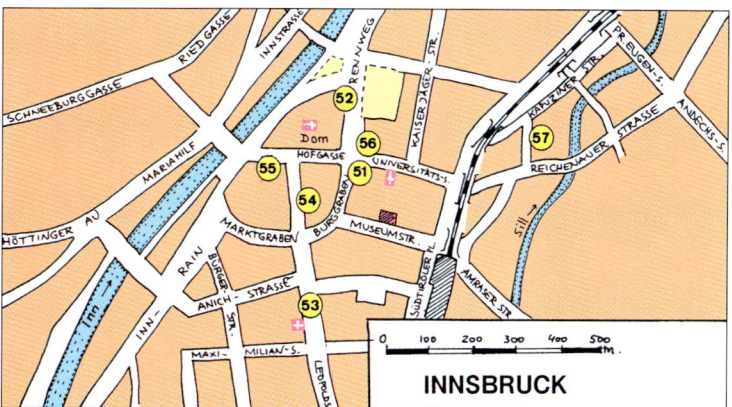

INNSBRUCK

und ist mit ihrem ausdrucksvollen Klang und harmonisch gestalteten Gehäuse ein Orgeldenkmal ersten Ranges. Der Prospekt des Hauptwerks und Pedals kann mittels kunstvoll bemalter Türen geschlossen werden. Weitere technische Daten: 2 Manuale, angehängtes Pedal, insgesamt 15 Register. In der Silbernen Kapelle (1587) befindet sich eine einmanualige Renaissanceorgel, die um 1600 von einem unbekannten Italiener erbaut wurde. Das schrankähnliche Gehäuse ist auf 1614 datiert worden, das Innere einige Jahrzehnte früher. Bemerkenswert ist, daß 6 der 8 Register, einschließlich des Praestanten, aus Zypressenholz gefertigt wurden. Hinter dem Lettner der Hofkirche befindet sich noch ein kleines, prachtvoll gearbeitetes Orgelpositiv aus der Zeit um 1660. Die drei historischen Orgeln sind in gutem Zustand erhalten. Man gelangt in die Hofkirche durch das Volkskunstmuseum, einst ein Franziskanerkloster, das zur gleichen Zeit wie die Hofkirche errichtet wurde. Es ist nicht ausgeschlossen, daß Antonio Cesti hier vorübergehend gewohnt hat, als er noch dem Franziskanerorden angehörte. Cesti war die bedeutendste musikalische Persönlichkeit Innsbrucks im 17. Jahrhundert. Mit Unterbrechungen war er hier von 1652 bis 1666 als Kammerkapellmeister und Opernkomponist tätig; die letzten fünf Jahre bewohnte er sein eigenes prachtvolles Haus (an der Stelle des heutigen „alten Landhauses"?).

Für Opernaufführungen war 1628 ein Ballhaus am Rennweg nördlich der Hofburg in ein Theater umgestaltet worden. Der Bau war allerdings zu groß und unzweckmäßig und wurde nur bis 1655 als Theater genutzt. In den nachfolgenden Jahrhunderten diente er als Reitschule und Mauthaus, bis er im Zweiten Weltkrieg großenteils zerstört wurde. 1969 wurde hier „unter Wahrung der erhaltenen Bausubstanz" ein modernes Kongreßhaus gebaut, das auch als Konzertraum dient. Mehr Bedeutung hatte früher das prunkvolle Landesfürstliche Komödienhaus, das 1655 unter Mithilfe venezianischer Baumeister und Techniker an der

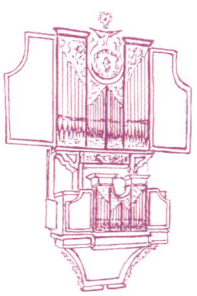

Ebert-Orgel
in der Hofkirche

52
Rennweg 3
♫ **Kongreßhaus**

8

anderen Seite des Rennwegs errichtet wurde. Es war die erste deutsche Bühne mit festangestelltem Personal. Hier fanden wichtige Erstaufführungen der Opern Cestis statt; auch Schikaneder war hier tätig. Das Gebäude wurde 1844 wegen Baufälligkeit abgerissen.

Da 1665 die Tiroler Dynastie ausgestorben war, wurde das Land fortan von Wien aus regiert, und die einstige Kaiserstadt wurde Sitz eines Statthalters. Vorübergehend weilten noch Fürstlichkeiten in der Stadt, darunter Maria Theresia, die die Hofburg durch einen neuen Repräsentationsbau ersetzen ließ. Neben dem Komödienhaus baute man 1773 die Redoutensäle, in denen Konzerte stattfanden (gegen 1890 abgerissen; heute Stadtsäle).

53
Maria-Theresia-Straße 38 + 45
Mozart

Der junge Mozart soll zu dieser Zeit großes Aufsehen erregt haben. Auf seinen Italienreisen kam er immer an Innsbruck vorbei, und am 17. Dezember 1769 wirkte er auf Einladung des Grafen Spaur bei einer Akademie des Grafen Leopold Künigl mit. Die Innsbrucker Zeitung berichtete, daß er dort *die schönsten Proben seiner ganz besonderen Geschicklichkeit ablegte. Dieser junge Tonkünstler, welcher dermalen 13 Jahre alt ist, hat also auch hier seinem Ruhm einen neuen Glanz beygeleget und durch seine außerordentlichen Talente die Stimmen aller Musikverständigen zu einem Lobe vereiniget.* (So etwas las man in keiner Salzburger Zeitung …) Als Veranstaltungsort dieses Konzerts kommen das Palais Trapp oder das Palais Taxis in Betracht.

Die Mozarts wohnten im „Weißen Kreuz", das ebenfalls erhalten ist und eine Gedenktafel trägt.

54 Herzog-Friedrich-Straße 31
Mozart 📖
55
Herzog-Friedrich-Straße 6
Mozart 📖
56
Rennweg 2
Landestheater 🎵

Während des Besuches ab 1773 bezog Mozart ein anderes Quartier, das ebenfalls noch existierende Hotel „Goldener Adler". Seinen Namen liest man zwischen denen anderer prominenter Gäste auf einer Marmortafel.

Seit dem vorigen Jahrhundert hat Innsbruck wieder ein reges Musikleben aufgebaut, obwohl große Namen fehlen. Insbesondere etablierte sich die Stadt in den letzten Jahrzehnten als eine hervorragende Pflegestätte alter Musik; dies bezeugen die Ambraser Schloßkonzerte, die Internationale Orgelwoche und die bedeutsamen Festwochen der Alten Musik, jeweils im August. Als Veranstaltungsorte dienen Kirchen, historische Bauten, z. B. der „Riesensaal" der Hofburg und das neoklassizistische Landestheater, das 1846 an der Stelle des Komödienhauses errichtet wurde und in dem ganzjährig Opern und Ballette zur Aufführung kommen. Das Kongreßhaus wurde bereits erwähnt (49).

57
Zeughausgasse
Landesk. Museum
Instrumente 🏛

Das Landesmuseum Ferdinandeum hat seine Sammlung wertvoller Musikinstrumente, darunter Stainers letzte Arbeit, zusammen mit Mineralien und Lokomotiven in dem 1506 erbauten Zeughaus am östlichen Rand der Innenstadt untergebracht; dessen Innenhof diente 1994 als Kulisse für eine Aufführung von Honeggers *Jeanne d'Arc au Bûcher.*

Eine geeignete Kulisse für die Musik bildet eigentlich die ganze Innenstadt. Denn obwohl die Anzahl musikalischer Adressen nicht so groß ist, bleibt Innsbruck in seinem harmonischen Gesamtbild ganz sicher nicht hinter vergleichbaren Städten wie Linz, Graz und Salzburg zurück.

TIROL WEST UND VORARLBERG

STAMS
58
Stiftskirche
Kindersymphonie

Das Zisterzienserstift Stams wurde 1284 in einer eindrucksvollen Gebirgslandschaft gegründet und bis in das 18. Jahrhundert immer wieder erweitert und verschönert. Im Dezember 1995 teilte die internationale Presse die überraschende Nachricht mit, daß aus einer Inventarliste dieses Klosters der wirkliche Schöpfer der sogenannten *Kindersymphonie* zutage getreten war. Die bis in unsere Tagen beliebte Partitur voller Spielzeuginstrumente war bisher ohne triftigen Grund bald einem der Brüder Haydn, bald Leopold Mozart zugeschrieben worden; der Komponist soll aber Edmund Angerer geheißen haben.

In der Stiftskirche Mariä Himmelfahrt befindet sich eine kleine, aber sehr klangvolle Orgel, die 1757 in das Chorgestühl eingegliedert wurde. Der Prospekt steht gleich auf dem Kirchenboden, für einmal muß man nicht nach oben schauen! Die Orgel verfügt über 1 Manual (11 Register), Pedal (1 Reg.) und Pedalkoppel. Der Erbauer dieses eigenwilligen Rokokojuwels ist unbekannt.

Der Abschnitt über Tirol, der mit dieser Orgel abgeschlossen wird, begann mit der Kufsteiner Heldenorgel; ein größerer Gegensatz ist kaum denkbar!

Stift Stams

8

VORARLBERG

Das westlichste und kleinste österreichische Bundesland Vorarlberg hat zwar keine musikhistorische Rolle von Bedeutung gespielt, das Musikleben der Nachkriegszeit ist aber beachtenswert. Weil Vorarlberg auch ein Treffpunkt deutscher und schweizerischer Musikliebhaber wurde, ist das gesamte Konzertangebot von überraschender Großzügigkeit. Zu erwähnen ist z. B. die „Schubertiade", die einst von Hermann Prey in Hohenems gegründet wurde und heute ihren Sitz in Feldkirch hat; zu den erstrangigen Veranstaltungen gehören auch „Landpartien" zu Schlössern und Kirchen in der Umgebung. Auskunft erteilen die Verkehrsbüros.

BREGENZ
🔢 59
Festspielhaus
Seebühne 🎵

Auf Initiative Kurt Kaisers wurden 1946 die Bregenzer Festspiele gegründet. Da kein geeignetes Theater vorhanden war, wurde Mozarts *Bastien und Bastienne* auf einem Boot im Bodensee aufgeführt, während das Publikum vom Ufer aus zusah und zuhörte. Dieses Experiment war erfolgreich, im nächsten Jahr folgte Mozarts *Entführung*, ab 1948 spielte man *Eine Nacht in Venedig* (Gondeln!) und weitere Operetten. Nur die Abhängigkeit vom wechselhaften Wetter blieb ein Problem. Trotzdem bedeutete die Eröffnung eines Theaters (1955), das in ein Kornhaus aus

Seebühne Bregenz

dem Jahre 1838 eingebaut wurde, keineswegs das Ende der Seebühne; diese wurde 1955 wesentlich vergrößert. Seit einem dritten Umbau 1979 ist die Seebühne eine künstliche Insel aus Beton, mit zusätzlichen Holz- und Stahlkonstruktionen zur Erweiterung der Spielfläche. Am Ufer finden fast viereinhalbtausend Zuschauer Platz. Bei schlechtem Wetter kann auf das neue Festspielhaus (1980) ausgewichen werden.

Die Bregenzer Festspiele – fünf Wochen in Juli/August – umfassen jeweils eine Musiktheaterproduktion auf der Seebühne und eine zweite im Festspielhaus, daneben Konzerte und Schauspiele. Unter den Solisten sind Weltstars, die Wiener Symphoniker begleiten sie.

9 – Österreich Süd (Kärnten und Steiermark)

Übersichtskarten S. 216 und S. 232

W ie der Westen Österreichs, nahm auch der Süden jahrhundertelang eine zweitrangige Position im Kulturleben ein. Erst seit etwa hundert Jahren scheint auch der Muse die Sonne in diesen vom Klima am meisten begünstigten Ländern. Große Meister der Tonkunst verbrachten hier mehrere Sommersaisons, und die wachsenden Besucherzahlen sorgten für ein reichhaltiges Musikleben.

WESTSTEIERMARK UND KÄRNTEN

ÖBLARN

Schloß Gstatt
Wolf

Hugo Wolf verbrachte bei seiner Schwester Modesta, die mit einem gewissen Josef Strasser verheiratet war, zwei Sommer in der ausgedehnten Weststeiermark. Das erste Mal 1884, als sie das Schloß Gstatt bei Öblarn bewohnten. Wolf hatte sich hier eingehend in die Werke Heinrich Kleists vertieft und arbeitete an der Ouvertüre *Penthesilea* sowie der (unvollendeten) Bühnenmusik zum *Prinz von Homburg*. Nach Wien zurückgekehrt, berichtete er seiner Schwester von der – vorsätzlich? – mißlungenen Probe der Ouvertüre unter Hans Richter und schloß seinen Brief mit dem Gruß: *Lebt wohl und dankt Gott für den stillen Erdenwinkel, dahin er Euch verweht.*

Schloß Gstatt

9

Schloß Gstatt wurde 1556 an dem ehemaligen Standort eines mittelalterlichen Wachturmes erbaut und im 18. Jahrhundert umgestaltet, es liegt noch immer in einem stillen Niemandsland und ist heutzutage ein Besitz der Colloredos, derselben Familie, zu der Mozarts strenger Arbeitsgeber in Salzburg gehörte.

MURAU
2
**Anna-Neumann-
Straße 43
Wolf**

Der Gesamteindruck des sich malerisch an die Mur anschmiegenden Murau wird von Schloß Schwarzenberg dominiert. Josef Strasser war bei den Schwarzenbergs als Steuerinspektor beschäftigt und bewohnte ein uraltes Haus; dieses hatte bis 1787 als Bürgerspital gedient.

Hier verbrachte Wolf den ganzen Sommer des Jahres 1886. Das kompositorische Ergebnis beschränkte sich auf das Intermezzo in Es für Streichquartett, er ließ sich gar zu gern von seinen Verwandten, vor allem von den Kindern, zerstreuen. Es sei bemerkt, daß weder hier noch in Öblarn Lieder entstanden.

Wolfs Quartier in Murau

BEI JUDENBURG
3
**Schloß Rothenthurm
Hüttenbrenner
(Schubert)**

Rothenthurm, 5 Kilometer westlich von Judenburg, ist Anlaß, ein Gerücht aufzuklären: Schubert hat seine *Forelle* hier nicht geschrieben. Das hiesige Schloß war lediglich die Sommerwohnung des Widmungsträgers einer der zahlreichen Niederschriften dieses Liedes.

Der genannte Widmungsträger war Anselms jüngerer Bruder, Josef Hüttenbrenner. Dieser Beamte und Amateurmusiker sah sich selbst als *Schuberts Prophet, Sänger, Freund und Schüler*, zumindest seitdem er dem Komponisten manche Routinearbeit abnahm und ihm in geschäftlichen Angelegenheiten Hilfe leistete. Er lebte teils in Wien, teils in Rothenthurm; Schubert ist hier niemals gewesen. Das kleine Renaissanceschloß mit seiner reizvoll bemalten Kapelle ist dennoch nicht ganz ohne musikhistorische Bedeutung.

Im Osten Judenburgs erhebt sich die Burgruine Liechtenstein, Heim des Minnesängers Ulrich von Liechtenstein. Sein Hauptwerk *Frauendienst* (1255) enthält 58 Liedertexte, aber keine Noten. Doch einige Verweise zur Kompositions- und Aufführungspraxis lassen den Musiker erkennen, wobei es jedoch generell nicht einfach ist festzustellen, inwieweit die namhaften Vertreter der mittelalterlichen höfischen Liedkunst selbst musizierten oder es einem namenlosen Spielmann anvertrauten. Das gilt auch dann, wenn die Melodien überliefert sind. Zwar sind die Minnesänger nicht als Komponisten im heutigen Sinne zu bezeichnen, doch ist ihr Platz in der Musikgeschichte unumstritten.

❹
Burgruine
Liechtenstein
Ulrich von
Liechtenstein

SANKT VEIT AN DER
GLAN
❺
Oberer Platz
△ W. v. d. Vogel-
weide

Die Stadtmitte von St. Veit ist nicht nur malerisch, sie zeugt auch von einer ruhmreichen Vergangenheit. Besonders am Hofe des Herzogs Bernhard von Sponheim (um 1200) blühte die Kultur. Der Minnesänger Walther von der Vogelweide war ein angesehener Gast. Walther, von dem man annimmt, daß er aus dem Frankenland stammte, wo er seinen Lebensabend verbrachte, hat sein Handwerk nach eigenem Bekunden in Österreich gelernt: *ze Osterriche lernt ich singen unde sagen.*

Auf dem schönen Hauptplatz ist 1960 ein Brunnen aus dem 17. Jahrhundert restauriert und ihm gewidmet worden.

HERMAGOR
❻
Pfarrkirche
Wolkensteinkapelle

In musikalischer Hinsicht ist der um 200 Jahre jüngere Minnesänger Oswald von Wolkenstein interessanter. Sein Werk umfaßt nicht nur einstimmige Weisen, sondern auch zwei- bis vierstimmige Sätze im Stil der zeitgenössischen Ballaten und Canons sowie der älteren Organa. Da es erwiesen ist, daß hierunter einige *Contrafacta* sind (d. h. eine bereits existierende Melodie wurde lediglich textiert), kann man anzweifeln, daß der große Dichter-Sänger selbst ein sehr fruchtbarer Komponist war. Wie dem auch sei, diese Musik ist meist fesselnd.

Den wichtigsten Stationen seines Lebens begegnen wir in Südtirol, heutzutage also in Italien, aber im Kärntnischen Hermagor ist ihm in der Pfarrkirche eine Kapelle gewidmet worden.

Das Kärntner Musikleben wird stark von Festivals geprägt.

Während sich die Residenz Kärntens in St. Veit befand, war die ehemalige Benediktinerabtei von Millstatt der geistige Mittelpunkt des Landes. Heute werden hier alljährlich die Internationalen Musikfestwochen veranstaltet, und zwar „in drei Akten": Musikalischer Frühling (Mai–Juni), Internationale Musikwochen (Juli–August) und Musikalischer Herbst (September). Kirche und Säle des interessanten Klosterkomplexes bieten genügend Räume für die Veranstaltungen.

In Villach und Ossiach finden, im Rahmen des Carinthischen Sommers, erstklassige Konzerte statt.

MILLSTATT
❼
Benediktinerabtei
♩ Festivals

9

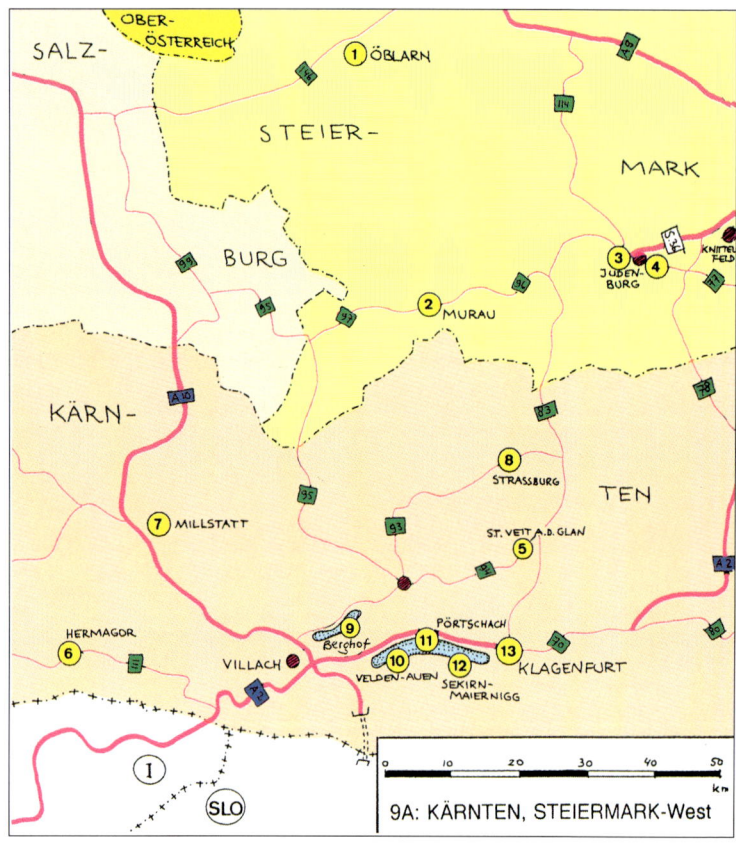

9A: KÄRNTEN, STEIERMARK-West

STRASSBURG

8

Nikolauskirche

Die schönste Orgel Kärntens befindet sich in Straßburg. Sie wurde 1743 von Cyriach Werner gebaut und umfaßt 2 Manuale, Pedal und 19 Register. Die Nikolauskirche, in der sich diese Orgel befindet, dokumentiert, wie viele andere ursprünglich romanische Kirchen, die ganze Kunstgeschichte Mitteleuropas.

VILLACH-HEILIGEN-GESTADE

9

Süduferstraße 24
Berg-Hof: Berg

Zum zweiten Mal findet in diesem Buch ein Campingplatz unsere Aufmerksamkeit: Seecamping Berghof am Ossiachersee, zwischen St. Andrä und Ossiach. Der Name geht nicht auf die Landschaft zurück, sondern auf die ehemaligen Besitzer, die Familie des Komponisten Alban Berg. Sein Vater hatte das Gut 1894 erworben, und seitdem verbrachte die Familie hier ihre Ferien. Den damaligen Verhältnissen entsprechend, wohnten die Herrschaften in der Villa; für Gesinde, Vieh und landwirtschaftlichen

Betrieb war ein geräumiges Nebengebäude bestimmt. Während des Ersten Weltkrieges braute man sogar das eigene Bier. Durch die Inflation der Nachkriegszeit war man 1920 dazu gezwungen, das Gut wieder zu verkaufen, es behielt aber seinen Namen. Seit 1952 nutzt der heutige Besitzer die günstige Lage des Geländes in gegenwartsgemäßer Weise aus.

Drei Jahre vor seinem Tode erwarb Berg ein eigenes Landhaus, das Waldhaus in Auen. Das hölzerne Chalet liegt etwas abseits des Weges zwischen Velden und Schiefling, auf einem bewaldeten Berghang. Hier arbeitete er an seiner 1928 begonnenen zweiten Oper *Lulu* weiter und vollendete sein eindrucksvolles Violinkonzert. Das Haus ist nun Eigentum der Alban-Berg-Stiftung (→ 4.15).

⑩ VELDEN-AUEN
Waldhaus
Berg

Velden-Auen,
Waldhaus Alban Bergs

WÖRTHERSEE

⑪

Die „Österreichische Rivièra", wie man das Nordufer des Wörthersees nennen kann, zählte während dreier Sommer Brahms zu ihren Gästen. *Hier ist es allerliebst: See, Wald, darüber blaue Bergebogen, schimmerndes Weiß im reinen Schnee. Krebse gibt es Massenhaft …,* so schrieb er aus Pörtschach an Clara. Dieser Ort, heute von Touristen überlaufen, wuchs seinerzeit gerade erst zu einer Attraktion heran.

Das Ergebnis seines ersten Aufenthalts (Juni–August 1877) war die Zweite Sinfonie. Für das nächste Jahr war Pörtschach eigentlich nicht vorgesehen; auf der Heimreise aus Italien war er nur ausgestiegen, um die lange Zugfahrt kurz zu unterbrechen, er blieb aber den Sommer hindurch und schrieb sein Violinkonzert. (In Italien hatte er den Bart wachsen lassen; von nun an zeigte er sein uns so vertrautes bärtiges Antlitz!) Das dritte Jahr, in dem u. a. die erste Violinsonate entstand, war sein letztes in Kärnten. Die stetig wachsende Zahl von Fremden, die den berühmten Meister angafften oder sich ihm aufdrängten, hatte seinen Ärger erregt. Er wollte alles andere als eine „Sehenswürdigkeit" sein. Da Menschenleere ihm zuwider war, entschied er sich für das Gegenteil: In Bad Ischl, dem Wahlort von 1880, war er wenigstens nicht die einzige Sehenswürdigkeit.

In insgesamt zwei Wohnungen hatte Brahms in Pörtschach geweilt. Eine Wandmalerei schmückt seine Pension im Dorf. Die zweite Adresse war die Hausmeisterwohnung des Schlosses

PÖRTSCHACH
Hauptstraße 221
Brahms

Schloßhotel
Leonstein
Brahms

9

Brahms-Fresko in Pörtschach

SEKIRN-MAIERNIGG
12
Süduferstraße 31
Villa Mahler, 🏛

Leonstein – heute ein Hotel –, wo im Hof seine Büste steht.
Ohne Bart.

Was Brahms 1879 aus Pörtschach vertrieben hatte, dasselbe
störte zwanzig Jahre später auch Gustav Mahler in Altaussee: die
Banalität und Neugier der Touristen. Doch ihre „Gegenmaßnah-
men" waren verschieden. Während Brahms im Menschen-
gewimmel untertauchte, sonderte Mahler sich weiter ab. Er fand
eine ruhigere Alternative am Wörthersee, am stillen Südufer. Auf
einem Grundstück am See ließ er eine von Alfred Theuer entworfene Villa und in dem gegenüberliegenden Wald ein Komponierhäusl bauen.

So wurde 1900–1907 Maiernigg seine Sommerfrische. Fast
die Hälfte seines Œuvres entstand hier: die Sinfonien 4–8 und sieben seiner Orchesterlieder. In der abgelegenen Werkstatt, die nur
nach einer Kletterei von 20 Minuten zu erreichen war, komponierte er täglich von 7 bis 12 Uhr. Den Rest des Tages verbrachte
er „unten" mit weniger anspruchsvollen, vorzugsweise körper-
lichen Tätigkeiten und in der Gesellschaft seiner Braut Alma, mit
der er sich 1901 verheiratet hatte. Mahler liebte die Maiernigger
Wohnung mehr als alle anderen.

Ein schwerer Schlag traf die Eheleute, als die vierjährige
Maria im Juli 1907 an Scharlach und Diphterie starb. Ein weiterer
Schlag war daraufhin die Diagnose, daß Mahler an einem ernsten
Herzleiden litt: Künftig mußte er sich in acht nehmen. Auf einmal
war die Idylle in Scherben gegangen. Maiernigg wurde verlassen,
die restliche Ferienzeit verbrachte die Familie im – heute italienischen – Südtirol. Dort fanden sie auch ihren Urlaubsort der
nächsten Jahre. Mahler, der niedergeschlagen war, schüttete
später Bruno Walter sein Herz aus: *... Ich hatte mich seit vielen
Jahren an stete und kräftige Bewegungen gewöhnt. Auf Bergen
und in Wäldern herumzustreifen und in einer Art keckem Raub
meine Entwürfe davonzutragen. An den Schreibtisch trat ich nur*

Mahler-Villa am Wörthersee

*wie ein Bauer in die Scheune: um meine Skizzen in Form zu brin-
gen. Sogar geistige Indispositionen sind nach einem tüchtigen
Marsch (hauptsächlich bergan) gewichen. Nun soll ich jede
Anstrengung meiden, mich beständig kontrollieren, nicht viel
gehen ...*

In Toblach/Dobbiaco sollte er über ein Komponierhäuschen
verfügen, das in nur wenigen Minuten und über ebenen Boden zu
erreichen war. Er komponierte dort die 9. Sinfonie und die vorhandenen Teile der 10. Sinfonie sowie *Das Lied von der Erde*.

Maiernigg steht auf keiner Karte. Der Ort heißt offiziell Sekirn-
Maiernigg und schließt sich nahezu direkt an Klagenfurt an. Die
Front der Mahler-Villa, heute Villa Siegel, und somit die dortige
Gedenktafel sieht man nur vom See aus. Das Komponierhäus-

Mahlers Komponierhäuschen in Maiernigg

9

chen läßt sich trotz Beschilderung nicht leicht finden, aber „Ausdauer und Geduld gewinnen des Glückes Huld".

Vielleicht wird es noch interessieren, daß der Schriftsteller Robert Musil nur einige Schritte von der Mahler-Villa entfernt wohnte. Dieser ist 1880 in Klagenfurt zur Welt gekommen.

KLAGENFURT
13
Mießtalerstraße 8
Konservatorium +
Konzerthaus 🎵

Theaterplatz 4
Stadttheater 🎵

Viktriner Ring 17
Koschatmuseum

Die schöne Hauptstadt Kärntens kann zwar nicht als Musikmetropole bezeichnet werden, verfügt aber über das für musikalische Aufführungen Notwendige.

Das Konzerthaus bietet einen geeigneten Raum für musikalische Veranstaltungen. In demselben Bau fanden auch das Landeskonservatorium und die Landesmusikschule Obdach.

Das Stadttheater offeriert neben Schauspiel alle Sparten des musikalischen Theaters und bietet 770 Zuschauern Platz. Das eindrucksvolle Gebäude wurde im eklektischen Stil errichtet und 1910 als *Jubiläums-Stadt-Theater* eröffnet. Das 60jährige Regierungsjubiläum Kaiser Franz Josephs war Anlaß dafür gewesen, das alte Theater (1811) durch ein neues zu ersetzen. In den 30er Jahren wurde es zeitweilig zum Kino degradiert.

Im Schubertpark hinter dem Theater stehen die Denkmäler zweier Liedkomponisten: Schubert und Koschat.

Thomas Koschat (1845–1914) ist Kärtens „National"-Tonkünstler. Neben einer glänzenden Laufbahn als Sänger an der Hofoper und der Hofkapelle in Wien bestätigte er sich in Dichtung,

Stadttheater Klagenfurt

Komposition und der Aufführung seiner sentimentalen, im Kärntner Volkston komponierten Lieder, welche viel Furore machten. Der sentimentalste dieser Gesänge, *Verlassen, verlassen, verlassen bin i*, ist in viele Sprachen übersetzt worden. Mahler zitiert eine Melodie Koschats im dritten Satz seiner 5. Sinfonie; er hätte dem Land, in dem er so gerne weilte, keine größere Ehre erweisen können. Weitere Informationen über den „Kärntner Liederfürsten" finden Sie in großem Umfang im Koschat-Museum.

Sein Ehrengrab befindet sich auf dem Zentralfriedhof in Annabichl.

Anton Webern verbrachte seine Gymnasialzeit übrigens in Klagenfurt. Die drei Adressen der Familie sind vom Verfasser schriftlichen Quellen entnommen, aber nicht überprüft worden.

Friedhof Annabichl
Koschat

Südbahngürtel 9
Webern 1894–96
Bahnhofstraße 4
Webern 1896–98
Hasnerstraße 5
Webern 1898–1902

GRAZ

Die Hauptstadt der Steiermark war 1564–1619 Residenz der innerösterreichischen Erblande. Die Hofkapelle – zuerst niederländisch geprägt, bald mehr nach venezianischem Vorbild eingerichtet und von Italienern besetzt – wurde stetig erweitert und umfaßte schließlich 18 Sänger, 24 Instrumentalisten und drei Organisten. Aber dieses ansehnliche Ensemble übersiedelte 1619 mit dem Hofstaat nach Wien und sollte dort als Hofkapelle weiterleben. Die in Graz zurückbleibenden Adelsgeschlechter, die kirchlichen Institutionen, die Stadtverwaltung und die vereinzelten Bürger führten die musikalischen Traditionen in bescheidenem Maße fort.

Die Epoche Erzherzog Johanns brachte einen kulturellen Aufschwung. Dieser Johann (1782–1859), ein Sprößling der Habsburger, hatte sich nach einer morganatischen (nicht standesgemäßen) Ehe in Graz niedergelassen und erlangte große Beliebtheit. (Er ist auch der Ururgroßvater eines berühmten in Graz geborenen Musikers, Nikolaus Harnoncourt.) Unter dem Namen Joanneum gründete man ein Museum (1811) und ein Bildungsinstitut.

Das jetzige Musikleben ist bemerkenswert. Einerseits bietet es ein Sprungbrett für den Beginn großer Karrieren, andererseits unterscheidet es sich durch eine auffallende Aufgeschlossenheit gegenüber allem Modernem eigenwillig von den übrigen österreichischen Musikmetropolen. Von den Festivals ist der „steirische herbst" ein hervorragender Treffpunkt avantgardistischer Künstler in Österreich, „musikprotokoll" bietet hier den Rahmen der Konzerte. Auch in Harnoncourts frühsommerlicher „styriarte" wird dem Abenteuer nicht aus dem Wege gegangen. Graz verfügt über zwei Theater und etliche Konzerträume. Eine Hochschule, eine Instrumentensammlung und das AIMS (American Institute for Musical Studies) komplettieren das musikalische Gesamtbild der Stadt.

9

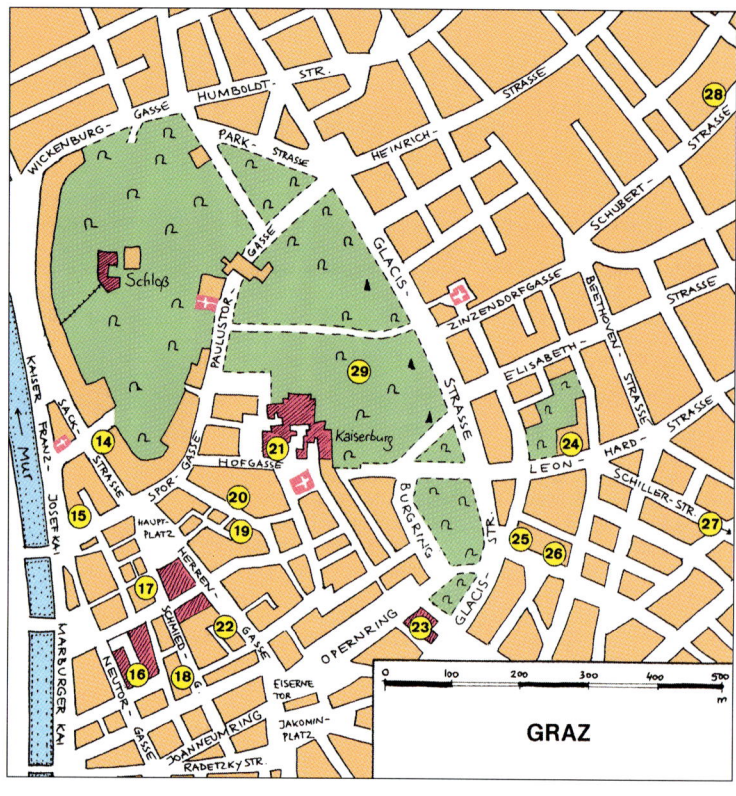

Heute ist Graz nach Wien die größte Stadt Österreichs.
Man spürt es kaum. In den meisten Außenbezirken dominiert
das Grün. Ihre reizende Innenstadt mutet manchmal italienisch
an.

GRAZ INNENSTADT

14
Sackstraße 18
Stadtmuseum
Hugo-Wolf-Zimmer

Die Sackstraße am Fuße des Schloßbergs bietet einen guten
Querschnitt der Musikgeschichte. Zunächst eine letzte Erinnerung an Wolf: Im Khünburg-Palais, jetzt Stadtmuseum, ist ein
Hugo-Wolf-Zimmer eingerichtet worden. Der in der ehemaligen
Südsteiermark geborene Meister wird als Sohn des Landes ver-
ehrt, sein Aufenthalt in der Stadt selber (die Gymnasialzeit
1870–72) war jedoch wenig erfolgreich.

Sackstraße 20
Reinerhof
≡ **Haydn**

Sackstraße 17
Palais Attems
Festivalbüro

Grazer Innenstadt (Sackstraße)

Reinerhof

Nebenan steht der ehemalige Reinerhof, der der älteste Bau der Stadt sein soll, dessen klassizistisches Aussehen aber auf Ergänzungen jüngeren Datums hinweist. Hier gab Haydn 1787 ein öffentliches Konzert, was während seiner Esterházy-Zeit etwas ziemlich Außergewöhnliches war. Die drei (!) Jahreszeiten-Reliefs an der Nordfront (um 1825) wurden vielleicht durch Haydns Jahreszeiten inspiriert.

Gegenüber dem Reinerhof steht das schönste Barockhaus der Stadt, Palais Attems (um 1710). Die Festivalleitung von „styriarte" und „steirischer herbst" hat hier ihren Sitz.

Geht man Richtung Hauptplatz und biegt rechts in die Murgasse, so findet man am Ende ein modernes Einkaufszentrum, in das der uralte Paradeishof eingegliedert ist. Hier war die Wohnung der Eltern Wilhelm Kienzls. Kienzl war, mit Unterbrechungen, von seiner Kindheit an (1861) bis 1917 in Graz ansässig. Ab 1897 wohnte er in der Glacisstraße 65.

In demselben Paradeishof wohnte 1594–99 Johannes Kepler, auf dessen musikhistorische Bedeutung schon hingewiesen wurde (→ 6.34). Er lehrte damals an der evangelischen Stiftschule. Der Protestantismus war in Graz eine Zeitlang fest verankert, bis er von 1600 an unter katholischen Repressionen zu leiden begann.

⑮
Paradeisgasse 3
Kepler, ≡ **Kienzl**

9

16
Neutorgasse 45
Joanneum 🏛
Instrumente

17
Schmiedgasse 2
Grazer Congress 🎵

18
Schmiedgasse 26
* Stolz 📜

19
Mehlplatz 1
Stolz 📜 🏛

*Volkstänzer im
Innenhof des
Landhauses*

20
Färberplatz 11
Fux 📜

21
Hofgasse 10
Dep. Hochschule

In einem Areal südwestlich des Hauptplatzes befindet sich das ursprüngliche Joanneum, dessen Name heutzutage mit den über die Stadt verstreuten Abteilungen des Landesmuseums verbunden ist. Die sogenannte Alte Galerie ist für die Musik von Interesse, denn dort befindet sich eine Sammlung von 150 Instrumenten aus Kunstmusik und Folklore.

Hinter dem Rathaus liegt der Grazer Congress, in dem sich der 1885 erbaute Stephaniensaal und der Kammermusiksaal befinden. Dies sind die bedeutendsten Konzerträume der Stadt und wurden von Julius Schmid mit musikhistorischen Szenen und Komponistenportraits bemalt.

Desweiteren wurde 1880 der Dirigent und Operetten-Komponist Robert Stolz in derselben Straße geboren. Das riesige Verwaltungsgebäude, das an der Stelle seines Geburtshauses steht, trägt eine Gedenktafel.

Für Erinnerungen an Stolz begebe man sich jedoch besser in das Stadtviertel östlich des Hauptplatzes, wo seine Eltern 1900–1919 ein Musikbildungsinstitut leiteten. Seit kurzem befindet sich hier ihm zu Ehren ein wohlausgestattetes Museum. Er ist sicherlich auch einer der erfolgreichsten Söhne der Stadt. In jedem Augenblick erklingt irgendwo auf der Welt eine seiner Melodien, dies hat man zumindest berechnet. Für keinen Tonkünstler unserer Zeit wurden so viele Tafeln und Denkmäler errichtet, nach keinem so viele Straßen benannt. Ein Schiff auf dem Rhein trägt seinen Namen sowie ein Zug zwischen Graz und Zürich. Stolz auf seine Briefmarkensammlung, schrieb er den *Philatelisten-Walzer*, ohne zu ahnen, daß in Österreich und Deutschland, in Paraguay, Korea und San Marino einmal Stolz-Briefmarken herausgebracht würden. Dies alles hängt nicht nur mit seiner Popularität, sondern auch mit einem wahrlich beeindruckenden Ausmaß von „public relations" zusammen, die nach seinem Tode (1975) mit unermüdlichem Einsatz von der Witwe („Einzi") fortgesetzt wurde. Die Wiener Stolz-Villa (→ 4.47) war bis vor einigen Jahren das Zentrum eines internationalen Netzes, heute betreut der Sohn Hans das Stolz-Reich von Graz aus (Internationale Stolz-Gesellschaft, Zahnstraße 48).

Von dem Operettenfürsten zu dem hervorragenden Meister des österreichischen Spätbarocks, Johann Josef Fux, sind es nur wenige Schritte. Der in der Steiermark geborene Komponist (→ 39) hat nur kurze Zeit in Graz studiert. Er wurde 1680 als „gramatista" an der Universität eingeschrieben und *besuchte ab 1681 das unter Leitung der Jesuiten stehende Seminar für arme Studenten*, so vermerkt es die Tafel am ehemaligen Ferdinandeum. Man verschweigt, daß er dieses Institut schon nach einiger Zeit heimlich verließ – *profugit clam* steht im Register hinter seinem Namen. Er ist hiernach erst 1683–88 im bayrischen Ingolstadt als Student und Organist nachweisbar. Jedenfalls fing seine glänzende Laufbahn am Ende des Jahrhunderts in Wien an.

Das alte Ferdinandeum wird heute von der Musikhochschule genutzt, wie auch der „Taubenkobel" an der anderen Seite des gleichen Blocks, in der Hofgasse. Die südamerikanischen Klänge in diesem Haus erzeugt ein *Workshop Tango Argentina*.

Dem Taubenkobel gegenüber steht das Schauspielhaus, das noch gelegentlich für kleinere musikalische Produktionen genutzt wird. Als Landständisches Theater wurde es 1776 errichtet und 1825 nach einem Brand wiederaufgebaut. Es war von Anfang an für die Pflege des populären, italienischen Opernrepertoires bestimmt. Franz Schubert hörte hier am 5. September 1827 Meyerbeers *Il crociato in Egito*, fand es aber schwach. Drei Tage später war er wieder dort. Diesmal als Mitwirkender bei einem Wohltätigkeitskonzert, auf welchem er am Klavier einige seiner Lieder und Chöre begleitete. Wie kam Schubert nach Graz?

Nach etlichen vorangegangenen Einladungen hatte er schließlich nachgegeben und traf mit seinem Freund Joh. Baptist Jenger – dem Initiator dieses Besuches – am 3. September 1827 in Graz ein, wo er von Karl und Marie Pachler herzlich aufgenommen wurde. Zum Komponieren kam er kaum (Grätzer-Walzer und -Galopp, zwei Lieder), aber es waren drei Wochen herrlicher Ferien, mit Ausflügen, Konzert- und Theaterbesuchen und häuslichem Musizieren. Marie Pachler-Koschak war eine begabte Pianistin, Beethoven nannte sie *die wahre Pflegerin meiner Geisteskinder*, auch wenn er niemals auf Einladungen aus Graz eingegangen war. Schubert erklärte später, wie gut ihm die *ungekünstelte und offene Weise, mit und neben einander zu sein* in „Grätz" getan hatte.

Das Pachlersche Haus steht nicht mehr. Der Thonethof, der nun an seiner Stelle (1889) steht, ist mit einem Schubert-Medaillon versehen.

Die dem Thonethof gegenüberliegende Straße führt zum Tummelplatz, wo 1736–1746 das erste öffentliche Theater von Graz – ein hölzerner Behelfsbau – gestanden hat. Unweit hiervon befindet sich seit 1899 das heutige neo-barocke Opernhaus mit 1330 Sitzplätzen. Das Repertoire umfaßt neben der klassischen Oper und Operette auch viel modernes und avantgardistisches Musiktheater, das oftmals im Rahmen des „steirischen herbstes" geboten wird. Als die musikhistorisch bedeutendste Veranstaltung kann die österreichische Erstaufführung von Richard Strauss' *Salome* (1906) gelten, die unter Leitung des Komponisten stattfand. Wien war dem psychologisierend-revolutionärem Charakter dieses Werkes jedoch noch nicht gewachsen! Clemens Krauss und Karl Böhm begannen ihre Laufbahn in Graz. Ein geschätzter Dirigent war auch Karl Muck; zum Opernareal gehört die *Karl-Muck-Anlage*, in der eine Büste Beethovens steht. Warum gerade Beethoven an dieser Stelle ein Denkmal gesetzt wurde, ist nicht ersichtlich.

Hofgasse 11/
Freiheitsplatz
🎵 **Schauspielhaus**

Herrengasse 28
Schubert

Kaiser-Josef-
Platz 10
🎵 **Opernhaus**

Muck,
▲ **Beethoven**

GRAZ: AUSSENBEZIRKE

Erst seit 1963 verfügt die Stadt über eine Hochschule für Musik und Darstellende Kunst. Sie hat ihren Hauptsitz in dem 1843 für Erzherzog Johann gebauten Palais Meran; er ist hier 1857 gestorben. Auf einer Tafel im Foyer liest man die Namen der Ehrenmit-

HOCHSCHULE UND
KLEINMEISTER
24
Leonhardtstraße 15
Hochschule

9

glieder, darunter Johann Nepumuk David, Kodály, Dallapiccola, Milhaud, Martin, Krenek. Die Aufgeschlossenheit der Grazer für das Zeitgenössische ist also kein leeres Wort.

25
Maiffredygasse 2
Jensen

Der 1837 in Königsberg geborene Adolf Jensen hatte aus gesundheitlichen Gründen schon 1868 eine erfolgreiche musikalische Laufbahn abbrechen müssen und widmete sich nun ausschließlich der Komposition. Er wohnte 1870–75 in Graz, der vorletzten Station seines Lebens (er starb 1879 in Baden-Baden). Jensen wurde durch seine poetischen und feinsinnigen Lieder bekannt. Seine unvollendete Oper *Turandot* wurde 1888 von Wilhelm Kienzl überarbeitet und herausgeben. Das war kein Zufall: Kienzl wohnte ebenfalls in Graz und war kurz zuvor von Jensen dazu angeregt worden, Kompositionsstudien zu betreiben.

Wohnung Adolf Jensens

26
Rechbauerstraße 15
*** J. Marx**

Wenige Schritte von Jensens Wohnung entfernt wurde ein Komponist geboren, der ebenfalls mit seinen Liedern die meiste Anerkennung fand. Joseph Marx (1882–1967) gilt als der bedeutendste steirische Komponist nach Wolf. In seinen frühesten Liedern schloß er sich Wolf an und wirkte ohne weiteres überzeugend. Doch die Entwicklungen unserer Zeit gingen an ihm vorüber. Ein Vergleich seiner Lieder zu Girauds *Pierrot lunaire* mit der Vertonung der gleichen Texte durch Schönbergs wirkt beinahe peinlich. Wer aber unvoreingenommen zuhört, wird die fin-de-siècle-Atmosphäre seiner Musik schätzen können. Die Gemeinde Graz vergibt seit 1947 einen Joseph-Marx-Preis.

27
Hallerschloß-
straße 30
Schubert

Im Stadtteil Sankt Leonhard liegt, von städtischen Einflüssen unberührt, der Landsitz Hallerschloß, den die Pachler mitunter zur Sommerzeit mieteten. Im September 1827, als Schubert sich bei ihnen aufhielt, bewohnte der Besitzer das Haus selbst. Es sollte aber unbedingt dem Gast gezeigt werden. Bei seinem Besuch wurde ihm seine eigene Musik dargeboten, worauf er gesagt haben soll: *Hört's jetzt auf mit meinen Kompositionen, die hör ich in Wien genug; laßt's mir lieber etwas Steirisches hören.* Also geschah es, und Schubert war entzückt.

Graz, Hallerschloß

Haus und Park sind erhalten geblieben. Ein geschmackvoller Ausbau, von dem Großvater der heutigen Besitzerin vorgenommen, hat der ursprünglichen Bausubstanz kaum geschadet.

Hinter dem Gelände der Universtität, im III. Bezirk, befindet sich im Garten eines Privatgebäudes ein Gartenhaus, das im Mai 1792 von einem Musikliebhaber namens Franz Deyerkauf errichtet und *Mozart-Tempel* getauft wurde. Es ist mit einem Fresko geschmückt und gilt als das älteste Mozart-Denkmal. Der 1956 von der Grazer Mozart-Gemeinde restaurierte Pavillon ist leider nicht zu besuchen.

❷❽ Schubertstraße 35 Mozart-Tempel

Ein einfacheres Denkmal für Mozart ist die Büste aus dem Jahr 1936, die im Stadtpark bei der Formentini-Allee steht. Zum Andenken an die beiden in Graz geborenen Komponisten sind im Stadtpark zwei weitere Büsten aufgestellt worden, jene für Marx im Jahr 1968 (beim Burgring) und jene für Stolz 1972 (Robert-Stolz-Promenade). Schon früher (1959) hatte man Fux und Wolf jeweils eine Büste gewidmet, sie befinden sich im Ehrenhof der Grazer Burg, am Rande des Stadtparks.

❷❾ Stadtpark △ △ Mozart, Stolz, Kepler, J. Marx Fux, Wolf

Der gebürtige Grazer Anselm Hüttenbrenner (1794–1868) gilt als der bedeutendste Steirische Musiker jener Epoche. Er war Komponist und leitete viele Jahre den Steiermärkischen Musikverein, der öffentliche Konzerte veranstaltete und Musikschulen betreute. Um 1815 hatte er, als Schüler bei Salieri, freundschaftliche Bande zu seinem Mitschüler Schubert geknüpft. Er unterstützte die Einladung nach Graz (1827) und wirkte während Schuberts hiesigem Aufenthalt an den gemeinsamen Unternehmungen mit. Eines aber ist unklar: Wie konnte er es fertigbringen,

❸⓿ Graz-Andritz Rotmoosweg 2 Hüttenbrenner

Friedhof St. Veit ⛪ Hüttenbrenner

9

das Autograph der *Unvollende-ten*, das Schubert ihm 1823 über-geben hatte, erst 1865 wieder hervorzuholen?

Er wohnte damals im Grazer Vorort Andritz. Das Haus, in dem er drei Jahre später starb, ist erhalten. Er wurde auf dem na-hen Friedhof St. Veit beerdigt.

Jenger, Hüttenbrenner und Schubert

SÜDSTEIERMARK (EINSCHLIESSLICH KÄRNTEN OST UND NORDSLOWENIEN)

WILDBACH
31
Schloß Wildbach
Schubert

Schubert hat seinen Grazer Aufenthalt vom September 1827 für einige Ausflüge ins Umland genutzt. In dem 1532 als Jagdschloß errichteten und im 18. Jahrhundert umgebauten Schloß Wild-bach besuchte er die Familie Massegg, Verwandte seiner Grazer Gastgeber, und fand dort neue Verehrer. Im „blauen Zimmer" soll eine Schubertiade stattgefunden haben. Frau Massegg erklärte nachher, der Besuch wäre unver-geßlich gewesen: ... *so etwas werden wir wieder lange entbeh-ren müssen, u. wir wissen gar nicht, wie uns diese Ehre zuteil geworden ist, diese liebe Gesell-schaft in unserem Hause gehabt zu haben.*

Der Bau und das Ambiente sind unversehrt.

Schloß Wildbach

FRAUENTAL
32
Robert-Fuchs-Park
* R. Fuchs Δ

Die Brüder Joh. Nepomuk (1842) und Robert (1847) Fuchs – nicht mit dem ebenfalls steirischen Fux zu verwechseln! – stam-men aus Frauental an der Laßnitz. Der Ältere ist als Operndirigent, Konservatoriumsdirektor und Mahler-Gegner wohl mehr an die Öffentlichkeit getreten, aber als vorzüglicher Komponist hat sich der jüngere Bruder bewähren können. Der durchaus kritische

Brahms schätzte ihn sehr, doch leider hört man seine vorzügliche Kammermusik und die seinerzeit gelobte 1. Sinfonie selten. Als Professor für Harmonielehre konnte er die auserlesene Gesellschaft von Wolf, Mahler, Sibelius, Schreker, Schmidt, Zemlinsky und das rümänische Wunderkind Enesco zu seinen Schülern zählen.

Das Geburtshaus, Schulgasse 13, ist unlängst zugunsten eines Parkplatzes abgerissen worden. Robert Fuchs' wird aber mit einem Denkmal gedacht.

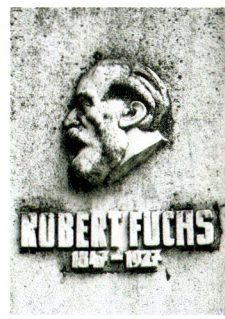

Robert-Fuchs-Denkmal Frauental

Forsthaus Trahütten

Das Forsthaus hinter der Gaststätte „Drei-Birken-Stüberl" im Gebirgsdorf Trahütten war im Besitz der Familie Nahowski, und es versteht sich von selbst, daß der gesundheitlich anfällige Schwiegersohn, Alban Berg, hier gerne weilte. In den Sommern 1918–22 hatte er hier seine Wohnung, und auch später, bis 1932, war er ein regelmäßiger Gast. An einer Tafel liest man, daß hier sein Meisterwerk *Wozzeck* entstanden sei – cum grano salis.

Der Hinweis „Zimmer frei" bietet den Verehrern des Meisters die Chance, einmal in seinem Zimmer zu übernachten!

TRAHÜTTEN
③③
Kruckenberg 58
Forsthaus Nahowsky
(**Berg**)

Durch eine Erbschaft war der Bergwerksingenieur Carl Webern, Vater des Komponisten, 1889 Eigentümer des 200 Hektar großen Landgutes Preglhof bei Oberndorf geworden. Von seinem Sohn Anton erwartete er, daß der nach seinem Studium an der Hochschule für Bodenkultur die Verwaltung des Gutes übernehmen würde. Es kam jedoch anders, Anton entschied sich für eine Laufbahn als Berufsmusiker. Aber vermutlich stimmte es ihn traurig, als der Vater das Gut, wo er so viele Jahre herrliche Ferien verbracht hatte, 1912 wieder verkaufte. Seitdem bewohnt und bewirtschaftet die Familie Kühnel den Preglhof.

Am Friedhof von Schwabegg liegen etliche Gräber der Webern-Dynastie beisammen. Unter ihnen gibt es eine Gedenktafel für den berühmtesten Sprößling, Anton von Webern, ob-

OBERNDORF
③④
Haus 20: Preglhof
Webern

③⑤ *SCHWABEGG*
Friedhof
Familie Webern

9

Der Preglkopf, Oberndorf, Kärnten

Schwabegg, Friedhof mit Webern-Gräbern

wohl sich sein Grab, wie wir bereits wissen, in Mittersill (→ 8.43) befindet.

Die kleinen Dörfer Oberndorf und Schwabegg liegen ungefähr auf halber Strecke zwischen Bleiburg und Lavamünd. Sie tragen zudem die weniger gängigen slowenischen Namen Gornjaves und Švabek; seit jeher wird diese Gegend von vielen Slowenen bewohnt.

SLOVENIEN

Auf der anderen Seite der nahen Staatsgrenze ist die Situation ähnlich, nun umgekehrt. So wurde der deutschsprachige Hugo Wolf 1860 im damals als südsteirisch geltenden Windischgrätz oder Windischgraz geboren, dessen älterer Name, Slovenj Gradec, heutzutage wieder der gültige ist. Wolf hatte übrigens mütterlicherseits slowenische und sogar italienische Ahnen – Schmelztiegel Mitteleuropa!

Die Kleinstadt hat Hugo Wolf nicht vergessen. In seinem Geburtshaus (Gedenktafel) ist die örtliche Musikschule untergebracht. Er hat hier die ersten zehn Jahre seines Lebens verbracht, obwohl er auch später noch gelegentlich in sein Elternhaus zurückkehrte.

Ab 1870 besuchte er die Mittelschule in Graz, die er aufgrund ungenügender Leistungen 1872 wieder verlassen mußte.

SLOVENJ GRADEC
36
Glavni Trg 40
* Wolf

Geburtshaus Hugo Wolfs, Slovenj Gradec

Darauf wurde er den Benediktinermönchen in Kloster St. Paul im Lavanttal anvertraut, aber auch hier zeichnete sich der lästige Schüler zwar im Musizieren aus, scheiterte jedoch in den anderen Gymnasialfächern. Im Kreuzgang des Klosters hat man ihm dennoch eine Tafel gewidmet, sie hängt über der Tür des ehemaligen Aufenthaltsraumes der Schüler.

SANKT PAUL
37
Stift
Wolf

Stift St. Paul im Lavantthal, Wolf-Tafel im Kreuzgang

9

MARIBOR
38
Glavni Trg
Stara Gimnazija
(Wolf)

Doch man gab noch nicht auf: 1774 wechselte Hugo Wolf abermals die Ausbildungsstätte und wurde nun am Gymnasium von Maribor (Marburg) angemeldet. Mehr noch als Slovenj Gradec ist diese ebenfalls slowenische Stadt eine Besichtigung wert. Der barocke Bau des Gymnasiums befindet sich an der Ostseite des Hauptplatzes.

Und wie erging es Wolf hier? Zwischen den zahlreichen Noten „ungenügend" und „mangelhaft" stand auf einmal „vorzüglich im Gesang". Seine Zukunft war besiegelt, zum Leidwesen seiner Eltern gab er die Ausbildung am Gymnasium auf und reiste nach Wien, wo er am Konservatorium zunächst von jenem Robert Fuchs unterrichtet wurde, dem wir in diesem Abschnitt schon begegnet sind. Es sei vermerkt, daß der dickköpfige Alumnus auch hier nicht gedieh: Es drängte ihn, seinen Weg selbst zu machen.

OSTSTEIERMARK

HIRTENFELD
39
Haus 24
* Fux

bei Haus 13
Fux ▲

Zum dritten Mal begegnen wir Johann Joseph Fux. Der spätere Hofcompositeur und -Kapellmeister wuchs als Bauernknabe im steirischen Flecken Hirtenfeld bei St. Marein auf, wo er 1660 auf die Welt gekommen war. Eine Gedenktafel ziert einen Bauernhof aus jener Zeit. Es ist mittlerweile aber erwiesen, daß sein Geburtshaus nicht dort, sondern hügelauf an der Stelle des heutigen Polhammerhofes gestanden haben muß. Am „Marterl" nebenan ist 1960 ein großes Fux-Mosaik angebracht worden.

Noch nicht erwähnt wurde das Werk, durch welches er Weltruhm errang: das musiktheoretische Lehrbuch *Gradus ad Parnassum*. In diesem 1725 auf lateinisch und in Dialogform abgefaßten Buch unterweist der Lehrer Aloysius seinen Schüler Joseph in der *Prima Prattica*, dem vorbarocken a cappella-Stil. Mit Aloysius ist Joannes Petrus Aloysius Praenestinus alias Palestrina gemeint, der Schüler Joseph ist Fux selbst. Fux hielt den Palestrinastil für allgemein gültig, und die Musikgeschichte hat ihm teilweise recht gegeben. Noch heutzutage beruht das Kontrapunktstudium an den musikalischen Ausbildungsstätten auf im Fuxschen Lehrbuch dargestellten Grundprinzipien des musikalischen Satzes.

Mehr als zwei Wochen hatten Schubert und Jenger bei den Pachlern in Graz verbracht. Anders als bei der Hinfahrt, die mit einem Post-Eilwagen in knapp 26 Stunden bewältigt worden war, nahmen sich die Freunde für die Heimreise reichlich Zeit. Sie wurde am 20. September 1827 angetreten und führte nicht gerade Richtung Wien, sondern ostwärts, nach Fürstenfeld. Jenger berichtet: *In Fürstenfeld fanden wir bei meiner alten Freundin, Frau Bürgermeister Wittmann eine sehr gute Aufnahme, und nachdem wir des anderen Tages (21t) Vormittag die Merkwürdigkeiten der Stadt und vom Kalvarienberge die Umgegend betrachtet hatten, sind wir nach eingenommenen Mittagsmahle um 3 Uhr von da aufgebrochen und abends 8 Uhr in Hartberg glücklich angelangt,*

OBER-

ÖSTER-

REICH

BUR-

GEN-

LAND

44 MARIA-ZELL

MÜRZZUSCHLAG 43

Semmering

WIENER NEUSTADT

LEOBEN

BRUCK A.D.MUR

STEIER-

ANGER 42

HARTBERG 41

KNITTELFELD

GRAZ 14-30

GLEISDORF

HIRTENFELD
39 ST. MAREIN

FELDBACH

40 FÜRSTENFELD

MARK

WILDBACH
31 32 FRAUENTAL
33 DEUTSCHLANDSBERG
WOLFSBERG
TRAHÜTTEN

KÄRN-

37 ST. PAUL

35 SCHWABEGG
34
OBERNDORF

TEN

36 SLOVENJ GRADEC

H

SLO

38 MARIBOR

0   10   20   30   40   50
km

9B: STEIERMARK-Ost

9

Hirtenfeld (Fux)

Schuberts Quartier in Fürstenfeld

Gedächtniskapelle Hirtenfeld

wo wir bei dem Stadtrichter Hr. v. Zschock ... ein sehr gutes Nachtquartier fanden. Die Fahrt nach Wien wurde daraufhin noch einmal unterbrochen, und zwar im niederösterreichischen Schleinz (→ 5.29). Die Häuser, in denen sich die im Zitat erwähnten Nachtquartiere befanden, sind erhalten und mit Tafeln gekennzeichnet.

Das ehemalige Bürgermeisterwohnhaus in Fürstenfeld mit seinem schönen Innenhof ist heute das Bezirksgerichtsgebäude.

Der Wachszieher und Weinbauer Anton Zschock war 1827 nicht mehr als Stadtrichter von Hartberg tätig. Er bewohnte den Brandhof, unweit der wichtigsten Sehenswürdigkeiten des Ortes: der von einem Felsen emporsteigenden Martinskirche mit ihrer Pfarrei und dem mittelälterlichen Karner (Beinhaus).

Am anderen Ende der Michaelistraße steht der Hartbergerhof. Auf einer dort angebrachten Tafel liest man, daß Franz Schmidt hier 1923–26 seine Sommerferien verbrachte, dies waren die Jahre, in denen er sich hauptsächlich der Orgel- und Kammermusik widmete. Wenn man an diesem Haus vorbeigeht, so sieht man auf einer Anhöhe vor dem Eingang der Musikschule seine Büste, doch dieser kantige Kopf entspricht kaum dem Antlitz, das uns von Fotos vertraut ist.

FÜRSTENFELD
40
Bismarckstraße 8
Schubert 📋
HARTBERG
41
Michaeligasse 7
Schubert 📋

Michaeligasse 33
Schmidt 📋

Musikschule
Schmidt ▲

Hartberg, Büste Franz Schmidt

Anger, vom Schlafzimmer Bartóks aus

Durch die Wirren des 1. Weltkrieges war nicht nur die staatliche, sondern auch die wirtschaftliche Struktur der Donaumonarchie zusammengebrochen, und den Österreichern mangelte es in den nachfolgenden Jahren. Dies bekamen auch Urlaubsgäste zu spüren, wie es Béla Bartók im August 1921 am eigenen Leibe erfuhr, als er drei Wochen in Anger weilte. … *jene alten guten Zeiten haben sich sehr verändert. Das große Übel ist, daß man kaum Milch bekommt [...] Der Kaffee ist entweder ganz oder zum Teil falsch. [...] Dagegen gibt es fast in jedem Haus im Dorf ein Klavier oder eine Geige. Man kann sich wohl vorstellen, welcher Krawall aus den Häusern kommt! Die Berge sind aber still und Gott sei Dank menschenleer.* Diese Zitate stammen von Postkarten, die Bartók während seines hiesigen Aufenthaltes geschrieben hat. Er machte gerne anspruchsvolle Bergwanderungen in der schönen Umgebung, ließ das Komponieren aber nicht gänzlich sein. Von Bartók erwähnt wird die Niederschrift eines der Vier Orchesterstücke op.12.

Die Familie Wiederhofer, die ihn damals bewirtete, besitzt noch immer dasselbe Haus (seit 1975 mit einer Relieftafel versehen) sowie das Gästebuch mit der Eintragung Bartóks.

ANGER
42
Haus 36
Bartók

9

Gästebuch-Eintragung Bartóks. Der Atheist Bartók füllt unter Religion „unitarisch" aus.

MÜRZZUSCHLAG
43

Das Dorf Mürzzuschlag am Fuße des Semmering wählte sich Brahms in den Sommern 1884 und 1885 als Aufenthaltsort für jeweils vier Monate. Hier entstand eines seiner Hauptwerke, die Vierte Sinfonie, und außerdem ein beträchtlicher Teil seiner Lieder und Chöre. Er lud auch seine Freunde (Billroth, Fellinger, Hanslick u. a.) dorthin ein und stand mit der ansässigen Bevölkerung auf gutem Fuß. Einmal half er, ein Feuer im Nebenhaus zu bezwingen, ohne daran zu denken, daß die unersetzlichen Manuskripte seiner beinahe schon vollendeten Sinfonie, die in seiner Wohnung lagen, auch vom Feuer bedroht wurden. Erst durch Fellingers Eingreifen wurden sie in Sicherheit gebracht.

Wiener Straße 2
Brahms

Über solche und andere Geschichten erfährt man mehr in dem Museum, das in Brahms' einstiger Wohnung eingerichtet wurde. Jahrelang hatte man seiner im örtlichen Wintersport- und Heimatmuseum mit Dankbarkeit gedacht, aber anläßlich der Jahrhundertfeier seiner hiesigen Aufenthalte sann man über eine größer angelegte Ausstellung nach. Im Zuge dessen wurde die *Österreichische Johannes Brahms Gesellschaft* ins Leben gerufen, die sich *den Aufbau eines erlebnisorientierten, wissenschaftlich fundierten Museums* zum Ziel setzte, das Konzept dazu entwarf und das Material zusammentrug. Die Gestaltung der Ausstellung hatte man in die Hände eines Bühnenbildners gelegt. Das 1991 eröffnete Museum ist nicht nur den hiesigen, sondern sämtlichen Brahmsschen Sommeraufenthalten gewidmet. Dieses Thema wird sehr aufschlußreich und unterhaltsam veranschaulicht. Der Gestalter hat so manchesmal tief in die Trickkiste gegriffen und sich der Grenze zwischen Museum und Schaubude gefährlich genähert, ohne aber dem wissenschaftlichen Gehalt zu schaden. Ein Besuch des Museums sei herzlichst empfohlen!

Zusätzlich können *Sie erfahren wie schön es sich hier spaziert* (Worte des Komponisten) und den vom Museumsstab eingerichteten Brahmsweg entlanggehen. Die Strecke ist 4,5 Kilometer lang, wird von roten Igelchen markiert, die jenen von Otto Böhlers Brahms-Schattenbildern nachgebildet sind, und von drolligen Texten begleitet. Im Dietrichpark befindet sich ein Denkmal.

Eine Anmerkung zum Schluß: Wer die innige Beziehung, die Brahms zum Volkslied hatte, berücksichtigt, darf Josef Pommer (1845–1918) nicht außer acht lassen. Er gilt als der bedeutendste österreichische Volksliedforscher – Spezialität Jodler und Juchezer – und wird in seinem Geburtsort Mürzzuschlag mit einer Tafel geehrt.

(„**Brahms-Weg**")
Dietrichpark
Δ **Brahms**

Wiener Straße
Rathaus
Pommer

Brahmshaus Mürzzuschlag

Mürzzuschlag, Brahmsmuseum

9

Die erste Haydn-Biographie (Griesinger, 1809) berichtet von nach-folgendem Ereignis: Nach seiner Entlassung aus dem Knaben-chor der Stephanskirche pilgerte der siebzehnjährige Haydn zu dem damals wie auch heute bedeutendsten Wallfahrtsort Öster-reichs, Mariazell. Enttäuscht davon, daß man ihm die Präsentie-rung einiger seiner Motetten nicht erlaubt hatte, war er fest ent-schlossen nicht abzureisen, bevor er hier öffentlich gesungen hatte. Daher drängelte er sich während des Gottesdienstes in den Chor hinein und bat einen Sänger, ihm die Altpartie zu überlas-sen. Als dieser ablehnte, ergriff er dennoch die Noten vom Pult und *sang zur allgemeinen Zufriedenheit*. Daraufhin wurde ihm die Kollekte von 16 Gulden überlassen.

Für einen privaten Auftraggeber komponierte der inzwischen berühmte Meister 1782 die *Missa Cellensis* oder *Mariazeller Messe*. Die großangelegte Komposition war vorerst die letzte dieser Art, da 1783 Restriktionen verhängt wurden, die nur noch schlichte liturgische Musik zuließen. Eine neue Serie von Messe-Vertonungen komponierte Joseph Haydn erst wieder ab 1796.

Eine Erinnerung an Haydns Messe wird in der Schatzkammer aufbewahrt, der Bubenstreich wird zu Unrecht außer acht gelas-sen. Die Geschichte vom jungen Haydn, die uns davon berichtet, wie er sich mit Kühnheit und außergewöhnlicher Geschicklichkeit durchsetzte, weist nicht nur auf seine künftige Laufbahn voraus, sondern kann auch als eine Metapher für das kleine, fromme Österreich verstanden werden, das im Begriff stand, dem Chor der Nationen als das Musikland schlechthin beizutreten.

Nachwort

Wie bereits in der Einleitung erwähnt, ist die Musiktopographie ein bisher weithin brachliegendes Gebiet. So wird in dem zugänglichen Musikschrifttum die Topographie und in den „normalen" Reiseführern die Musik vernachlässigt. Die Mehrzahl der insgesamt etwa 570 für dieses Buch gesammelten Adressen sind entweder spezieller und die jeweilige Region thematisierender Sekundärliteratur entnommen oder mit Hilfe einheimischer Informanten an Ort und Stelle zusammengetragen worden. Für die Auswahl und Beschreibung der Orgeln konnte ich mir die umfangreiche Mithilfe eines Experten sichern: Drs. Jan Boogaarts, Rijksuniversiteit Utrecht.

Die herangezogene Literatur umfaßt die üblichen Lexika sowie Biographien und Briefausgaben, Reiseführer und Prospekte, Zeitungsartikel und Veröffentlichungen aus dem Bereich der Heimatkunde. Auf eine vollständige Aufistung wird verzichtet, die nachfolgenden Spezialstudien seien aber hervorgehoben:

Kurt Blaukopf & Herta Singer: *Musikführer Wien* (Teufen und Wien, 1957)
Kurt Dieman: *Musik in Wien* (Molden, Wien 1970)
Rudolf Klein: *Beethovenstätten in Österreich* (Lafite, Wien 1970)
Rudolf Klein: *Schubertstätten* (Lafite, Wien 1972)
Helmut Kretschmer: *Mozarts Spuren in Wien* (Edition Wien 1990)
Christian Nebehay: *Wien Speziell – Musik um 1900 (*Brandstätter, Wien 1984)
Hans Rosnak (Hrsg.): *Burgenland – Haydn-Gedenkstätten*
Cornelis van Zwol: *Op reis door 't land van Bruckner* (Luister, Amersfoort 1974)

H. E. Reischenböck: Salzburg. *Gedenkstätten der Musik* (Stadtverein Salzburg 1991), konnte leider für diesen Führer nicht hinzugezogen werden.

Sehr dankbar bin ich einer großen Schar hilfsbereiter Personen und Institutionen, die in der Eigenschaft als Berater, Informanten, Textprüfer, Reisegefährten oder Gastgeber ihren Teil zum Zustandekommen des Buches beigetragen haben, vor allem Josef Bauernhuber (Kremsmünster), C. Eysbroek-Swart (Amsterdam), Dr. Rudolf Führer (Wien), Wolfgang Glüxam und Katharina Würz (Wien), Rosa Höller (Gem. Traunkirchen), Hans-Peter Hollsteiner (Gem. Bad Hall), J. Huizinga-Bout (Groningen), Dr. Angelika Kadlec (Wien), Lizelot Karsebom (Haaksbergen/NL), Ilse Kern (Evangelische Gemeinde Wien), Dr. Reinhold Kubik (Wien), Gisela Kuss (Gronau), Alewijn de Leeuw (Amsterdam), Jos van Leeuwen (Koedijk/NL), Volker Lutz (Gem. Steyr), J. Robert Pap (Payerbach), Peter Peyrer-Heimstätt (Radstadt), Maria Sams (Gem. Bad Ischl), Clemens Sandmann (Holten/NL), Drs. Marijke Schouten (Enschede), Dr. Adalbert Schusser (Historisches Museum der Stadt Wien), Heribert Schutzbier (Mannersdorf), Ingrid Spitzbart (Museum Gmunden), Manfed Staub (Wien), Harald Wiederhofer (Anger) und Klaus Wildbauer (Gem. Fügen). Auch danke ich dem Verlag, der sich dieses für ihn ungewöhnlichen Projekts angenommen hat, namentlich dem Cheflektor Dr. Rainer Mohrs sowie meinem Lektor Norbert Henning.

Bekanntlich leben wir in einer Zeit, die ständigen Veränderungen unterworfen ist. Sollten dem reisenden Leser an seinem Ziel Dinge auffallen, auf die meine Beschreibung nicht (mehr) zutrifft, bin ich für entsprechende Hinweise dankbar – was auch für Objekte gilt, die möglicherweise zwischenzeitlich hinzugekommen sind.

Ed Tervooren

Über den Autor

D rs. E. P. H. Tervooren wurde 1937 in Haarlem (Holland) geboren, studierte Schulmusik und Musikwissenschaft in Amsterdam und Utrecht und lehrte am Konservatorium seines Wohnortes Enschede. Aus der Kombination von musikhistorischem Interesse, Reiselust und Sammelwut ergab sich bereits 1985 sein *Muziekreisgids*, ein Musikreiseführer in holländischer Sprache. Mit dem vorliegenden, wesentlich erweiterten Buch werden Ed Tervoorens Recherchen erstmals dem deutschsprachigen Leserkreis vorgestellt.

Bildquellennachweis

H istorisches Museum der Stadt Wien (S. 23 oben links, S. 56 oben rechts, S. 68, S. 121 unten), Oberösterreichisches Landesmuseum (S. 145), Österreich Werbung (Grieder: S. 162, Trumler: S. 208, Markowitsch: S. 222, Simoner: S. 238)

Personenregister

A

Adler, Guido (Musikforscher, 1855–1941)   **32**, **107**
Albrechtsberger, Johann Georg (Theorielehrer und Komponist, 1736–1809)   16, 59,
  111, 144
Apostel, Hans Erich (Komponist, 1901–1972)   **107**
Arnold von Bruck (Komponist, ~1490–1554)   154
Aßmayr, Ignaz (Komponist, 1790–1862)   136
Augustin, Max   **36**, 77

B

Bartók, Béla (Komponist, 1881–1945)   75, **95**, **172**, **235**
Bauernfeld, Eduard von (1802–1890)   136
Bayer, Franz (Freund Bruckners)   164
Beethoven, Ludwig van (Komponist, 1770–1827)   17, 18, **19**, 22, 24, 26, **27**, **31**, 32, **33**,
  34, 36, 38, **39**, 45, **53**, 56, **57**, 68, **73**, 78, 80, **81**, **83**, **89**, **94**, **95**, **98**, 100, **101**, **102**, **103**,
  107, **117**, **118**, **119**, 120, 125, **128**, **141**, 144, **157**, 225
– Karl (Neffe Beethovens, 1806–1858)   38, 78, **107**, **120**, **139**
Benatzky, Ralph (Komponist, 1884–1957)   185
Berg, Alban (Komponist, 1885–1935)   27, 28, 29, **34**, **41**, **57**, 62, **91**, 124, **216**, **217**, **229**
– Helene (Frau Alban Bergs, 1885–1976)   29
– Mutter Alban Bergs   92
Berlioz, Hector (Komponist, 1803–1869)   18, 25, 73
Berté, Heinrich (Komponist, 1857–1924)   124
Biber, Heinrich Ignaz Franz (Komponist und Violinist, 1644–1704)   **186**, 189, **191**
Billroth, Theodor (Chirurg, Freund von Brahms, 1829–1894)   82, **106**
Böhm, Karl (Dirigent, 1894–1981)   99
Bösendorfer, Ignaz (1794–1859)   **67**, **106**
– Ludwig (1835–1919)   23, 122
– Pianofortefabrik   44, 73
Boskovsky, Willi (Violinist, 1909–1991)   **107**
Brahms, Johannes (Komponist, 1833–1897)   **16**, 17, 27, 35, 36, **54**, **56**, 60, **62**, 65, 72,
  82, 83, **93**, **107**, 111, **172**, **178**, **184**, **217**, 218, **236**, 237
Bruckner, Anton (Komponist, 1824–1896)   27, 28, 32, **39**, 41, **60**, **80**, **84**, 111, 147, **149**,
  150, **151**, **152**, **153**, **154**, **155**, 156, 157, 159, **164**, 167, **169**, **182**
Brandts Buys, Jan (Komponist, 1868–1933)   **195**

C

Caruso, Enrico (Opernsänger, 1873–1921)   45
Casella, Alfredo (Komponist, Pianist und Dirigent, 1883–1947)   29
Cesti, Antonio (Komponist, 1623–1669)   11, 209
Cherubini, Luigi (Komponist, 1760–1842)   78
Chopin, Frédéric (Komponist, 1810–1849)   **22**, 95
Czerny, Carl (Klavierpädagoge, 1791–1857)   19, 34, **106**, 130

TASCHENBÜCHER ZU OPER, OPERETTE UND MUSICAL